KLARTEXT

Heidi Behrens / Norbert Reichling

„Ich war ein seltener Fall"

Die deutsch-jüdisch-polnische Geschichte der Leni Zytnicka

Alfried Krupp von Bohlen und Halbach-Stiftung

Diese Veröffentlichung wurde durch die Alfried Krupp von Bohlen und Halbach-Stiftung ermöglicht.

Bibliografische Information der Deutschen Nationalbibliothek
Die Deutsche Nationalbibliothek verzeichnet diese Publikation in der Deutschen Nationalbibliografie; detaillierte bibliografische Daten sind im Internet über www.dnb.de abrufbar.

IMPRESSUM

1. Auflage Oktober 2018
Satz und Layout: Achim Nöllenheidt
Umschlaggestaltung: Ina Zimmermann
Umschlagbild: Helene Zytnicka
Druck und Bindung: Multiprint GmbH, Kostinbrod 2230, Slavianska Str. 10 A, Bulgarien
© Klartext Verlag, Essen 2018
ISBN 978-3-8375-1986-0

Alle Rechte der Verbreitung, einschließlich der Bearbeitung für Film, Funk, Fernsehen, CD-ROM, der Übersetzung, Fotokopie und des auszugsweisen Nachdrucks und Gebrauchs im In- und Ausland vorbehalten.

KLARTEXT Jakob Funke Medien Beteiligungs GmbH & Co. KG
Friedrichstr. 34–38, 45128 Essen
info@klartext-verlag.de, www.klartext-verlag.de

Inhalt

Wem kann ich meine Geschichte erzählen? 7
Einführung

Aus einer christlich-weltlichen Familie 16

Ein idealer Gatte 25
David Zytnicki und die Essener „Ostjuden"

Alles ruhig, alles friedlich 43
Familie Zytnicki 1926 bis 1938

In Warschau wird auch Brot gebacken 58
Der 28. Oktober 1938 in Essen

Die Polen waren sehr, sehr nett 71
Zbąszyń 1938/39

Zu Besuch in Essen 1939 und 1940 84

Es gibt kein Polen mehr 90
In Warschau vor Errichtung des Ghettos

Da habe ich ihren alten Pass genommen 101
Im Ghetto und auf der „arischen Seite" 1940 bis 1942

Ich weiß gar nicht, wie ich gelebt habe vor lauter Angst 122

Vorläufig geschützt 137
Im Arbeitsamt für den „jüdischen Wohnbezirk"

Wir sind aus dem Warschauer Ghetto 159
Die Überlebenden kehren über Mühlberg und Berlin
nach Essen zurück

... eine Art Kriegerwitwe 176
Der Kampf um das Dazugehören: Behörden, Gerichte,
Freundschaften nach 1945

Nachbemerkungen 201

ANHANG

Zeittafel zur Familie Zytnicki/Zytnicka 212

Zeittafel zur allgemeinen Entwicklung
in Zbąszyń und Warschau 213

Nach Zbąszyń Deportierte aus Essen/Ruhr 214

Literatur und Quellen 224

Genutzte Archive 234

Abkürzungen 235

Bildnachweis 237

Dank 239

Autorin und Autor 240

Wem kann ich meine Geschichte erzählen?
Einführung

Um halb sieben bin ich aufgestanden, denn meine Kinder müssen ja um halb acht angezogen sein und gefrühstückt haben. […] Es klopfte, ich war noch im Morgenrock, und irgendwie hatte jemand die Haustür aufgemacht. Ich mache meine Küchentür auf, stehe in der Küche, sehe zwei Beamte in Zivil. Ja, sie wollten zu Zytnickis. […] Und dann: „Ja, wir müssen Sie leider mitnehmen, ziehen Sie sich an, möglichst ′was Warmes." Ich guck meinen Mann an – da sagt mein Mann: „Weißt du was, in Warschau wird auch Brot gebacken." Da höre ich das erste Mal Warschau […] Die hatten eine Liste, und da standen wir drauf mit den Kindern. Und inzwischen ziehen sich meine Kinder an. Da sage ich: „Was geht hier vor? Vielleicht tun wir die Kleine zu meiner Mutter …"… Nein, sagt mein Mann – „alles bleibt zusammen". Wir haben uns alle angezogen, schönes Wetter, ich mit meinen schwarzen Pumps mit roter Lasche, im Sommermantel. Die beiden Polizisten gehen vor …

Dieser Schilderung über den frühen Morgen des 28. Oktober 1938 begegneten wir ziemlich unvorbereitet – worum ging es hier? Als wir im Mai 2000 die damals 96-jährige Frau Zytnicka kennen lernten und uns zum ersten Mal in ihrer Essener Wohnung trafen, um die uns erzählte Geschichte aufzuzeichnen, verfügten wir nur über eine vage Ahnung, welche Dramatik diese Biografie aufweisen würde, und wir konnten uns nicht im Entferntesten vorstellen, mit welcher Energie uns die alte Dame gegenübertreten und wie lange uns ihre Erfahrungen beschäftigen würden: Ein Lebensbericht einer Überlebenden des Warschauer Ghettos? Wirklich noch nie dokumentiert und systematisch erzählt? Und wie hing das Ghetto Warschau mit diesem Tag im Oktober 1938 zusammen?

Zeitzeugin sucht Chronisten

Dem ersten Gespräch war eine längere Suche vorausgegangen: Helene Zytnickas Neffe, Werner Menger, hatte sich in ihrem Namen in Essen nach einem geeigneten Adressaten für die ungewöhnliche Lebens- und Familiengeschichte seiner Tante umgehört. Helene Zytnicka machte dies insofern nicht einfach, als sie einige Bedingungen stellte: Sie wünschte erstens ausdrücklich eher links-liberal eingestellte Zuhörer, keinesfalls aber Angehörige des konservativ-bürgerlichen Lagers, denn diesem brachte sie, vermutlich wegen des jahrelangen „Beschweigens" der NS-Verbrechen, Argwohn entgegen und fürchtete einen missbräuchli-

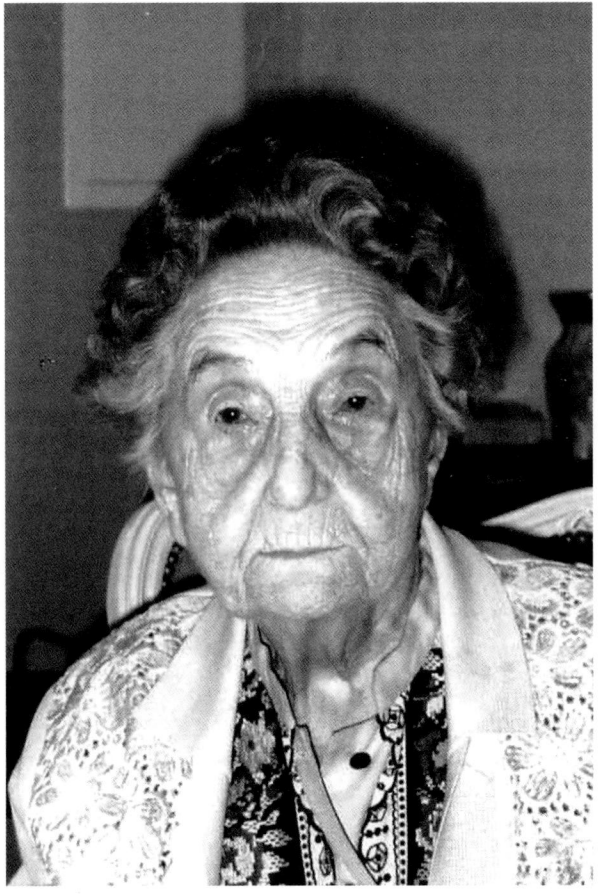

Helene Zytnicka im Jahr 2000

chen Umgang mit Informationen und Daten, welche in ihren Berichten enthalten sein würden. Wir erlangten einen gewissen Vertrauensvorschuss des Vermittlers – eines aktiven Mitglieds und Helfers der Jugendorganisation „Die Falken" – und damit auch der Zeitzeugin unter anderem, weil wir zur Arbeiterkultur der Ruhrregion geforscht hatten. Zweitens wollte sie bei der ersten Begegnung zunächst ins Unreine sprechen und im Anschluss ein „richtiges Interview" geben. Frau Zytnicka erwartete drittens von ihren Gesprächspartnern, ihre biografischen Erzählungen im historischen Zusammenhang in naher Zukunft zu veröffentlichen.

Wir waren leicht zu interessieren, hatten wir doch schon Männer und Frauen aus Helene Zytnickas Altersgruppe interviewt und uns auch intensiv mit der Praxis der „Zeitzeugenarbeit" und „Oral history" im Allgemeinen beschäftigt. Neugierig machte uns noch etwas anderes: Zumeist suchen ForscherInnen nach Zeitzeugen. Hier lief es umgekehrt – eine Konstellation mit gelegentlich irritierenden Konsequenzen für unsere Rolle und Zielsetzung. Ein Zögern schien uns auch deshalb nicht vertretbar, weil eine Zeitzeugin in diesem Alter nicht monatelang auf ein Interview warten sollte.

Wir wussten allerdings zunächst wenig über das, was uns erwartete, wenn auch Herr Menger die Biografie seiner Tante Leni in einigen Umrissen zu zeichnen versuchte. Uns war im Vorgespräch bedeutet worden, eine Überlebensgeschichte aus dem Ghetto Warschau harre der Dokumentation – und wir waren somit überrascht, den Bericht über die meist „Polenaktion" genannte Deportation Tausender von „Ostjuden" im Jahr 1938 als ebenso zentral zu hören und zu verstehen – und erstmals wahrzunehmen, dass zu diesen Verschleppten auch ethnisch Deutsche (nämlich als Ehefrauen) und deren gleichfalls noch nie mit Polen in Berührung gekommene Kinder zählten.

Wer spricht hier?

Helene Zytnicka – die sich uns gegenüber meistens als „Leni" bezeichnete – wurde 1904 in Altenessen (heute Essen) geboren und, wie ihre Geschwister, evangelisch getauft. Sie wuchs für kaiserzeitliche Verhältnisse recht frei auf, besuchte die Volks- und die Handelsschule und wurde Buchhalterin. Als solche arbeitete sie häufig für jüdische Arbeitgeber in Essen. In den 20er Jahren verliebte sie sich in den Handelsvertreter David Elimejlech Zytnicki, der aus Warschau stammte, polnischer Staatsbürger war und sich für den Verband der Ostjuden in der Rhein-Ruhr-Region engagierte. Mit der Heirat verlor sie 1926 die deutsche Staatsangehörigkeit und damit alle Bürgerrechte; sie nahm den Glauben ihres Ehemannes an und wurde Mitglied der Essener jüdischen Gemeinde. Ihre Töchter sind 1926 und 1932 geboren worden. Zytnickis beteiligten sich wie viele ihrer Freunde und Bekannten am jüdischen Kulturleben. Ihre Berichte gaben uns auch Einblick in die weitgehend vergessene ostjüdische Subkultur des damaligen Ruhrgebiets und deren Kommunikation mit der „assimilierten" Mehrheit der Gemeinde.

Die gesamte Familie wurde im Oktober 1938 zusammen mit anderen sogenannten Ostjuden an die deutsch-polnische Grenze, nach Zbąszyń, deportiert und blieb dort bis zum Sommer 1939; dann zog sie – zunächst zu David Zytnickis Verwandten – nach Warschau und befand sich schon bald im „jüdischen Wohnbezirk", dem späteren Ghetto.

David Zytnicki wurde zu einer Beschäftigung im Arbeitsamt verpflichtet, einer Schaltstelle für Kontakte zwischen Ghetto, „Judenrat" und deutschen Firmen innerhalb wie außerhalb – somit einer Institution, die eine Zeitlang Chancen für das Überleben bot. Leni Zytnicka übertrat später, um Mann und Kinder zu retten, vielfach die Verbote der nationalsozialistischen Besatzer: Sie bewegte sich mit falschen Ausweispapieren im Ghetto und im übrigen Warschau, handelte unter Lebensgefahr unter anderem mit Devisen. David Zytnicki, der noch viele Monate versteckt auf der „arischen" Seite Warschaus gelebt hatte, wurde mit Beginn des Warschauer Aufstands im August 1944 zuletzt gesehen. In jenen Tagen verschleppten die Deutschen die ältere Tochter Judith Sonja zur Zwangsarbeit nach Deutschland. Frau Zytnicka und ihre jüngere Tochter Henny kehrten 1948 auf Umwegen nach Essen zurück. Die folgenden jahrelangen Auseinandersetzungen um Wiedergutmachung und Entschädigung bilden ein eigenes, schmerzhaftes Kapitel in Helene Zytnickas Lebensgeschichte. Im Alter von 103 Jahren ist unsere Gesprächspartnerin 2007 verstorben.

„Was später unbedingt in das Buch gehört"

Lutz Niethammer, der die Ansätze mündlicher Geschichtsschreibung in Deutschland heimisch gemacht hat, wies bereits früh darauf hin, dass Oral History zu betreiben eine manchmal schwierige (Arbeits-) Beziehung zwischen den Gesprächspartnern etabliert, aber auch eine kulturelle Begegnung mit der Möglichkeit von Interessendifferenzen und Missverständnissen einschließt.[1] Eine solche Erfahrung war auch unsere Begegnung mit Leni Zytnicka.

Wir konnten sie davon überzeugen, dass schon das erste Interview unbedingt mitgeschnitten werden sollte; sie verstand unser Interesse an allen Details und vor allem an der erstmaligen Rekonstruktion ihres langen Lebens. In den Jahren 2000 und 2003 haben wir sie an fünf Vormittagen in ihrer Wohnung in Essen-Werden getroffen; die Bandaufzeichnungen umfassen mehr als 12 Stunden.[2] Gleich im Anschluss sammelten wir Kontextinformationen zu diesem außergewöhnlichen Schicksal, bereiteten uns auf die einzelnen Termine intensiv vor und werteten sie anschließend aus. Viele Nebengespräche, die wir außerhalb der mitgeschnittenen Interviews führten, galten der Erläuterung von Fotos, erwähnten Orten und anderen Details und wurden von uns protokolliert.

Vorschläge zur Gesprächsführung gibt es in den Handreichungen zur mündlichen Geschichtsschreibung zahlreiche. Denn manchmal fremdeln Zeitzeuginnen und Zeitzeugen anfangs, oder sie zweifeln an der Relevanz dessen, was sie zu erzählen haben. Die selbstbewusste Frau Zytnicka jedoch brauchte keinen ausdrücklichen Anstoß – schon lange hatte sie auf diese Situation gewartet. Sie begab sich daher bei jedem Treffen recht umstandslos in einen verschlungenen Erzählfluss, dem wir (gelegentlich angestrengt) folgten und dessen Prioritäten wir zu begreifen versuchten.

Gespräche mit Traumatisierten hatten unsere vorangegangenen Interview-Erfahrungen nicht umfasst. Unser Zuhören löste hier eine Erzählung aus, in der aus gutem Grund eingekapselte Erinnerungen an existenzielle Bedrohungen freigesetzt wurden. Die Fachdiskussion stellt an dieser Stelle sowohl befreiende Momente des „Sich-Herauserzählens" fest als auch die Gefahr einer Aktualisierung von Traumata und Wiederholungserfahrungen. Sie weicht in der Beschreibung dieser Vorgänge oft in Metaphern aus und spricht von Versteinerung, Wirbelstürmen, Wasserfall und innerem Sturm, vom Kampf des Opfers mit seinen Erinnerungs-Fragmenten.[3] In einer Essener Buchhandlung stieß unsere Interviewpartnerin Leni Zytnicka im November 2002 zufällig auf einen Bildband über das Warschauer Ghetto. Die beiläufige Bemerkung einer Bekannten dazu – sinngemäß: „Die Lebenden gehen einfach an den Toten vorbei" – konfrontierte sie unvermittelt mit der Wucht des vor Jahrzehnten Erlebten und ließ sie zum ersten Mal im Leben in Ohnmacht fallen und schwer stürzen.

Frau Zytnicka erzählte teils chronologisch, teils mit Vor- und Rückgriffen. Sie bewies dabei eine große Genauigkeit in Details, für Namen und Situationen. Allerdings konnte sie uns mit Daten und Jahreszahlen gelegentlich verwirren; einige Begebenheiten sind trotz zusätzlicher Recherchen bis heute rätselhaft geblieben, zum Beispiel wann genau ihr Mann mit fremder Hilfe aus dem Ghettoarbeitsamt fliehen konnte oder mit welchen Legenden und Ausweispapieren Helene Zytnicka (nicht selten mit den Kindern) gefährliche Situationen zu bestehen wusste.

Einige Male sprach sie unvermittelt über ihr Elternhaus oder die Stadt Essen vor dem Machtantritt Hitlers. Unsere einem losen roten Faden folgenden Fragen konnte sie in solchen Phasen mehr oder weniger bewusst überhören, manchmal bestand sie auch auf ihrem Drehbuch mit Regie-Anweisungen wie *„Was später unbedingt in das Buch gehört …"* Frau Zytnicka, damals keineswegs körperlich gesund und kräftig, wirkte zu unserem Erstaunen selbst nach mehrstündigen Interviews noch wach und willensstark.

Seit wir mehr über den Lebensweg unserer Zeitzeugin gehört haben, ist es für uns beinahe eine Selbstverständlichkeit, dass ihre Berichte nicht „normalen" Erzähl- und Gesprächsroutinen folgen konnten und teils sprunghaft und lückenhaft erschienen. Und unsere ambivalente Rolle lag darin, die Erzählende auf diesem ungewissen Weg zwischen Erinnern und Nichterinnern empathisch, mit Kontextwissen und dem Bewusstsein notwendiger Aussparungen zu begleiten. „Der Zuhörer muß die Siege, die Niederlagen und das Schweigen des Opfers fühlen und mit ihnen vertraut werden, damit sie zum Zeugnis werden können."[4] Dan Diner geht von einer „Zerstörung der auf Verstehen und Handeln gerichteten Begriffswelten als Kernerfahrung des Zivilisationsbruchs"[5] aus. Und in diesem Sinn blieb wohl vieles, was Frau Zytnicka und ihren Angehörigen in den 1930er und 40er Jahren widerfahren ist, bis zuletzt unbewältigt. Daraus muss man keine Doktrin der „Nichterzählbarkeit" solcher Verfolgungserfahrung ableiten, wie gelegentlich erwogen. Diese Hinweise bereiten uns (und die Leserinnen und Leser des Folgenden) aber auf Lücken, Brüche, Umschreibungen und Unbestimmtheiten vor. Denn im Gegensatz zur Justiz steht es uns nicht zu, widerspruchsfreie Schilderungen zu erwarten.

„Wann ist das Buch fertig?"

Durch eine bemerkenswert unkomplizierte Unterstützung seitens Prof. Berthold Beitz und der ThyssenKrupp AG konnten wir nach Abschluss der Gespräche die Bänder vollständig transkribieren lassen und auf dieser Grundlage noch einmal das Gespräch mit Leni Zytnicka suchen. Denn es hatten sich bei der Durchsicht (und Überprüfung) der schriftlichen Fassung neue Fragen ergeben, und wir baten unsere Interviewpartnerin auch um Fotos und Hinterlassenschaften wie Ausweise und Akten. Die Hoffnung auf letztere erfüllte sich vor allem in der Erlaubnis, die familienbezogenen Wiedergutmachungsakten in Stadt- und Landesarchiv einzusehen.

Sie hatte sicherlich gehofft, noch zu Lebzeiten eine Veröffentlichung in Händen zu halten, und auch ihre Tochter und ihre Enkelkinder haben ihr großes Interesse an einem öffentlich vorzeigbaren Ergebnis mehrfach unterstrichen. In dieser Hinsicht müssen wir für die Familie eine Enttäuschung gewesen sein – vielleicht ein wenig abgemildert durch eine Frau Zytnicka 2004 zu ihrem 100. Geburtstag überreichte und von uns vorläufig redigierte Fassung ihrer Interview-Erzählungen, illustriert mit privaten und anderen Abbildungen. Unsere Auskunft, dass noch mehr nachfolgen werde, wurde freudig aufgenommen. Denn die Familie hatte ja, dies signalisierten die anfänglichen Gespräche mit Tochter und Neffen, die Überlieferung an uns als Außenstehende delegiert (was angesichts der geringeren Distanz von Verwandten eine vernünftige Entscheidung war). Die angesichts des Lebensalters sehr verständliche Ungeduld der Zeitzeugin konnten wir auch der Tatsache entnehmen, dass sie im Jahr 2002 einer älteren Schülerin aus ihrem Bekanntenkreis vieles von dem, was sie uns ausführlich auf das Band gesprochen hatte, in verknappter Form diktierte und uns diese handschriftlich verfertigten Blätter als Kopie überließ. Damit stand uns eine weitere Quelle zur Verfügung, und wir konnten Einzelheiten ergänzen. In kürzeren Beiträgen haben wir zumindest Teile dieser Geschichte bereits einer Fachöffentlichkeit vorgestellt.[6] Seither wuchs durch Archivbesuche, Literatur- und Netzrecherchen unser Kontextwissen weiter an.

Während der Phase des Schreibens, 2017/2018, hätten wir, das liegt nahe, noch viele Verständnisfragen an Frau Zytnicka gehabt, aber mit dieser Arbeit konnten wir leider erst zehn Jahre nach ihrem Tod beginnen. Und ihre jüngere Tochter (die ältere war bereits länger verstorben) machte uns keine Hoffnung auf einen Austausch über die erschreckenden Lebensumstände der Jahre in Polen oder über die bedrückende Nachkriegszeit, auch nicht auf die Einsicht in ergänzende Dokumente der Familiengeschichte. Sie wollte diese Vergangenheit nicht noch einmal gedanklich durchleben.

Noch ein Zeitzeugenbericht? Unerzählte Geschichten!

Mit unserer Zeitzeugin stimmten wir nicht immer überein, was die heutige Gesellschaft vom Holocaust weiß und was nicht. Wie schon angedeutet, sahen wir die geschichtspädagogischen Impulse von Leni Zytnicka – *„jedes deutsche Kind soll wissen, was einmal war"* – mit einer gewissen Distanz: Sie hatte von den Entwicklungen der Erinnerungskultur, der zeitgeschichtlichen Forschung und der historisch-politischen Bildung seit den 1950er Jahren nur entfernt Kenntnis nehmen können, überschätzte das heutige Unwissen über die NS-Zeit und vertrat einige Deutungen von Akteuren und Zusammenhängen, die wir nicht teilen. Wir waren uns dennoch mit ihr einig, dass ihre Geschichte gerade in den genannten und großenteils untypischen Dimensionen Beachtung verdient.

Viele Facetten der folgenden Geschichte, insbesondere manche der geradezu schicksalhaften Fügungen, waren geeignet, die Frage aufzuwerfen, ob wir allen ihren Schilderungen „Glauben schenken" können. Zeugnisse aus der Zeit des Holocaust solchen kritischen Rückfragen und Zweifeln auszusetzen, ist eine Zumutung für die Erzählenden und ihre mühsam errungene „Fassung" des Erlebten. Doch gerade in der Zeit, als wir auf Leni Zytnicka trafen, erregte die treffend erfundene und dann als Fiktion erwiesene Zeitzeugenschaft eines vermeintlichen Kinder-Überlebenden großes Aufsehen und verstärkte grundsätzliche Skepsis am Wert solcher Berichte.[7] Unsere ergänzenden Recherchen in den Akten zur Familiengeschichte, in der deutschen, englischsprachigen und (übersetzten) polnischen Forschungsliteratur, in anderen Zeitzeugenberichten und den Dokumenten der deutschen NS-Herrschaft haben in einem erstaunlichen Ausmaß die Erzählungen der hochbetagten Leni Zytnicka bekräftigt, ja oftmals eine frappierende Genauigkeit erwiesen – etwa in den zwar lückenhaften, doch aussagekräftigen Primärquellen, durch parallele und komplementäre Erfahrungen und Beschreibungen, weitere Belege für erwähnte Personen usf. Wo wir Unstimmigkeiten zwischen diesen Ebenen aufzuspüren meinten, wird im Folgenden darauf eingegangen. Ungenauigkeiten sind ja nach Jahrzehnten überaus verständlich und lassen sich in vielen Fällen erklären.[8] Doch haben diese begleitenden Überlieferungen unsere wenigen Zweifel vertrieben und unsere Entschlossenheit gestärkt, diese besondere Geschichte weiterzugeben. Zudem sehen wir in der „subjektiven Wahrheit" des Berichteten eine soziale Wirklichkeit, die uns und den LeserInnen Einblicke in die komplizierten Prozesse der Erfahrungsverarbeitung erlaubt.⁹

Angesichts der großen Zahl heute vorliegender biografischer Zeugnisse über die Nazi-Periode schließt sich aber hier die Frage an, was gerade diese Geschichte von Helene Zytnicka und ihrer Familie erzählenswert macht:

Leni Zytnickas Erfahrungen sind so vielschichtig wie ihre Identität: *„Ich war 20 Jahre Christin und 20 Jahre Jüdin."* Sie stand zwischen den Perspektiven der Mehrheitsgesellschaft (bei ihr erkennbar z. B. in einem geradezu monarchistischen Patriotismus oder dem Wunsch, auf Essen und die Essener „nichts kommen" zu lassen), und der Erfahrung des Ausgestoßen-Seins, der Todesgefahr und der unberechenbaren Untergrundgesellschaft in Zbąszyń und Warschau. Der jüdische Teil ihres Lebens war nach 1945 nicht erzählbar – zu anders waren diese Geschichten, als dass die Verwandten und Freunde die bruchstückhaften Erzählungen (und die anhaltende Bindung durch ihre Mitgliedschaft in der Jüdischen Gemeinde) hätten einordnen und verstehen können. Mit Formulierungen wie *„Ich war für alle nur ein seltsamer Fall"* hat sie diese mehrfache Außenseiterstellung zu vermitteln versucht. Denn es handelte sich ja nicht nur um eine jüdische Erfahrung, sondern noch spezieller: um eine Erfahrung der ostjüdischen Minderheit in der Minderheit (weiter verkompliziert durch die Perspektive einer Zwischenstellung zwischen Juden und christlichen Deutschen). Diese kam auch in den Diskursen und Bemühungen von „Gutwilligen", also der am jüdischen Schicksal und am Holocaust Interessierten, lange Zeit kaum vor. Geschichtswerkstätten und jüngere Historiker haben wohl seit den späten 1970er Jahren zunächst die Vorkriegs-Perspektiven der jüdischen Mehrheit aufzuspüren versucht und damit deren vorherrschende Bornierungen, Ausblendungen und soziale Abgrenzung gegenüber den „lumpenproletarischen" und „vormodernen" Ostjuden gelegentlich geteilt. Wenngleich Vorarbeiten und eine relativ gute Quellenlage vorliegen, gilt diese Begrenzung bis in die Gegenwart auch für viele lokalgeschichtliche Analysen.¹⁰

Der „Auftrag", den wir 2000 angenommen haben, verpflichtete uns in erster Linie zur Entfaltung von Frau Zytnickas Perspektive. Ihre Geschichte bedurfte aber, wenn man sie angemessen verstehen will, einer Einbettung in den historischen, politischen und geografischen Rahmen. Ergänzende mündliche wie schriftliche Quellen, die insbesondere seit dem Epochenwechsel 1989/90 vermehrt zur Verfügung standen, haben wir zur Abrundung des Bildes genutzt und die erheblich angewachsene Literatur zu den Themenkomplexen Zbąszyń, Warschauer Ghetto, Nachkriegszeit, Wiedergutmachung und „Aufarbeitung" einbezogen, ohne das primäre Recht der Zeitzeugin und ihrer „Stimme" einzuschränken. Die von uns hier skizzierte Verbindung von Besonderem und Allgemeinem möchte auch die europäischen Dimensionen dieser Familiengeschichte sichtbar machen: Sie beginnt und endet zwar in Essen, weist aber weit über die lokalen Geschehnisse hinaus.

Anmerkungen

1 Niethammer 1983, S.22.
2 Im Folgenden werden die (kursiven) Zitate ohne Kennzeichnung des Termins (und mit geringfügigen Glättungen) wiedergegeben. Die Interviews fanden statt am 26. Mai, 28. Juni, 28. Juli, 13. November 2000 und 9. Mai 2003. Außerdem bedienen wir uns hier eines von Frau Zytnicka diktierten Texts aus dem Frühjahr 2002.
3 Vgl. Laub 2006; 2000, S. 69 ff.; Rosenthal 2013, S. 171 f.
4 Vgl. Laub 2000, S. 69.
5 Die Zerstörung der Begriffswelten habe sich insbesondere dort ereignet, wo „ein Schein alltäglicher Normalität gewahrt" wurde: in den Ghettos, vgl. Diner 2007, S. 25.
6 Behrens/Reichling 2008; Reichling 2013.
7 Vgl. Diekmann/Schoeps 2002.
8 Vgl. Roseman 1998. – Irrtümer und Ungenauigkeiten entdeckten wir durchaus ebenso in den schriftlichen, häufig als „objektiver" geltenden Quellen, beispielsweise in den Wiedergutmachungsakten.
9 „Autobiographische Erzählungen sind immer Konstruktionen, die sowohl nicht erlebte Anteile als auch Teile der erlebten Vergangenheit zum Ausdruck bringen. Sie sind also immer Fiktion und realitätsbezogen zugleich", so Rosenthal 2013, S. 165.
10 Als Ausnahmen stehen z. B. Reicher 2010; Rieker/Zimmermann 1996 – Wir greifen im Folgenden vielfach auf Arbeiten und Anregungen von Michael Zimmermann (1951–2007) zurück.

Rathaus Altenessen um die Jahrhundertwende

Aus einer christlich-weltlichen Familie

Also ich fange an. Geboren bin ich 1904 in Altenessen, da gab es noch das Standesamt. Und ich habe das alte Familienbuch von meinen Eltern, aber durch den Umzug weiß ich nicht, wo ich es hingelegt habe, und es ist schon ganz vergilbt. Aufgewachsen bin ich aber im 19. Jahrhundert, denn meine Großmutter führte den Haushalt. Meine Mutter interessierte sich nur für das Land, und wir hatten eine Wohnung mit einem halben Morgen. Sie machte die Landwirtschaft und das Vieh. Wir hatten immer eine Ziege, ein Schwein, das Fritz hieß, elf Hühner, einen Hahn und sechs Kaninchen. Meinen Großvater habe ich nicht mehr gekannt. Waren alles Selbstständige, er war ein Schreiner und machte auch Särge, und er ging auch mit zur Beerdigung. Meine Oma hatte nur die drei Töchter. Sie besaß das Alte Testament, in Leinen gebunden, in Schwarzleinen, und mit einer wunderschönen Handschrift. Durch den Krieg ist es verlorengegangen. 1831 ist sie geboren, und meiner Oma musste ich versprechen, das Alte Testament zu lesen. Ich sagte, „Oma, ich bin aber gar nicht fromm". – „Das Alte Testament hat gar nichts mit Frömmigkeit zu tun, nur mit Kriegen." Also wurde ich in meiner Kindheit eingeweiht, was in der Bibel steht, und ich lernte das sofort.

Religiös liberale „Kaisernarren"

Zu Beginn unserer Gespräche gab uns Frau Zytnicka Einblicke in die Lebenswelt ihrer um die Jahrhundertwende aus Ostpreußen zugezogenen Eltern und der mit im Haushalt lebenden Großmutter. Dabei hob sie das „Preußische" ihres Vaters, des Bergmanns Johann Mantwill, ebenso hervor wie das recht freie Aufwachsen mit fünf, später sechs Geschwistern in einem Mehrfamilienhaus in der architektonisch ansehnlichen Schonnefeldstraße im nördlich gelegenen Vorort Altenessen, der seit 1915 zu Essen gehört.

Nicht nur zu Beginn stellte unsere Gesprächspartnerin ihre eher unorthodox-religiöse Erziehung heraus, auch in weiteren Interviews kam sie unaufgefordert darauf zurück. Sie stamme aus einer *„normalen christlich-weltlichen Familie"*. Ihre Angehörigen beschrieb sie als mehr oder weniger gläubige evangelisch-lutherische Christen, und mit dem angehängten „weltlich" brachte sie eine bestimmte Atmosphäre, eine freisinnige Haltung der eigenen Religion und anderen Glaubensgemeinschaften gegenüber zum Ausdruck. Abgrenzende oder herabsetzende Sprechweisen, eine verbreitete Alltagspraxis in den konfessionell gespaltenen Stadtgesellschaften des Ruhrgebiets, kamen in ihren Erzählungen nicht vor.

Dort, wo ich geboren wurde, war die katholische Schule, und ich musste weit laufen zur evangelischen Schule am Karlsplatz. Ich weiß noch, die Katholischen und Evangelischen hatten <u>immer</u> Krach als Kinder. – Auf dem Hof, nachdem sie alle Schularbeiten gemacht hatten, da konnten Sie meinen, alles ist eins.

Tischgebete seien zwar in der Familie Mantwill eine Selbstverständlichkeit gewesen, meist von der Großmutter gesprochen, der Vater hingegen hielt sich zurück: *„Amen, und dann haben wir gegessen. Mein Vater konnte die zehn Gebote und er kannte auch den Katechismus. Das haben die in Ostpreußen schon in der Schule gelernt."*

Gemeinsame Kirchgänge allerdings waren in der Familie Mantwill eher die Ausnahme. An einem Samstag, nach dem Einkaufen mit ihrem Vater im Zentrum Altenessens, es ging um begehrte weiße Turnschuhe, interessierte sich die fünf- oder sechsjährige Leni für zwei nah beieinander stehende Kirchen am Karlsplatz, und in eine sind sie hineingegangen:

Jetzt habe ich das bestaunt, eine große Kirche mit Bänken. So, sagt er, und jetzt zeige ich Dir die evangelische Kirche. Da sage ich zu meinem Vater, gibt es denn einen katholischen und einen evangelischen lieben Gott? Wir beten doch immer.

Karlsplatz in Altenessen um 1900, rechts die katholische, links die evangelische Kirche

Sagt er, „die evangelische Kirche ist geschlossen, aber dann zeige ich sie Dir von außen." Und in dieser evangelischen Kirche wurde ich getauft und konfirmiert. Da kannst Du nicht rein, sagte er, die haben nur zum Gottesdienst am Sonntag geöffnet. Ja, sage ich, dann gehen wir mal am Sonntagmorgen. Schon damals war ich mit der Religion vertraut.

Also die Großmutter machte den Haushalt, Vater war beim Militär in Königsberg gewesen, und der war eigentlich ein Kaiserfan, der liebte seinen Kaiser Wilhelm II. Und das Bild von der Kaiserfamilie mit sechs Söhnen und einer Tochter hing im Wohnzimmer bei uns neben dem Bild „Das Abendmahl". Kennen Sie das Bild, wo Jesus das letzte Mal mit den Jüngern [zusammen war], bevor er gekreuzigt wird? Das hing bei uns immer im Wohnzimmer. 1912, jetzt springe ich mal schnell rüber, kommt Kaiser Wilhelm II. und besichtigt die Firma Krupp, und mein Vater, nicht dass er geizig war, bloß sportlich, viel gelaufen. Also wir sind bis zum Hauptbahnhof gefahren und bis zur Flora gelaufen. Und der Kaiser kam in einer offenen Kutsche, von wegen Soldaten oder so, gar nichts, der saß einfach mit noch jemand, kamen die in einer offenen Kutsche, das war im [August]. Es war schönes Wetter, und wir standen an der Flora, und die fuhren zum Kruppschen Krankenhaus. Das war irgendwie ein Festtag.[1]

Als einer Mitschülerin auffiel, dass Vater Mantwill beim Sonntagsgottesdienst recht selten zu sehen war, reagierte die kleine Helene mit einer Ausrede: *„Sage ich, der schustert seinen Kindern die Schuhe, sonntags, da kann er nicht."* Dass der pragmatische Umgang mit Glaubensfragen, wie Frau Zytnicka ihn für die Familie Mantwill erinnert, in ihrem sozialen Umfeld eher ungewöhnlich war, erwähnte sie nicht. Sie ließ aber in der Schilderung ihres Elternhauses oder ihres Herkunftsmilieus, wie sie es nannte, so etwas wie Stolz erkennen und blieb diesem „christlich-weltlichen" Zusammenhang auch dann noch verbunden, als sie nach der Heirat die Konfession ihres Mannes annahm: *„Wissen Sie, im Herzen war ich keine Jüdin, im Herzen sind Sie immer das, was Sie waren."*

Frau Zytnicka identifizierte sich rückblickend nicht nur mit der in ihrer Familie praktizierten religiösen Großzügigkeit, sie ließ immer wieder auch eine Beziehung erkennen zur elterlichen Heimat Ostpreußen: der Landschaft, dem Agrarischen und der Sprache. Wir gehen davon aus, dass Vater, Mutter und die zugezogene Verwandtschaft den ostpreußischen Dialekt an die Kinder weitergaben, und dass diese, vermittelt vor allem über Nachbarschaftsbeziehungen, allmählich auch das charakteristische Ruhrdeutsch zu sprechen lernten.

Glückssuche in der „Kruppstadt"

Ihr Vater war 1876 in Kastaunen, im Landkreis Elchniederung, als eines von fünf Kindern geboren worden. Dort hatten seine Eltern einen Gutshof gepachtet. Als seine Mutter bei der Geburt des letzten Kindes gestorben war (und nach Auseinandersetzungen mit seiner Stiefmutter) sah sich Johann Mantwill, nachdem er den Militärdienst in Königsberg abgeleistet hatte, nach Arbeit in weit entfernten Regionen um. Aus der Kleinstadt Labiau am Kurischen Haff reiste er um die Jahrhundertwende zunächst nach Bayern, wo er auf einem Bauernhof eine Beschäftigung fand, diese jedoch bald wieder aufgab, weil er sich dort, wie Frau Zytnicka erzählte, kulturell fremd fühlte. Im Ruhrgebiet, seiner zweiten Station, lebten bereits Verwandte aus Labiau[2]; sie hatten eine Anstellung im Krupp-Konzern gefunden. Junge männliche Arbeitskräfte waren seinerzeit im Bergbau und in der Schwerindustrie sehr gesucht.

Dann ist er, er war doch erst 22 Jahre oder 23 Jahre alt, hier nach Essen gekommen und hat sich beworben auf irgendeiner Zeche, aber da nicht vor der Kohle, sondern [an der] Lore. Wissen Sie, früher war noch alles mit Hand, mit Pferden wurden die Loren gezogen, und sein Gebiet waren ja Pferde, vom Land her.

Vielleicht hat er seine spätere Ehefrau Karoline Dibbel, Jahrgang 1874, schon länger gekannt, oder er traf er sie erst im Ruhrgebiet; sie stammte aus dem Dorf Bittehnen im Kreis Labiau. Die Ehe wurde 1901 auf dem Standesamt Altenessen geschlossen, und das Paar bezog eine Wohnung in der Bruckmannstraße (heute Stauderstraße) nahe einer Zeche des Kölner Bergbauvereins. Im Jahr darauf kam das erste Kind auf die Welt, Arthur Max, ihm folgte 1904 Helene Olga, genannt Leni. 1905 wurde ein weiterer Sohn geboren, Ernst Richard, und nicht lange danach die Kinder Sophie Erna (1908), Heinrich Otto (1910) und Anna Katharina (1912), Karl Ludwig (1914) und Willi Franz (1918). Leni Zytnickas Erinnerungen setzten erst nach dem Umzug in eine Werkswohnung gegenüber einer großen Ziegelei im selben Stadtteil ein, welche wohl geräumiger war und im Hofbereich ausgedehnte Nutzflächen sowie eine praktisches Stall- und Aborthäuschen bot, darin war auch Platz für Gerätschaften. Für Kinder gab es hier bis hin zum kleinen Fluss Berne attraktive Spielmöglichkeiten.

Ich war so fünf Jahre, dann war das 1908 oder 1909, da wollten wir vom Karlsplatz in Altenessen mit der Straßenbahn nach Essen fahren, meine Mutter und ich, und es war Sommer. Da habe ich zum ersten Mal die Straßenbahn gesehen wie in Florida, offen mit Sitzplätzen und einer Glocke, und dann noch ein Anhänger. Da habe ich gedacht, ich wohne im Märchenland. Ich kannte doch die Welt noch gar nicht, und wir fahren, eine Person eine Strecke, also es ging damals streckenweise, 20 Pfennige, und bis 10 Jahre umsonst und ab 10 die Hälfte. Ich erzähle Ihnen das nur, weil ich in dieser Welt aufgewachsen bin.

Durch den guten Lohn des Vaters und den in unseren Interviews wenig hervorgehobenen Anteil ihrer Mutter, die Pflege des Nutzgartens und die Tierhaltung, habe die große Familie keine Not leiden müssen. Mit einem kurzen Fazit ihrer Kindheitsphase, *„so, das war jetzt meine Familie, das Einkommen war sicher. Der Vater ging arbeiten, voller Humor. Es war überhaupt kein Streit, nur gelacht und gesungen, und die Kinder wuchsen"*, ging Frau Zytnicka allerdings über Einzelheiten beispielsweise zu ihrer Rolle als Älteste im Kreis der Geschwister – der Erstgeborene war inzwischen nicht mehr am Leben – und über ihr Verhältnis zu den deutlich jüngeren Brüdern hinweg. Sie erzählte uns aber von dem schweren Unfall ihres Vaters während seiner Tätigkeit unter Tage:

Ihm ist eine Lore hinten über den linken Fuß gefahren, und er lag ein Jahr im Krankenhaus. Der Fuß wuchs zusammen, sechs Zentimeter kürzer, aber er hinkte nicht. Und da bekam er eine Vollrente.

Während seiner langen Genesung habe er viel gelesen, sich fortgebildet, und er fand eine Tätigkeit als Schachtmeister (Polier), das hieß als Leiter einer Stra-

Gesamtansicht Essen 1904

ßenbaustelle, in einem großen Essener Unternehmen, der Hochtief AG.

Wenn er abends nach Haus kam, hat er alles sortiert, welche Arbeiter da waren und von wann bis wann. Und da habe ich schon, da war ich sieben, acht Jahre, da habe ich schon Namen aufgeschrieben.

Leni Zytnicka sprach im Interview nicht über Chancen, eine weiterführende oder, wie es damals hieß, eine höhere Schule zu besuchen. Dies lag offenbar außerhalb der familiären Vorstellungen und materiellen Möglichkeiten. Sie ist bis 1917 – also sieben statt regulärer acht Schuljahre – dort geblieben, wo man sie eingeschult hatte:

Die Kinder, die zu Hause mehrere Geschwister hatten, konnten, wenn sie die Prüfung für die achte Klasse bestehen, schon der Mutter zur Hilfe entlassen werden.

Aber damals waren ja auch noch Mädchen und Jungens getrennt, weil zu viele Kinder kamen. Wissen Sie, das ganze Essen hätte ein Paradies sein können, wäre die Verhütungspille schon auf dem Markt gewesen. Also es war wirklich schön, friedlich, und – wo war ich stehen geblieben?

Jetzt habe ich mein Schulentlassungszeugnis, hatte im Rechnen ‚sehr gut'. Die Bruchrechnung hat meine Oma mir erklärt. Man nimmt eine Torte, man nimmt noch eine Torte, schneidet die eine in drei Teile und die andere in sechs Teile, und dann nachher muss man sie zusammenzählen. Und da sind die meisten Mädchen *hängengeblieben bei dieser Bruchrechnung. Und ich wusste das von meiner Oma und habe auch alles gut überstanden. Dann bin ich aber zu Haus und interessiere mich nicht für Hausarbeiten, und sage: ‚Papa, jetzt fahre ich in deine Heimat!' Wissen Sie, das lag mir. Zuhause war es mir eng. Wir waren mit sechs Kindern.*³

Ostpreußen sehen

Nach Kriegsende, es könnte im Sommer 1919 oder 1920 gewesen sein, machte sich Helene Mantwill zusammen mit einer Cousine per Eisenbahn auf den Weg nach Ostpreußen:

Die Züge fuhren bis Dortmund, da musste man umsteigen, und dann ging es weiter, denn ich wollte absolut die Heimat meiner Eltern sehen. Ich lande auch tatsächlich [über] mehrere Umsteigebahnhöfe in Berlin.

Von Berlin aus gab es sieben Routen nach Ostpreußen. Das Gebiet war inzwischen als Folge des Ersten Weltkriegs und festgeschrieben im Versailler Vertrag durch den „polnischen Korridor", einen 30 bis 90 km breiten, der Zweiten Polnischen Republik zugesprochenen Landstrifen, vom Reichsgebiet getrennt worden. Die jungen Mädchen müssen diese Strecke in einem verplombten Zug durchquert haben, mit zugehängten Fenstern und polnischem Personal; sie benötigten, wie alle Deutschen, für dieses Teilstück ein schriftliches Dokument.⁴ Falls die Reise beschwerlich war, wovon auszugehen ist, wurde diese Erfahrung von Leni Mantwills Begeisterung für Ostpreußen überlagert.

Von Danzig aus reisten die beiden Cousinen nach Königsberg und von dort weiter. Eine Tante, Schwester der Mutter Mantwill, arbeitete in Labiau auf einem sogenannten Lebensmittelschiff, das kleine Häfen anfuhr:

Das [Schiff] fuhr alle drei Tage von Labiau mit Lebensmitteln beladen, was die Leute in ihrer Landwirtschaft nicht selbst säen konnten, Reis und Pfeffer und alles. Da war eine Schwester von meiner Mutter Verkäuferin.

Die jungen Mädchen durften sich ihr anschließen, sie halfen der Tante und sahen so das Kurische Haff und lernten das nordöstlich gelegene Memelgebiet kennen (das dem Völkerbund unterstand).

Und glauben Sie mir, Ostpreußen ist so schön, kein Berg, nur Wald und Wiesen, und eine Schwester von meinem Vater wohnte an der [litauischen] Grenze bei Memel. Es gefiel mir alles so gut gegen hier. Dann war ein weitläufiger Verwandter in Westpreußen, in Rastenburg, der hatte eine Schmiede, da bin ich auch gewesen. Also ich war reiselustig, ich wollte alles sehen.

Die Frage der Interviewer, ob sie gehofft hatte, dort bei ihren Verwandten irgendeine Art von Ausbildung erhalten zu können, verneinte sie:

Ich wollte wieder nach Hause. Ich wollte nur mal gucken – mein Vater schwärmte so von seinem Kurischen Haff. Ich war begeistert – in Altenessen nur die Wohnhäu-

ser, ich bin geboren zwischen 96 Zechen, mehr kannte ich nicht, Essen und Rüttenscheid oder Saalbau. So lernte ich Land und Leute kennen in Ostpreußen. Also fuhr ich wieder nach Hause.

„Ich wollte Modezeichnerin werden"

Leni Mantwill war ungefähr sechs Monate in Ostpreußen unterwegs. Sie verband zwar ihre Rückkehr mit der Zeit der Besetzung des Ruhrgebiets durch französisches und belgisches Militär (von 1923 bis 1925). Wahrscheinlicher ist aber, dass sie um 1921 herum wieder in Essen gelebt und eine private Handelsschule besucht hat.

Ich war gar nicht so blöd, und vor allen Dingen, ich wollte mal Zeichnerin werden beim Modejournal, da musste ich aber drei Jahre Schneiderin lernen, und zu der Zeit bekam ich trotz größter Mühe keine Lehrstelle, so dass ich dann einfach aus Verzweiflung zur Handelsschule gegangen bin, denn irgendetwas musste ich doch machen. Da war ich ein Jahr. Und der Schriftwechsel hat mich nicht so interessiert, das Rechnen, einmal rauf und einmal runter im Kassabuch: stimmt! Ich habe die Prüfung da bestanden und alles mit „gut". Und jetzt bin ich schon fast 17.

Ob sie nach einem Jahr aus freiem Entschluss diese Schule beendete oder die Kosten für die Familie zu einer Belastung geworden waren, bleibt ungewiss:

Jetzt hatte ich die Nase voll, und die Schule war gar nicht so billig, und bei so einer großen Familie, acht Personen, ein Verdiener, da müssen Sie schon aufpassen mit dem Schulgeld.

Zwar verließ schon bald einer ihrer Brüder den Haushalt, als er einen Ausbildungsplatz auf einer Baustelle in Hamburg fand. Aber nach dem Tod der Großmutter zog Mutter Mantwills Schwester Bertha zur Familie, so dass in jener Wohnung in der Schonnefeldstraße 81 eine Zeitlang neun Personen lebten – und versorgt werden mussten.[5]

Helene Mantwill, die gern und schnell rechnete, fand eine Stelle als Kassiererin, Kontoristin und Buchhalterin in einem großen Essener Möbelgeschäft.

Ja, in der Möbelfirma, und nachher wurde ein Teil zur Möbelausstellung, war ja alles groß, Ladenlokal, ein ganzes Parterre. Und der Chef und die Chefin, die Chefin war aus Hamburg, auch eine Jüdin. Da standen Sachen, Möbel, eine Küche, wissen Sie, wie es damals Mode war, Küchenbüfett und Schrank. Und ein anderes Schaufenster hatte Schlafzimmer und ein anderes Wohnzimmer – und da [dran] war mein Büro. Und dann ließ der Chef nach einiger Zeit, er kannte jetzt schon die Kunden, eine Abteilung für Kurzwaren und Bettwäsche einrichten. Wenn Zahltag war, dann kamen die Kunden, und ich immer fleißig mittendrin. Ich war ja nicht auf den Mund gefallen. Und das ging so drei Jahre, vier Jahre. Jetzt bin ich ungefähr 20.

Eine Begegnung auf dieser Arbeitsstelle sollte ihren weiteren Lebenslauf schon bald entscheidend bestimmen.

Anmerkungen

1 Anlass für diesen Besuch war das sog. „Jahrhundertfest", ein Großereignis zum 100-jährigen Bestehen der Firma Krupp Anfang August 1912. Der „Kaiserweg" führte den Monarchen im offenen Wagen (zusammen mit Gustav Krupp) am Vormittag des 8. August durch das geschmückte Essen; Militär und Polizei waren deutlich präsent. Der Monarch verließ allerdings vorzeitig die Feierlichkeiten und reiste nach Bochum, wo sich auf der Zeche Lothringen ein Grubenunglück ereignet hatte und mehr als hundert Tote beklagt wurden (vgl. Tenfelde 2005, S. 84 ff.).

2 Schon vor der Jahrhundertwende konnten Arbeitssuchende von Gumbinnen in Ostpreußen in einem Personenzug über Berlin 1.220 km direkt bis nach Altenessen fahren, siehe https://de.wikipedia.org/wiki/Bahnhof_Essen-Altenessen [25.04.2018].

3 Das erste Kind, das erfuhren wir erst sehr viel später von Hans Oppenberg, Helene Zytnickas Neffen, ist mit ein oder zwei Jahren nach einem Fenstersturz gestorben. Und der 1918 geborene Willi Franz verstarb im Jahr 1937. So erklärt sich vielleicht, dass unsere Interviewpartnerin meist von sechs oder auch von fünf Geschwistern gesprochen hat. Die 1914 und 1918 geborenen Brüder fanden in den Interviews namentlich keine Erwähnung.

4 Marion Gräfin Dönhoff, Jg. 1909, die häufig mit der Bahn von und nach Ostpreußen fuhr, schreibt in einem Rückblick: „Durch den polnischen Korridor zu reisen, war in den ersten Jahren nach 1918 ein abenteuerliches Unternehmen. Die Vorhänge aller Abteile mussten zugezogen werden, niemand durfte hinausschauen, und man war auf alles gefaßt. Immer wieder mussten Reisende aussteigen, weil irgendetwas mit ihrem Paß nicht in Ordnung schien oder weil sie verdächtigt wurden, polnisches Geld bei sich zu haben" (Dönhoff 1988, S. 49).

5 „Tante Bertha" hat mehrere Jahre, bis zu ihrem Tod, im Haushalt der Mantwills gelebt. Wir danken Hannelore Humbert, Leni Zytnickas Patenkind, für diese Information.

Ein idealer Gatte
David Zytnicki und die Essener „Ostjuden"

Angesichts der dramatischen Folgen ihrer Ehe mit dem Kaufmann David Zytnicki zentriert sich für seine Frau im Grunde das ganze spätere Leben um ihr Zusammentreffen zu Beginn der 1920er Jahre. Ihre Darstellung des „Zueinander-Findens" weist zwar romantische Momente auf, doch sieht sie diese Verbindung auch als Frucht einer relativ gezielten und mittelfristigen Strategie. Eine Zufallsbegegnung an ihrem Arbeitsplatz war der Ausgangspunkt:

Ich habe meinen Mann kennen gelernt in dem Büro, in dem ich gearbeitet habe. Der Bruder von meinem Chef kam und brachte einen jungen Mann mit. Und es war kalt, damals hatten wir noch keine Heizungen, im Büro war ein kleiner Kanonenofen. Die beiden stellten sich vor den Ofen, und ich hatte meinen Schreibtisch da und bekam keine Wärme mit. Da war ich auf die beiden so böse. Wissen Sie, was ich da gesagt habe? Ob sie mal von dem Ofen weggehen würden – also auf den Mund gefallen war ich nie. Und dann haben wir uns mit meiner Freundin verabredet und sind ausgegangen, wir vier. Und das hat ein Jahr gedauert.

Doch ein schneller Erfolg war dieser Annäherung an den gut aussehenden jungen Polen nicht vergönnt – Leni Mantwill sieht ihre Interessen nicht berücksichtigt und wählt den Ausweg eines für damalige Verhältnisse recht radikalen Ortswechsels. Ihre Stärken im Rechnen und ihre gute Handschrift gaben ihr Chancen auch anderswo:

Ich war verliebt in meinen späteren Mann, er war sehr schön, sehr charmant, aber von einer Heirat ... Und was will ein junges Mädchen? Mal heiraten! Da habe ich aufgehört, ich habe gesehen, da gibt es keine Aussichten. Und ich bin nach Berlin zu einer Cousine gezogen, deren Vater hatte ein Schneideratelier. Ich bekam auch sofort eine Anstellung, es war die Inflationszeit. Mit meiner guten Handschrift – die Schecks konnten Sie ja nur mit der Hand schreiben – habe ich den ganzen Tag nur Schecks geschrieben, bei Pfennigen ein Strich, die ersten drei Nullen brauchte ich nicht, bei den nächsten zwei Nullen war ich schon vorsichtig.[1] Meine Cousine arbeitete im selben Büro.

Ich hatte aber Korrespondenz mit meinen Eltern, und nach zweieinhalb Jahren kam der Schwiegervater von meinem früheren Chef, der hatte meine Berliner Adresse, mit meinem späteren Mann. Der Schwiegervater, ein Hamburger, auch Jude, hatte ein Geschäft in [Gelsenkirchen-] Horst, und er wollte sehen, was in der Manufaktur in Berlin los war. Auf einmal – ich komme aus meinem Büro auf der Alexanderstraße – stand mein Mann da und dieser Schwiegervater. Ja, da sind wir essen gegangen. Jetzt fragte ich so nebenbei den Schwiegervater, was mein Mann so macht, mein früherer Geliebter. Ja, der hätte eine Freundin, Tochter vom Spedi-

teurgeschäft. Nach zweieinhalb Jahren hörte ich also, dass er in festen Händen war. Also sagte ich zu mir: Liebchen, fahr wieder nach Haus. Ich kannte den Wannsee, ich kannte alles Schöne in Berlin, denn der Bräutigam meiner Cousine zeigte mir alles. Und der Schwiegervater von meinem Chef sagte zu mir, wenn ich nicht mehr in Berlin bleiben will, dann würde er sich freuen, wenn ich in seinem Geschäft arbeitete.

Unsere Frage „Hatten Sie Ihren Mann schon ganz abgeschrieben?" rief noch einmal die ambivalente Gefühlslage von Leni Zytnicka in dieser Phase auf; sie antwortete wie aus der Pistole geschossen *„Ja sicher. Der sprach nicht mehr von Heirat"*, um dann übergangslos fortzufahren:

Aber ich sage Ihnen, er sah sehr gut aus, sprach drei Sprachen. Und er arbeitete in Köln in einer Wäschefabrik als Vertreter und fuhr jeden Tag von Essen nach Köln. Den sah ich dann eine Weile nicht, aber wie es der Zufall will, glauben Sie, das Leben ist vorherbestimmt, treffe ich ihn wieder, vielmehr war ich da in einem Café bei dem Schwiegervater von meinem Chef in [Gelsenkirchen-] Horst, und der kannte ja die alle, und auf einmal hieß es – sie nannten mich Schischick: „Schischick ist von Berlin wieder da". Und er kam 'rein und begrüßte mich, und seine Geliebte saß da in einer Ecke. Sie tat mir direkt leid, aber so fing es an, mit dem Vorsatz, ich werde heiraten, und zwar den! Eine Frau ist sicher, das können Sie sehen.

Diesen Vorsatz konnte sie dann recht bald umsetzen; sie wechselte nach Essen zu einer Firma am Gänsemarkt 18, dem Herrenkonfektionsgeschäft Jastrow, wo sie durch eine Empfehlung eine Anstellung erhielt.

Das Haus Gänsemarkt 18
(Bauzeichnung von 1923)

Und dann hatte mein Mann auch nicht mehr in Horst zu tun, nur noch in Essen. Aber, ich habe gearbeitet, und dann war ich auf einmal in Umständen. ‚So', sage ich, ‚und jetzt wird geheiratet!' Ich habe gearbeitet, bis ich die Tochter bekam. Da haben wir aber noch zu Hause bei meinen Eltern gewohnt. Damals war es auch nicht so einfach mit der Wohnung, bis im Hause, wo ich gearbeitet habe, eine Wohnung frei wurde, am Gänsemarkt 18.

Und dann haben wir geheiratet. Aber mein Mann war aus einem anderen Milieu. Nun war ich ja tatsächlich bis zum Warschauer Ghetto 20 Jahre eine Christin und 20 Jahre eine Jüdin, und die Menschen von Christen bis zu Juden sind alle gleich.

Weil der polnische Staat damals nur religiös geschlossene Ehen anerkannte[2], erfolgte für diese „Mischehe", die für Leni Mantwill zugleich den Verlust der deutschen Staatsangehörigkeit und den formellen Übertritt zum Judentum einschloss, auch eine jüdische Eheschließung in der Essener Synagoge.[3]

„Peppi, der Graf aus Polen"

Über die Jugend und die Einwanderung von David Elimejlech Zytnicki nach Deutschland ließ sich wenig herausfinden. Er ist am 20. Januar 1903 in Warschau geboren und hatte zwei Brüder sowie eine Schwester, die seit den 1930er Jahren in Buenos Aires lebte. 1919 – im Alter von 16 Jahren – kam er nach Deutschland.

Den 1926 schließlich errungenen Ehemann müssen wir uns als vielseitige Persönlichkeit vorstellen – Leni Zytnicka betonte in unseren Gesprächen immer wieder seine Herkunft aus einer bildungsorientierten Familie und seine vielfältigen Talente und Ambitionen.

Jetzt habe ich aber immer, obwohl ich ein Kind bekommen hatte, in diesem Büro gearbeitet, unten im Haus war das Geschäft. Und alles war normal. Mein Mann wollte ja in die Kunstwelt, wollte immer Künstler werden. Er hatte eine gute Stimme, er wollte Schauspieler werden und sich eigentlich zum Sänger ausbilden lassen, denn seine Familie war nicht arm. Und meinen Mann nannte man hier in Essen, weil sein Name so schwer auszusprechen war, Peppi, den Grafen aus Polen. Er sah auch aus wie ein Graf.

Und mein Mann hatte eine Leidenschaft, die Oper. Nachher, bei der dritten Oper sage ich: ‚Weißt du was, Schatz, das ist mir zu langweilig in der Oper unten im Stadttheater.' Aber er war aus diesem Milieu in Warschau. Mein Mann sprach perfekt Deutsch, das haben die schon in der Schule gelernt, da war schon Deutsch, Polnisch, Russisch und Französisch, nur kein Englisch, das hat er immer bedauert.[4]

Wissen Sie, mein Mann war ein schöner Mann, und ich war eine Durchschnittsfrau. Dass er sich in mich verliebt hat, war mehr ein Wunder. Das war einfach Liebe. Wir waren jung verheiratet, hatten die Tochter, waren glücklich, ich war fast glücklicher als mein Mann, denn ich liebte ihn zu sehr, und er wurde zu viel angehimmelt.

Offensichtlich war David Zytnicki jüdischen Traditionen verbunden, ohne sonderlich religiös zu sein.

Sie hatten ja sehr oft Feste. Ich habe sogar ein Bild, da bin ich drauf mit meiner Schwester auf einem Purimfest im Saalbau. Und dann hat da einer gestiftet für die

David Zytnicki in Baden-Baden, Mitte der 1930er Jahre

Verlosung. Und glauben Sie, wir waren alle so vornehm angezogen, so friedlich alles, und der eine Unterschied ist ja zwischen Juden und Christen: die trinken keinen Alkohol.

Immer wieder unterstreicht Leni Zytnicka, dass es in der jüdischen Umgebung ihres Mannes keinen Hang zum Alkohol gegeben habe (und verbindet dies mit einer ebenfalls öfter wiederkehrenden kombinierten Abneigung gegen Bayerisches *und* die Nationalsozialisten):

Sie können ein Gläschen Wein haben, vielleicht ein, zwei Gläschen Wein, und eine Frau schon mal gar nicht. Und das ist der eine Unterschied: da gibt es keine Betrunkenen. Die trinken keinen Alkohol, nur freitagabends, beim Schabbesmahl, da trank mein Mann einen Fingerhut voll. Aber wie in Bayern, dass sie vier Wochen aus aller Welt kommen und das Bier feiern, das gibt es da nicht.

Ich zeige Ihnen mal ein Bild. Da ist die Bar Mitzwa, ist wie bei uns die Konfirmation, aber nur bei Jungen. Da waren bestimmt 100 Leute, Wein stand auf dem Tisch, aber kein Cognac, Wein, Sekt, alles war da. Das Eine muss ich sagen, Alkohol, das gibt es nicht bei Juden, und das war der Verderb, der Alkohol, 1933.

Ein von diesem Eindruck abweichendes Bild zeichnet übrigens die Berichterstattung der Essener Gemeindeblätter über Gemeindefeste: Hier wird eine große Bereitschaft der Feiernden zum Alkoholkonsum angeprangert, die in einem auffälligen Missverhältnis zur Spendenbereitschaft für wohltätige Zwecke stehe.[5]

Ein „Reisender"

Die beruflichen Tätigkeiten von David Zytnicki lassen sich aus den Erzählungen seiner Witwe und aus Nachkriegsakten rekonstruieren: Wir konnten zwar nicht feststellen, ob er eine Berufsausbildung hatte, doch seine Nähe zum Handel ist unübersehbar: Er war zu Beginn der 1920er Jahre als Wäschevertreter bei einer Kölner (jüdischen?) Firma namens Lange beschäftigt, Ende der 20er Jahre für einen Gelsenkirchener Möbelbetrieb (möglicherweise die 1938 „arisierte" Firma Block) unterwegs und ab 1932 beim Essener Konfektionsgeschäft Jastrow & Ostrowski einerseits als Verkäufer und andererseits als Kassierer angestellt. (Die Akten halten fest: vom 1.10.1932 bis 30.7.1933, dann wegen Arbeitsmangels entlassen, und vom 1.10.1937 bis 28.10.1938 „in ungekündigter Stellung".) In der Zeit zwischen 1933 und 1937 war David Zytnicki erneut für eine Kölner Wäschefirma auf Provisionsbasis tätig – seine Ehefrau nennt ihn „Generalvertreter", das Essener Adressbuch von 1937/38 weist ihn als „Verkäufer" aus. Es ist mehr als wahrscheinlich, dass der Wechsel der Arbeitsstellen auf die Behinderung und Einschränkung jüdischer Geschäftstätigkeit ab 1933 zurückging: Viele Kleinhändler, so berichteten ihre Kinder Jahrzehnte später, mussten bei der Einforderung von Ratenzahlungen nun mit brutaler Weigerung rechnen und hatten keine finanziellen Reserven.[6]

Das in Vergessenheit geratene Berufsbild des „Reisenden" war für die Szene der ostjüdischen Einwanderer kein ungewöhnliches: Schon 1879 hatte der Historiker Heinrich Treitschke in einer antisemitischen Suada die „Schar strebsamer hosenverkaufender Jünglinge" beklagt, die seines Erachtens Deutschland überschwemme und „deren Kinder und Kindeskinder dereinst Deutschlands Börsen und Zeitungen beherrschen sollen."[7]

Dies war einerseits ein unzutreffendes Gerücht. Doch spielten andererseits soziale Aufstiege, u. a. in den Handel, später durchaus eine Rolle; diese Dynamik wird oft übersehen: Eine nicht exakt datierte Statistik der Essener jüdischen Gemeinde aus den 1920er Jahren gibt aufschlussreiche Hinweise auf die Berufsstruktur der Ankömmlinge aus dem Osten: Da stehen z. B. 100 Arbeitern 24

Handwerker gegenüber.[8] Aber in deutlichem Gegensatz zu den verbreiteten Klischeebildern verelendeter und proletarischer Ostjuden (die es auch gab und die oft von Agitatoren, Fremdenpolizei und später den Nationalsozialisten als typisch heraufbeschworen wurden) bildete sich aus dieser Einwanderergruppe in den 1920er Jahren eine bemerkenswerte Mittelschicht von Handwerkern und Kleingewerbetreibenden heraus (zum Teil aufbauend auf Berufserfahrungen vor der Einwanderung).[9] Gute Kontakte zu den Arbeiterfamilien des Ruhrgebiets und wenig entwickelte Handelsstrukturen in den Kleinstädten ermöglichten es nämlich vielen „ostjüdischen" Arbeitern, als Verkaufsreisende und Kleinhändler tätig zu werden; sie handelten mit Möbeln, Stoffen und Kleidung, oft aber auch mit Lebensmitteln oder Altwaren und Lumpen, waren hier und da als Pioniere in Sachen moderner Werbung oder Ratenkauf erfolgreich.[10]

Engagiert im „Ostjudenverband"

Neben Familie, Beruf und kulturellen Neigungen widmete sich David Zytnicki – wir wissen nicht genau, seit wann – auch gesellschaftspolitischen Interessen, die zu einem Engagement in den ostjüdischen Verbänden führten. In Deutschland fühlte er sich anscheinend den übrigen aus Polen Zugewanderten eng verbunden.

Der in diesem Zusammenhang auftauchende Begriff der „Ostjuden" hat bis heute äußerst schillernde Bedeutungen: Er wurde und wird teilweise als abwertend verstanden. Häufig wurde in die Ostjuden aber auch (von deutsch-jüdischen Intellektuellen wie Martin Buber, Gershom Scholem, Franz Rosenzweig und vom Essener Rabbiner Hugo Hahn) ein Erneuerungspotenzial für ein ermattetes jüdisches Leben in Westeuropa hineinprojiziert. Nach den Begegnungen mit der ostjüdischen Kultur im Ersten Weltkrieg kam es sogar zu einem regelrechten „Ostjudenkult", der die „Tiefe" dieser Religiosität romantisierend mit dem „oberflächlichen" westeuropäischen Assimilationsjudentum kontrastierte.[11] Der Begriff diente aber auch als Selbstbezeichnung (und wir verwenden ihn der Knappheit wegen.)

Die Wanderungsprozesse der Juden aus „Russisch-Polen" – ein polnischer Staat wurde ja erst 1918/1919 wieder begründet – begannen bereits Ende des 19. Jahrhunderts, angesichts staatlicher Willkür und von Pogromen schwand die Hoffnung auf eine Gleich- oder Besserstellung. Im Ersten Weltkrieg gab es wegen des Arbeitskräftemangels sehr intensive deutsche Anwerbeaktionen, der Höhepunkt der Einwanderung lag jedoch im Jahre 1924.

Genaue Daten über die Größenordnung dieser Wanderungsbewegungen fehlen. Von 1890 bis 1914 emigrierte mehr als eine Million Juden aus dem russischen Reich, die meisten von ihnen in die USA. Zwischen 1914 und 1921 ka-

Anzeige der Buchhandlung Jordan in: „Hakoah-Blätter" Nr. 12, Dez. 1924

men etwa 100.000 Ostjuden nach Deutschland, von denen allerdings 1921 schon 40 % weiter in ihr eigentliches Auswanderungsland (wiederum oftmals die USA) gereist waren.[12] Wegen des Arbeitskräftemangels während des Ersten Weltkrieges warben deutsche Behörden zivile Arbeitskräfte an, verstärkt ab Anfang 1918; eine große Zahl wurde aber auch zwangsweise oder als Kriegsgefangene nach Deutschland gebracht.[13] Im industriell geprägten Ruhrgebiet lebten besonders viele dieser osteuropäischen Juden; 1918 schätzte man ihre Zahl auf 16.000, darunter etwa 4.000 im Ruhrbergbau. Rechtliche und staatliche Diskriminierung waren damit nicht ausgeschlossen: Wegen der auf Abschreckung setzenden „Fremdenpolitik" und des großen Interesses an einer Weiterwanderung sanken die Gesamtzahlen der polnischen Juden in Deutschland von ca. 100.000 als Höchststand auf etwa 51.000 im Juni 1933.[14] In Deutschland lebten laut der Volkszählung im selben Jahr etwas mehr als 500.000 Jüdinnen und Juden. Die „jüdischen Ausländer" machten 1925 in Essen 28 Prozent der jüdischen Bevölkerung aus – 1933 waren es 32 Prozent (reichsweit lag der Anteil bei ca. 15-17 Prozent). In absoluten Zahlen hieß dies: 1.173 von 4.209 bzw. 1.459 von 4.506 Personen; dieser Anteil lag deutlich über dem Durchschnitt von 23 Prozent in allen preußischen Großstädten.[15]

Die jüdischen Zuwanderer aus dem Vorkriegs-Russisch-Polen und dem 1919 neu errichteten polnischen Staat verfügten in Deutschland über eine Vielzahl von Verbänden und bildeten innerhalb wie außerhalb der Gemeinden auch eigene Parteien, ja entwickelten in Ballungsräumen wie dem Ruhrgebiet eine differenzierte Struktur der sozialen und kulturellen Selbsthilfe; in Essen gab es sogar eine ostjüdische Buchhandlung. Dieser Zusammenhalt war angesichts ihrer prekären Rechtslage und des Antisemitismus der Mehrheitsgesellschaft, aber auch wegen der häufigen Diskriminierung durch die alteingesessenen „Kaiser-Wilhelm-Juden"[16] in den jüdischen Gemeinden sehr verständlich und notwendig. In den Synagogengemeinden gab es verschiedene Grade und Methoden der Abwehr –

sie reichten von der kulturellen Abwertung und Abgrenzung über einschränkende Vorbedingungen (z. B. die deutsche Staatsbürgerschaft und mehrjährige Wartezeiten) bis hin zur Gesamtverweigerung des Gemeindewahlrechts.[17]

Ausweisungen und willkürliche Repressionen gehörten auch in der Demokratie der Weimarer Zeit zum Alltag der ostjüdischen Familien; 1920 bis 1923 wurden in mehreren Orten Preußens sogenannte „Internierungslager" unterhalten, deren Insassen man „Schiebertum" (also illegale Geschäfte) und „Bolschewismus" vorwarf. Ihre Diskriminierung war aber nicht nur eine durch staatliche Stellen und jüdische Gemeinden – auch Kollegen und Konkurrenten aus dem Bereich des Kleinhandels beteiligten sich an rassistischen Verdächtigungen und Drangsalierungen.[18]

Ab 1933 steigerten sich die behördlichen Schikanen noch einmal drastisch: es gab keine neuen Einreisevisa mehr, Aufenthaltserlaubnisse wurden beendet oder verkürzt, frühere rechtswirksame Einbürgerungen rückgängig gemacht. Ab 1935 bauten die NS-Behörden sog. „Judenkarteien" auf und erfassten akribisch Wohnsitz und Beschäftigungsstellen.

Ein Standardwerk zur Geschichte der Essener Juden[19] bezeichnet David Zytnicki als „Vorsitzenden" des Verbands der Ostjuden – nach Angaben seiner Frau von 1930 bis 1938. Dieser 1919 gegründete Verband gehörte einem Regionalverband jüdischer Kulturvereine für Rheinland-Westfalen mit etwa 20 Ortsgruppen (und Sitz in Duisburg) an, die sich rechtlichen, sozialen und kulturellen Themen widmeten und immerhin 90 % der Ostjuden ihres Wirkungskreises vertraten.[20]

„Für den Ostjudenverband war mein Mann seit etwa 1929/30 ununterbrochen tätig. In den ersten Jahren hat er nicht viel dafür erhalten, das machte er mehr ehrenamtlich, von 1933 ab bekam er dann ein Fixum, das nach meiner Erinnerung monatlich 300,- RM betrug" – so die Aussage von Leni Zytnicka im Wiedergutmachungsverfahren 1961.[21]

Zunächst also ehrenamtlich, später honoriert, hat David Zytnicki eine Mittlerrolle zwischen den jüdisch-polnischen Einwanderern und dem polnischen Konsulat eingenommen. Dieses Konsulat war zunächst (mindestens bis 1936) in Essen, später dann in Düsseldorf und Köln angesiedelt und musste unter anderem dann kontaktiert werden, wenn die jüdischen „Auslandspolen" ihre Pässe zu verlängern hatten. Aus der Duisburger Gruppe des Ostjudenverbands wird berichtet, dass ein Abkommen zwischen dem Regionalverband und dem Konsulat erzielt wurde, wonach den Verbandsmitgliedern eine Gebührenermäßigung in Passangelegenheiten gewährt wurde.[22]

In der Essener Synagoge – wir nehmen mit Sicherheit an: im Untergeschoss, in dem sich auch der Betsaal für die zugezogenen Gemeindemitglieder befand – hielt David Zytnicki im Auftrag des Ostjuden-Verbands Sprechstunden ab. Diese Sprechstunden dienten dem Zweck, Pass-Angelegenheiten der Juden polnischer

Herkunft vorzubesprechen und deren Aufträge für Regelungen im polnischen Konsulat entgegenzunehmen.

Er hatte vom polnischen Konsulat aus und von der jüdischen Gemeinde jeden Sonntag in der Synagoge ein Zimmer, nicht im Betsaal, und da konnten die Leute, alle Essener Juden oder Gelsenkirchener, meinem Mann die Pässe bringen. Das war sonntags von 10 bis 12 Uhr, und die mussten ja auch bezahlen. Er hat alles gemacht, ist dann montags zuerst nach Köln – Düsseldorf war schon zu – und hat für die Leute die Pässe, die Verlängerung geregelt, denn es waren ja alles polnische Staatsbürger. Es ging um die Aufenthaltsgenehmigung der Leute hier in Deutschland von polnischer Seite. Die hatten ja alle immer einen Stempel für vier, fünf oder zehn Jahre.

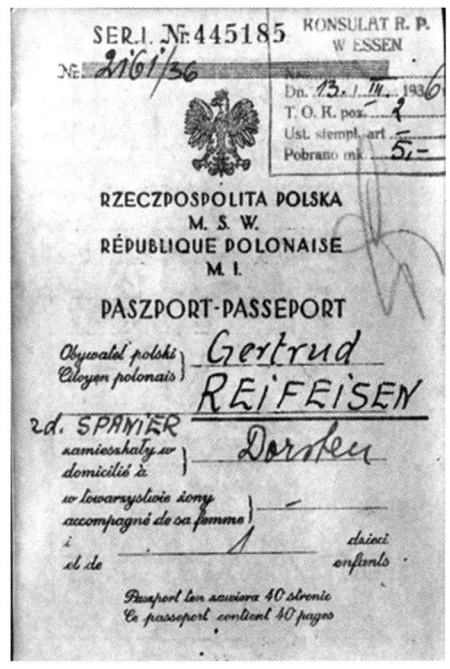

Pass von Gertrud Reifeisen aus Dorsten (ebenfalls nach Zbąszyń deportiert) mit Vermerk des polnischen Konsulats Essen vom März 1936

Mein Mann ist dann jeden Montag nach Köln gefahren, und den nächsten Sonntag wieder in die Synagoge. Dann hatten sie gültige Pässe oder was sie wollten, viele sind ja auch nach Australien – hat er alles für die erledigt.

Warum hat sich ihr Mann nicht in Deutschland einbürgern lassen, wollten wir wissen:

Mein Mann war zwanzig Jahre hier und konnte sich einbürgern lassen, aber er war der Ansicht: Ein Mann verlässt nie die Staatsangehörigkeit, die er hat.[23]

Die in den Nachkriegsakten erhaltene Zeugenaussage einer Bekannten der Familie, die ebenfalls im „Ostjudenverband" mitarbeitete, erläutert, woher dieser Bedarf an Beratung überhaupt rührte: „Es gab sehr viele Ostjuden in Essen und diese hatten viele Schwierigkeiten mit der deutschen Fremdenpolizei und dem polnischen Konsulat, die von Herrn Zytnicki bearbeitet wurden. Herr Zytnicki erhielt deshalb viele Aufträge, weil die Ostjuden nur zum Teil die polnische Sprache beherrschten. Sehr viele waren nämlich bereits in Deutschland geboren, und andere haben auch in ihrer polnischen Heimat kein polnisch, sondern jiddisch oder deutsch gesprochen, soweit sie aus dem ehemaligen österreichischen Teil Polens (Galizien) kamen."[24]

Essener Altstadt: der Flachsmarkt um 1900

Diese Tätigkeit hat sich offenbar Mitte der 1930er Jahre immer weiter intensiviert: Wie David Zytnickis Schwägerin 1965 vor Gericht aussagte, erledigte er diese Arbeit dann auch von Zuhause aus. „Von 1936 ab … stand die Tür in der Wohnung praktisch nicht still; sowohl mittags als auch abends waren ratsuchende Juden bei meinem Schwager." In dieser Zeit war offenbar so viel zu tun, dass Hans, der Sohn der befreundeten Familie Kermann, David Zytnicki bei seinen Schreibarbeiten unterstützte.[25]

Die Familie Zytnicki bewegte sich, das zeigen die in unseren Interviews genannten Familiennamen deutlich, vor allem im „ostjüdischen", stark jiddischpolnisch geprägten Milieu; die Ehefrau arbeitete als Buchhalterin nebenbei auch für die Geschäfte mehrerer dieser Familien, so z. B. die Bäckerei Kermann in der II. Weberstraße, das Konfektionsgeschäft Blitzblum in der Kastanienallee und den Zeichenbedarfs-Laden Lew-Rothmann.

Außer den Kontexten von jüdischer Gemeinde und ostjüdischer Interessenvertretung spielte auch eine ganze Reihe von lebensweltlichen Organisationen eine wichtige Rolle für diese Gruppe – so etwa jüdische Kulturvereine wie der „Jüdisch musikalisch-dramatische Verein Hasomir", ein ostjüdischer Frauenverein, die Hilfsorganisation „Esra", der Krankenunterstützungsverein „Bikor Cholim"

David Zytnicki um 1930

oder Arbeiterfürsorge-Institutionen, sämtlich in Essen 1926 zusammengeschlossen zum „Verband ostjüdischer Organisationen".[26]

Für Leni Zytnicka scheinen die Kontakte in ganz andere Kreise als die ihrer Herkunft kein Problem dargestellt zu haben; sie bemerkte schon über ihre erste Arbeitsstelle in einem Essener Möbelgeschäft:

Der Chef und die Chefin, die Chefin war aus Hamburg, auch eine Jüdin, aber Jesus war Jude, die heilige Maria, wurde mir beigebracht, war Jüdin, also, ich hatte nichts gegen Juden.

Ostjuden – Westjuden: „Kaftanjuden" versus „Assimilatoren"

Der auch „Schtibl" genannte kleine Synagogenraum mit separatem Eingang war seit 1919 den ostjüdischen Betern vorbehalten, deren Familien ungefähr ein Drittel der Essener Gemeindemitglieder ausmachten[27].

Dieser Betsaal wurde morgens sehr früh, gegen 5.30 Uhr, geöffnet, um Gebete vor Arbeitsbeginn zu ermöglichen. Und er war ein Ort eigener Prägung: „Es kamen Rabbiner durch – schwere, langbärtige Männer mit einem Streimel[28] auf

Seitenansicht der „Neuen Synagoge", Alfredistraße (1914), mit dem Eingang zur „Wochentagssynagoge"

Die sog. Wochentagssynagoge in Essen 1914

dem Kopf, Heilige, von dort und von dort. Es war sehr feierlich, wenn sie durchkamen. Die Alltagssynagoge war überfüllt, wenn sie dort eine Rede hielten. Alle Krankheiten, alle Wünsche, alle Sorgen hat man zu einem solchen Rabbiner gebracht; er hat jedem etwas Gutes gesagt … Diese Rabbiner kamen mit einem Geleit wie ein König. Von Essen fuhren sie weiter in andere Städte."[29] Diese Betgemeinschaft wurde aber nicht nur von durchreisenden Rabbinern betreut; sie beschäftigte zeitweise sogar einen eigenen Rabbiner, Meier Szulim Oselka.[30]

In erster Linie war dieser Synagogentrakt mit eigenen Studierzimmern, so versichern mehrere Zeitzeuginnen übereinstimmend, ein Ort der Familienväter. Die Mütter neigten, wenn sie denn die Synagoge aufsuchten, eher dazu, die Auftritte ihrer in den Chören und Ensembles der Gemeinde aktiven Kinder in der Hauptsynagoge wahrzunehmen, wo es im Sinne des liberalen Judentums auch eine Bat Mitzwa für die Mädchen gegeben hat.[31] Viele Anzeichen sprechen dafür, dass die integrierende Arbeit von Jugendorganisationen und Schulen nicht vergeblich war und dass der Vorgang der Akkulturation sich bei der ostjüdischen Bevölkerung stark beschleunigt hat – statt drei bis vier Generationen wie bei den Westjuden umspannte er oft nur zwei Generationen.[32]

Die Bereitstellung eines separaten Betraums ist in der offiziellen Verlautbarung[33] als Zeichen wechselseitigen Respekts geschildert worden; die Einwanderer sollten „in alter hergebrachter Weise" ungestört ihre Gebete verrichten und sich nicht in „angemieteten unwürdigen Lokalen … verstecken". Zeitzeugen aus den bürgerlich-arrivierten Teilen der Gemeinde aber berichten, dass ihre Eltern das „undisziplinierte polnische Gelärme"[34] nicht im Hauptraum der Synagoge tolerieren wollten, welches für die Kinder aber durchaus eine gewisse Attraktivität hatte. Umgekehrt lehnten die Juden polnischer Herkunft den liberalen Gottesdienst der Gemeindemehrheit mit Orgelbegleitung (und anderen Zeichen mangelnder Schabbat-Regeltreue, wie z. B. einen Gemeindevorsitzenden, der mit dem Auto vorfuhr) mehrheitlich ab.

Welche Bedrohung die als „Assimilatoren"[35] verspotteten deutschen Juden mit den „ostjüdischen" Brüdern und Schwestern verbanden, wird in der Erinnerung des 1922 geborenen Uri Aloni (Hans Eulau) aus Essen deutlich ausgesprochen: „Mein Vater und nicht nur er, wohl unser ganzer Bekanntenkreis, schaute auf die Ostjuden herab. Dies aus zwei Gründen: Erstens waren sie wirtschaftlich eines niederen Standes, denn die waren ja alle kleine Händler, Handwerker oder so etwas ähnliches. Mein Vater … war einfach hochnäsig diesen Menschen gegenüber: Die sprachen ein schlechtes Deutsch, die sprachen Jiddisch, sie zogen sich komisch an, denn es gab solche, die sich noch traditionell kleideten, die sich im Kaftan kleideten. Und außerdem hieß es bei mir zu Hause: ‚Die machen den Risches'.[36] Wir werden bei den Deutschen absolut als Deutsche akzeptiert, wir sind ja schon jahrhundertelang hier … Aber diese sind ein Fremdkörper … – diese Juden geben dem Streicher in seinem ‚Stürmer' überhaupt die Motive." Man sei aus Neugier auch einmal in die „kleine Synagoge" im Untergeschoss gegangen, die Hochnäsigkeit der Eltern habe auf die Kinder abgefärbt und man habe sich über das „Schockeln" der Ostjuden beim Beten lustig gemacht.[37] Die ausgrenzenden „westjüdischen" Stereotype über „die" Ostjuden steigerten sich gelegentlich sogar zu extremen Zuschreibungen: in ihnen verkörpere sich „raffendes" Judentum, Schmutz, Rückständigkeit, religiöser Fanatismus, „Halbasien", unredlicher Handel und revolutionäre Neigungen.[38] Frau Zytnicka drückte es so aus: *„Die deutschen Juden wollten mit den polnischen nichts zu tun haben."*

Die soziale Fürsorge für den verarmten Teil der Ostjuden war jedoch, ungeachtet solcher alltäglichen Abgrenzungen und Abwertungen, ein wichtiger Teil des Essener Gemeindelebens – und auch andernorts. So meldete die Gemeinde-Zeitung im Sommer 1924, dass Abschiebungen drohen und die „Zentralstelle für jüdische Wohlfahrt" dringend neuer Spenden und Beiträge bedürfe.[39] Es gab regelmäßige Sprechstunden, Beihilfen und sogar eine Arbeitsvermittlung der Gemeinde.[40]

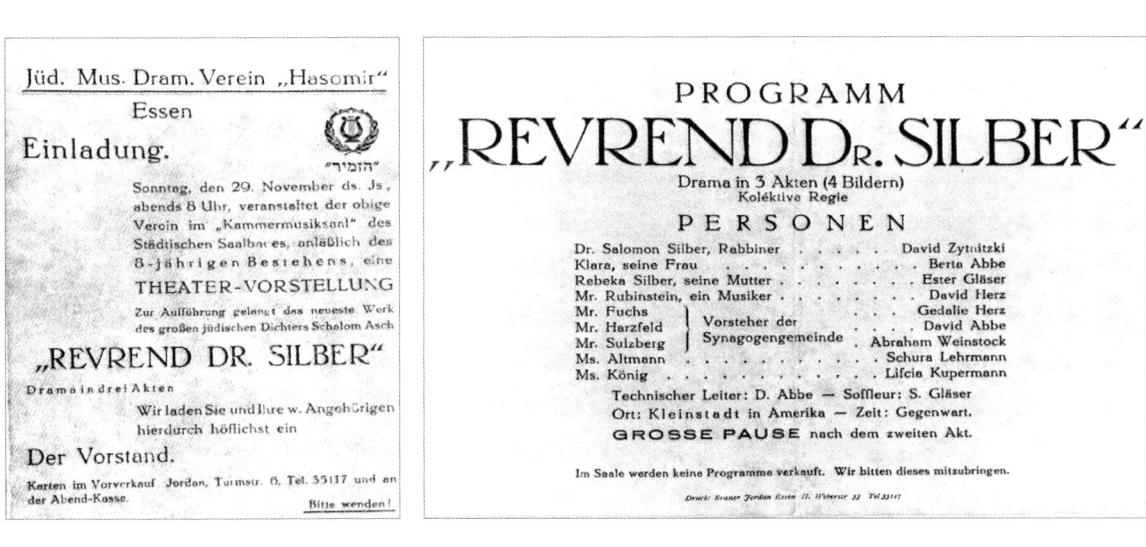

Einladung zur Aufführung von „Revrend Dr. Silber", ca. 1931

Feste und Kultur

Eigene Festlichkeiten der ostjüdischen Organisationen sind vielfach belegt; ihr Verband oder seine Untergruppen veranstalteten z. B. ein jährliches Stiftungsfest, einen literarisch-humoristischen Abend 1924, einen Purim-Ball 1925, eine Gedenkfeier zum 10. Todestag des polnisch-jiddischen Schriftstellers Jitzchok L. Perez 1925, im Oktober 1926 einen Simchat-Tora-Ball mit Jazzmusik, Tombola und Theater im Essener Saalbau. Es gab außerdem eigenständige Beiträge zu Gemeindefeiern, etwa zum Chanukka-Fest. Auch die stabile Existenz der erwähnten ostjüdisch geprägten Buchhandlung „Jordan" (in der Kastanienallee, ab 1926 in der Turmstraße) bis 1938 spricht für ein lebendiges Kulturinteresse. Der ostjüdische Beitrag zur Gemeindekultur wird auch öfter klar benannt: So erwähnt ein Bericht zur Chanukkafeier 1924 die Mitwirkung der Vereine Chewra Kadischa[41] und „des jugendlichen ‚Hasomir', der diesmal Stücke von Anski und Schalom Asch zur Aufführung brachte."[42]

Die Stellung der Essener Ostjuden zwischen der Herkunftsgesellschaft und der Aufnahmegesellschaft wird durch ein kleines Schlaglicht – eine Theateraufführung, in der David Zytnicki die Hauptrolle übernahm – plastisch illustriert: Die Theatergruppe Hasomir spielte hier Anfang der 1930er Jahre ein Stück von Schalom (auch: Sholem) Asch, einem damals recht prominenten jiddischen Dichter polnischer Herkunft, der mit seinen Romanen und Stücken sowohl in Polen als auch in Frankreich und den USA großen Erfolg hatte. Über den Inhalt des 1927 publizierten Stücks „Revrend Dr. Silber" konnten wir nichts herausfinden, aber Asch (1880–1957) steht mit vielen seiner Werke für die typischen Selbstverständnis-Diskussionen der ostjüdischen Diaspora: Der Autor kritisierte – darin folgte er dem eben genannten Perez, der sein Vorbild und Mentor war – den Zerfall ostjüdischer Identität durch die Migration. Er forderte von den ostjüdischen Migranten, im Spagat zwischen jiddischen Traditionen und den Problemen der individualisierenden Moderne eine eigene kollektive Zugehörigkeit durch kulturelle Bindungen aufrecht zu erhalten.[43]

So bleibt das Bild der ostjüdisch-westjüdischen Interaktion während der gesamten Weimarer Jahre in Essen (und nicht nur dort) ambivalent: Teile der Gemeinde, insbesondere die Jugendarbeit, der Sportklub Hakoah und auch die jüdischen Lehrer, bemühten sich um einen Ausgleich; Rabbiner Hugo Hahn würdigte wie schon erwähnt die Zuwanderer als spirituelle Bereicherung, während Rabbiner Samuel angesichts des ostjüdischen Kulturprogramms ein Verharren in der Herkunftskultur und im jiddischen „Jargon" als „Rückfall ins Ghetto" und „Fremdblüte" scharf attackierte: „Der Jargon ist für den Westjuden die Sprache seines ehemaligen Ghettos ... Und das Hochdeutsche war ihm das Geschenk rechtlicher und geistiger Befreiung", schrieb Samuel 1925.[44]

Diese Widersprüchlichkeiten wurden in den Gemeinde-Nachrichten auch offen, z. B. in einer Satire, aufgegriffen, die nicht verschwieg, dass neben der kulturellen Differenz stets die soziale Abgrenzung gegenüber den nichtbürgerlichen Gemeindemitgliedern mitspielte: Unter dem Titel „Erlauschtes aus der Gemeinde" findet sich 1926 dieser Dialog:[45]

Telefon-Gespräche

„Hier ist Frau Berliner. Ach Herr Direktor, ich wollte Ihnen nur sagen, daß meine Tochter eine Halsentzündung hat und das Bett hüten muß."

„Das ist aber schade Frau Berliner, da kann sie ja am Samstag nicht zum Hakoah gehen."

„Das hatten wir eigentlich gar nicht beabsichtigt, mein Mann ist sehr gegen den Hakoah und ich fürchte, daß die Erziehung meines Kindes durch die dort turnenden einfachen Kinder nicht gefördert wird."

„Da muß ich denn doch widersprechen, gnädige Frau. Wenn ich auch leider zugeben muß, daß aus Ihren Kreisen infolge allzugroßer Aengstlichkeit viele Eltern ihre Kinder noch nicht in den Hakoah geschickt haben, so glaube ich aber, daß der Fall umgekehrt liegt. Die Teilnahme Ihrer Tochter am Turnen würde auf die Ihrer Ansicht nach schlecht erzogenen Kinder eher einen guten Einfluß ausüben und für ihren späteren Lebensweg insofern nützlich sein, als ihr Verkehr mit anderen Bevölkerungsschichten ihren Gesichtskreis erweitert. Außerdem würde sie, wenn sie am Turnen teilgenommen hätte, bestimmt jetzt nicht im Bett liegen, denn es ist eine altbekannte Tatsache, daß Turnen den Arzt ersetzt."

„Was Sie sagen leuchtet mir ein Herr Direktor, ich werde doch noch einmal mit meinem Manne sprechen. Auf Wiederhören Herr Direktor."

S. R.

„Hakoah-Blätter" Nr. 23, Februar 1926

Anmerkungen

1 Es handelte sich um die Zeit der Hyper-Inflation in Deutschland, Mitte bis Ende 1923.
2 … eine Regelung, die viele ostjüdische Familien in Deutschland mit der Nichtanerkennung ihrer Ehen und Familiennamen konfrontierte! Vgl. Interview mit Esther Friedmann am 26.10.1988 (Archiv der Alten Synagoge Essen, IN.325). Im westlichen Polen galt ausschließlich konfessionelles Eherecht – in anderen (ehemals russischen oder österreichisch-ungarischen) Regionen war eine unübersichtliche Mixtur aus staatlicher und religiöser Normierung in Kraft; vgl. Allerhandt 1930.
3 Zur Datierung dieser religiös geschlossenen Ehe finden wir unterschiedliche Angaben: Nachkriegsakten in Sachen Entschädigung stellen eine Konversion zum Judentum vor der amtlichen Eheschließung 1926 fest; mündliche Angaben sprechen für das Jahr 1935. Nach der damaligen Rechtslage (einem Nebeneinander von Reichs- und Länderregelungen) verloren deutsche Frauen durch die Ehe mit einem Ausländer ihre Staatsangehörigkeit; nach dem Tod des Ehemanns oder einer Scheidung entstand aber ein Wiedereinbürgerungsanspruch. Vgl. Röper 1999.
4 Tatsächlich hat David Zytnicki mit Sicherheit außerdem Jiddisch gesprochen.
5 Vgl. z. B. Hakoah-Blätter Nr. 23/1925.
6 So berichten z. B. Pnina Galili (Paula Waldhorn) 1988 in einem Brief (Archiv Alte Synagoge BR 174) und Mordechai Netzer (Max Schanzer) in einem Interview (Archiv Alte Synagoge, IN.061).
7 Zit. nach Markus/Scholz 1997, S. 44 – ausführlich im Kontext nachzulesen hier: www.bpb.de/izpb/7674/1815-1933-emanzipation-und-akkulturation?p=all [15.2.2018].
8 Vgl. Heid 2011, S. 154.
9 Vgl. Sparing 2000, S. 196.
10 Vgl. Maurer 1986, S. 98 f., Rieker/Zimmermann 1996, 316 ff. und Rieker/Zimmermann 1998, S. 213 f.
11 Jüdisches Museum Berlin 2002, S. 132 ff.
12 Golczewski 2007, S. 165.
13 Vgl. Bertram 1924, S. 7. Schon 1915 hatte das Preußische Innenministerium die Anwerbung und Vermittlung jüdischer Fachkräfte genehmigt und 1916 auf Ungelernte ausgeweitet. Ab 1917 fielen auch die Beschränkungen auf bestimmte Beschäftigungsbereiche weg. 1918 verfügte die preußische Regierung eine angeblich gesundheitspolizeilich begründete Grenzsperre für Ostjuden; siehe Oltmer 2007, S. 104, und Heid 1987.
14 Adler-Rudel, S. 146 ff.
15 Vgl. Zimmermann o.J., S. 5 f. sowie Haumann 1990, 104 f.; Maurer 1986, S. 76; Golczewski 2007, S.167 – Diese Zahlen sind aber nicht als statische Größe zu sehen, sie verbergen eine dynamische „Durchwanderung"!
16 Rieker/Zimmermann 1996, S. 311.
17 Vgl. Rieker/Zimmermann 1998, 202 ff. und Sparing 2000, S. 214 f.
18 Der Vollständigkeit halber sei auch erwähnt, dass das SPD-regierte Preußen mehrere Vorstöße für eine erleichterte Einbürgerung osteuropäischer Juden unternahm, die aber auf Reichsebene scheiterten; vgl. Kreienbrink 2004.
19 Schröter 1980, S. 35.
20 Vgl. Maurer 1986, 684 ff. und Sparing 2000, S. 212 f.

21 Protokoll Amtsgericht Essen-Werden, 8.2.1961, Bl.15 – HdEG/StA, Hilfsakte 50-8/Z/88. Ein monatliches (Zusatz-) Einkommen von 300 RM kann für die 1930er Jahre als durchaus beachtlich gelten; ein Arbeiter verdiente durchschnittlich nur ungefähr die Hälfte.

22 Vgl. Maurer 1986, S. 700.

23 Die Fristen und sonstigen Bedingungen für eine Einbürgerung waren während der gesamten Weimarer Republik ein politischer Streitgegenstand zwischen den deutschen Ländern; in Preußen, wo Mitte der 1920er Jahre eine eher liberale Position vorherrschte, schwankten die Fristen zwischen 10, 15 und 20 Jahren. 1931 wurde eine reichseinheitliche Frist von 20 Jahren festgelegt. Vgl. Trevisiol 2004, S. 68 ff. – Ab 1933 waren Einbürgerungen von Juden fast ausgeschlossen – s. Maurer 1986, S. 192 f. – und frühere wurden widerrufen; vgl. Reicher 2010, S. 327.

24 Eidesstattliche Versicherung von Sara Herz (beglaubigt 29.10.1957), Bundeszentralkartei beim RP Düsseldorf, ZK-Nr.207 830, Bl. 39.

25 Bundeszentralkartei beim RP Düsseldorf, ZK-Nr.207 830, Bll. 31 und 79.

26 S. Organ des Hakoah-Turn- und Sport-Klub Essen, Nr. 8/August 1926.

27 Zimmermann 1992, S. 7.

28 ... auch Schtreimel genannt: traditionelle jüdische Kopfbedeckung der chassidischen Juden Osteuropas aus Samt mit Pelzbesatz.

29 So Naftali Bezem (Sohn des Synagogendieners) in einem Interview 1991 – Archiv Alte Synagoge IN.506.

30 S. Schröter 1980, S. 35.

31 Vgl. Rieker 1997, S. 83, und Reicher 2010, S. 326. Siehe auch den Abschnitt „Alles ruhig, alles friedlich".

32 Vgl. Rieker/Zimmermann 1996, S. 315.

33 S. Allgemeine Zeitung des Judentums, 83. Jg. Nr. 33 (15.8.1919), S. 3.

34 Zimmermann 1991, S. 181.

35 Rieker/Zimmermann 1996, S. 312.

36 „Risches" ist jiddisch und bedeutet böse, Boshaftigkeit, Ärger, Antisemitismus.

37 Interview mit Uri Aloni (Hans Eulau), 8.5.1988, Archiv der Alten Synagoge Essen IN 265. – Aloni emigrierte 1937 und war viele Jahre Leiter der deutschsprachigen Abteilung im israelischen Museum „Beit Lohamei Haghetaot/ Ghetto Fighters House".

38 Vgl. Aschheim 2008, S. 70 f.

39 S. Organ des Hakoah-Turn- und Sport-Klub Essen, Nr. 12/Juli 1924.

40 Zimmermann 1991, S. 181 f.

41 Beerdigungs-Bruderschaft der jüdischen Gemeinde.

42 Organ des Hakoah-Turn- und Sport-Klub Essen, Nr. 23/Januar 1925.

43 Vgl. Wierzcholska 2010. Stücke von Shalom Asch – z. B. „Motke der Dieb" – wurden übrigens auch im Warschauer Ghetto noch 1941 aufgeführt – vgl. Engelking/Leociak 2009, S. 615.

44 Vgl. Organ des Hakoah-Turn- und Sport-Klub Essen, Nr. 23/Januar 1925.

45 Ebd., Nr.1 /Januar 1926.

Alles ruhig, alles friedlich
Familie Zytnicki 1926 bis 1938

Helene Zytnicka und Judith Sonja (links) mit den Eltern und Geschwistern Mantwill um 1929

Die Zeit nach ihrer Heirat hatte unsere Interviewpartnerin als eine gute, glückliche Phase in Erinnerung, obwohl die Wohnbedingungen anfangs provisorisch und die Einkommensverhältnisse nicht immer komfortabel waren. Das junge Paar zog Ende 1927 mit der kleinen Tochter Judith Sonja in eine Drei-Raum-Wohnung am Gänsemarkt, in ein Mehrfamilienhaus, das Helene Zytnickas Arbeitgeber gehörte. In diesem Teil der Essener Altstadt lebten viele jüdische Bekannte; das Viertel bot auch eine überdurchschnittliche Infrastruktur – in der Nähe waren mehrere Metzger, Bäckereien, zwei Geflügel- und Gemüsemärkte, eine ostjüdische Buchhandlung, zahlreiche Kleingewerbetreibende und ein Café[1] –, so dass Migranten aus Osteuropa hier leichter Fuß fassten als in anderen Essener Stadtteilen. Auch die jüdische Volksschule[2] befand sich hier, und in der II. Weberstraße/Ecke Gänsemarkt hatte Anfang des 19. Jahrhunderts die erste Synagoge gestanden; ein Neubau, 1870

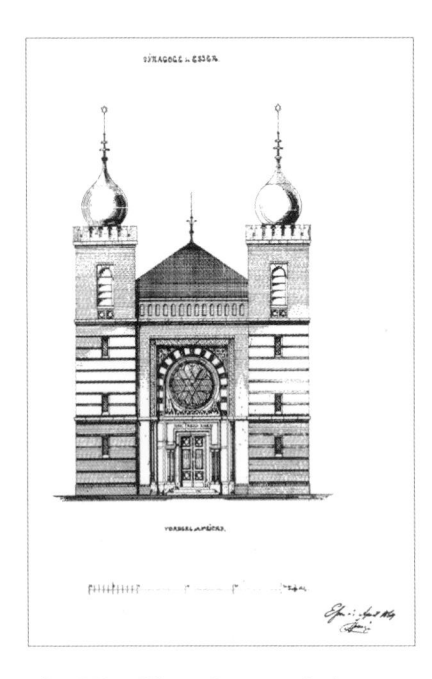

Die 1870 eröffnete Synagoge in der Essener Altstadt

eingeweiht und später erweitert, erfüllte seine Funktionen bis 1913.[3] Die Straßen um den Gänsemarkt herum bildeten eine Art jüdisches Quartier: „Während die Mehrheit der länger Ansässigen in wohlangesehenen Straßenzügen und Stadtvierteln wohnte, zogen die Einwanderer aus dem Osten aus Kostengründen zunächst in die Altstadt oder in das nördlich der Stadtmitte gelegene, von der Sozialstruktur proletarische Segeroth-Viertel. Die Altstadt und vor allen Dingen der Segeroth boten Neuankömmlingen in Essen eine preiswerte Unterkunft in der Nähe von Schachtanlagen und Kruppschen Betrieben. Kommunalpolitisch vernachlässigt und auf sich gestellt, entwickelten die Bewohner dieser Quartiere ein dichtes Netz gegenseitiger Hilfeleistungen."[4]

Existenzsicherung in schwierigen Jahren

Helene Zytnicka legte Wert auf ihre Feststellung, dass es vor Oktober 1938, also vor der Ausweisung ihrer Familie aus dem Reichsgebiet, für die jüdische Bevölkerung keine dramatischen Entwicklungen in der Stadt gegeben habe. Sie stellte, vielleicht auf dem Hintergrund ihrer späteren Leidens- und Verlusterfahrungen, die von ihr erlebte Normalität des Alltagslebens im ostjüdisch geprägten Umfeld in den Mittelpunkt ihres Rückblicks.

Wir wohnten auf dem Gänsemarkt 18, und zwar in dem Haus, in dem Jastrows früher das Geschäft hatten. Die haben nachher ihre Fabrik vergrößert zur Lindenallee hin und sind auch beide dahin gezogen, beide Firmen. Hier war eigentlich alles ruhig.

Sie hatte schon vor der Eheschließung als Buchhalterin im Herrenkonfektionsgeschäft Jastrow am Gänsemarkt und in der *Rheinischen Pfefferminzfabrik Jastrow & Ostrowski* in der Schlenhofstraße gearbeitet. Später wechselten die Betriebe in die Lindenallee 80, wo vorn im Laden Herrenbekleidung verkauft wurde, während im Hof die Zuckerwarenfabrikation Platz fand. Der Betrieb bestückte in Gaststätten aufgestellte Automaten mit Pfefferminzbonbons:

44 | ICH WAR EIN SELTENER FALL

Ich war nur am Nachmittag da, und da gab es drei Angestellte, 90 Arbeiterinnen, einen Werkmeister, zwei große Maschinen, und die Firma lief gut. Unten saß der Jastrow und hat an Restaurants geliefert.

Auch David Zytnicki war, nachdem er mehrere Jahre für eine Kölner Wäschefabrik gearbeitet hatte, 1932/33 bei der Bekleidungsfirma Jastrow in der Lindenallee angestellt, und zwar als Verkäufer und Kassierer, teils freiberuflich, teils im Angestelltenverhältnis. Im Anschluss an eine erneute Beschäftigung in Köln, kehrte er, wie erwähnt, Ende 1937 in den Betrieb seiner Essener Freunde Friedrich und Maria Jastrow zurück. Unterdessen unterstützte Leni Zytnickas Tante, die Schwester ihrer Mutter, die Familie im Haushalt und betreute Tochter Judith Sonja wie auch die 1932 geborene Henny.

Rommé und Schabbat

Der Bekannten- und Freundeskreis der Zytnickis zeigte außer der Herkunft aus Osteuropa berufliche und kulturelle Berührungspunkte: Die „Chefs", der Kaufmann Friedrich Jastrow aus Łódź und der Zuckerbäcker Icek Majer Ostrowski aus Padianitz, gehörten dazu; in deren Wohnungen, entweder in der Lindenallee oder in der Friedrich-Ebert-Straße[5], kam man sonntags häufig zum Rommé-Spielen zusammen, aber auch mit den Schauspielerkollegen aus dem Theaterver-

Urlaub mit den Freunden Abbe u.a. in Holland 1936, vorn Tochter Henny ein *Hasomir*, den Ehepaaren Herz und Abbe[6], verbrachte das Ehepaar seine freie Zeit. Ein Urlaubsfoto illustriert diesen Zusammenhalt, und es vermittelt zugleich einen Eindruck vom erreichten Lebensstandard. Helene Zytnicka und David Zytnicki pflegten darüber hinaus Kontakte unter anderem zu Anni und Jozef Streifler, einem christlich-jüdischen Paar, zu nichtjüdischen Bekannten wie dem Inhaber eines Cafés in der Maxstraße und zur verzweigten protestantischen Familie Mantwill.

Die Erwartung, mehr über die Teilnahme der Familie Zytnicki/Zytnicka an religiösen Bräuchen zu erfahren, wurde kaum erfüllt. Aber dass die Konfession für sie kulturelle Orientierung und Zugehörigkeit bedeutete, ließ unsere Interviewpartnerin erkennen:

Am Freitagabend haben wir gut gegessen. Erst mal, das haben ja alle anderen gar nicht gekannt, gab es gehackte Leber. Das war schon die Feier. Und dann hatte ich jemanden für die Kinder, wir hatten dann ja zwei Kinder, und wir sind ins Kino gegangen, in die Lichtburg. Und hinterher, da war im Handelshof ein schönes Café, oben in der ersten Etage, haben sich dann Mehrere getroffen, die meinen Mann kannten, die befreundet waren. Wir haben da gesessen, aber auch nur bei Kaffee oder Tee bis um zwölf Uhr, dann war die Feier zu Ende.

Koschere Ernährung gehörte nicht zu den Prioritäten des Alltagslebens, und zum Schabbat-Gottesdienst ging die Familie selten:

Nein, so fromm waren wir nicht. Wohl wenn Feiertag war, dann ist mein Mann gegangen, ich bin nicht gegangen, ich sage, geh du schon mal vor, ich komme nach. Also ganz ehrlich gesagt, war ich nicht oft da. – Und ich konnte ja nicht koscher kochen. Aber ich habe so gekocht wie sein Zuhause, ja. Ich sage Ihnen, gehackte Leber, also vom Huhn, die habe ich dann mit zwei gekochten Eiern und Zwiebeln vermengt, das war die Vorspeise.[7] Dann gab es einen Karpfen, kalt, Hühnersuppe und Nachtisch. Das war immer dabei, das war das Feiertagsessen. Dafür gab es am Sonntag eine gebratene Gans, Sonntag und Montag. Wir wohnten ja auf dem Gänsemarkt, da ist der Weberplatz, dort war der Markt. Und am Kopstadtplatz war auch Markt, so dass ich alles frisch kaufen konnte.

Mein Mann war nicht sehr fromm, aber ich war ja auch evangelisch und nicht sehr fromm, aber weltlich. Also wir waren auf eine Art gottesfürchtig, jeder auf seine Art.

In der Jüdischen Volksschule

Tochter Sonja Judith besuchte ab 1932 die Israelitische Volksschule, damals in der Sachsenstraße, nicht weit vom Hauptbahnhof und in enger Nachbarschaft zu einer christlichen Schule. Sie nahm an religiösen Feiern teil und knüpfte Freundschaften zu Mitschülerinnen aus anderen Stadtteilen und sozialen Schich-

Jüdische Volksschule Jg. 1925/26 im Jahr 1936 – Judith Sonja Zytnicki 3. Reihe von oben, 3. von links

ten, konnte jedoch nur noch wenige Monate unter den Bedingungen der Weimarer Republik in die jüdische Gemeinschaft hineinwachsen.[8]

Diese reformpädagogisch orientierte Schule, so haben es Essener Zeitzeugen und Dokumente überliefert, legte Wert auf die Integration von Kindern aus schon länger „heimischen" und solchen aus zugezogenen, „ostjüdischen" Familien: „Insbesondere die Lehrer der Israelitischen Volksschule und einige Gruppen der jüdischen Jugendbewegung förderten die Annäherung zwischen den osteuropäischen und den deutschen Juden. Unter Kindern und Jugendlichen entstanden erste persönliche Kontakte."[9] Dies belegt eine Hinterlassenschaft im Archiv der Alten Synagoge Essen, das Poesiealbum der Schülerin Ruth Wuhl, in dem im Juni 1935 auch Judith Sonja

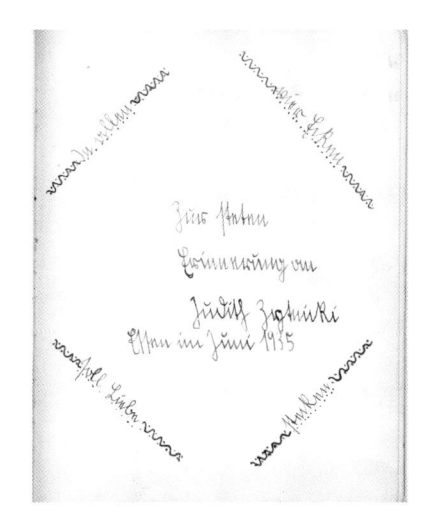

Seite aus dem Poesie-Album von Ruth Wuhl 1935

ALLES RUHIG, ALLES FRIEDLICH | 47

Purim-Feier in der Jüdischen Volksschule 1938 – Judith Sonja Zytnicki 2. Reihe von oben, 2. von rechts, mit Kranz

Zytnicki ein Erinnerungsblatt gestaltete.[10] Solche Beziehungen wurden dessen ungeachtet in den „deutschjüdischen" Elternhäusern nicht durchweg gern gesehen.[11]

Die Essenerin Thea Levinsohn erinnerte sich noch in den 1980er Jahren deutlich an die damaligen Vorbehalte ihrer Eltern; diese hätten sich die Wohnungen der „ostjüdischen" Kinder voller Ungeziefer vorgestellt und verlangt, ihre Tochter solle sich nach Besuchen gründlich waschen.[12]

„Das ist einer aus Österreich ..."

Vom zunehmenden Antisemitismus und von den politischen Krisen am Ende der Weimarer Republik sprach Leni Zytnicka kaum. Sie unterschied auch nicht immer deutlich die Jahre vor und nach 1933. Hitler und Goebbels allerdings bezog sie als Störfaktoren in ihr Bild einer mehrheitlich antinationalsozialistisch gesonnenen Heimatstadt ein. Als interessierte Zeitgenossin ließ Helene Zytnicka einmal Bedauern darüber erkennen, keinen Wahlschein mehr erhalten zu haben, denn nachdem sie 1926 einen polnischen Bürger geheiratet hatte, verlor sie ihre Staatsangehörigkeit und ihr Wahlrecht.

Aber alles war ruhig. Es waren keine Schlägereien, ich meine, ich habe ja die Zeit mitgemacht. Ach so, jetzt noch vorher, das war im Mai 1929[13], bin ich mit meinem

großen Bruder am Klaraplatz bei einem Kollegen. Wir sind immer bis zum Hauptbahnhof gefahren, weil da die Teilstrecke zu Ende war und dann bis Klaraplatz gelaufen. So auch an dem Samstag im Mai 1929. Wir kommen am Saalbau vorbei, stehen da Menschen. Ich sage, Ernst, was ist denn hier los? „Ja", sagt er, „da ist so ein kleiner Mann aus Bayern und der redet von Arbeit, und mit ihm ein größerer, das ist einer aus Österreich." Dann haben wir ihn [Hitler] mal gehört. Also glauben Sie, da hätte ich am liebsten meine Ohren zugehalten.

Zwar brachte Helene Zytnicka ihre Abneigung Hitler und seiner Partei gegenüber häufig zum Ausdruck. Den Antisemitismus habe sie anfangs aber noch nicht so deutlich wahrgenommen[14], und sie erinnerte sich auch kaum daran, dass politische Gegner und jüdische Essener von SA-Leuten häufig angepöbelt, aber auch brutal angegriffen wurden. Bereits im Sommer 1927 überfielen junge Nazis im Stadtgarten Mitglieder eines jüdischen Sportvereins, und im Oktober 1930 stürmten betrunkene, mit Messern bewaffnete NSDAP-Anhänger morgens den Betsaal der Synagoge am Steeler Tor.[15] Schon vor 1933, so der Leiter des Essener Hauses der Geschichte, Klaus Wisotzky, habe durch Auseinandersetzungen zwischen KPD- und NSDAP-Anhängern, „eine bürgerkriegsähnliche Situation"[16] in der Stadt geherrscht.

Bei einem Wiedersehen aus Anlass ihres 100. Geburtstags im Jahr 2004 kam Helene Zytnicka eher beiläufig auf das veränderte politische Klima in der Stadt schon *vor* dem 30. Januar 1933 zu sprechen – vielleicht ein Erinnerungsfetzen an den „Papen-Putsch", durch den seinerzeit die Demokratie in Preußen ausgehebelt wurde? In Essen sei es „ungemütlicher" geworden: *„1932, da fing das ja schon langsam an."*

„Nicht alle Arbeiter waren Nazis"

Die letzten Wahlen, die (noch relativ freie) Reichstagswahl am 5. und die schon vom NS-Terror bestimmte Kommunalwahl am 12. März 1933, hatte Helene Zytnicka zwar fragmentarisch, aber zugespitzt in ihrem Gedächtnis gespeichert:

Ich war 1933 hier, als gewählt wurde, da hatten die [Nazis] tatsächlich 47 Prozent und die anderen 53, da haben sie die letzten Prozente gestohlen. Das war bei meiner Familie eine Aufregung, dass da schon der Diebstahl begann, denn die hätten so nicht über 47 gehabt (…) und mein Vater, der hatte noch gewählt, '33 lag er im Städtischen Krankenhaus, etwas war mit der Lunge, und er hatte noch gewählt und sagte ‚pass auf, das sind [Betrüger]!'

Als sie von „gestohlenen Prozenten" sprach, erboste sich Frau Zytnicka, wenngleich ohne ausdrückliche Verortung, über die damalige Gemeindewahl. In Essen wurde die NSDAP nicht, wie auf Reichsebene, stärkste Kraft; dies konnte erneut das katholische Zentrum für sich beanspruchen.[17] Die NSDAP brachte sich kurzerhand durch Streichung der KPD-Mandate und den gewaltsamen Ausschluss der SPD-Abgeordneten in die Machtposition, sie ließ sich ihr Vorgehen durch Ministerialerlasse absichern und ordnete Schutzhaft für Mandatsträger an.[18] Man könnte also, wie Helene Zytnicka, von Diebstahl sprechen, zumal auch die „Ämtereroberung" in der Stadtverwaltung im März und April 1933 in umstürzender Weise betrieben wurde.[19] Ihr Bild vom Anfang der Nazi-Herrschaft zielte mutmaßlich schon auf die Enteignungen und Beraubungen, auf die sie im Gesprächsverlauf zurückgekommen ist.

Helene Zytnicka (links) mit Schwester Erna im Jahr 1935

Für die erste Phase nach der Machtergreifung bestand Helene Zytnicka trotz dieser Einschätzung und ihrer Distanz zum Nationalsozialismus auf der Wahrnehmung eines im Großen und Ganzen wenig veränderten Lebensgefühls:

Denn hier in Essen war ich zu Hause. Und die erste Zeit war gar nichts, alles hat sich ruhig [verhalten], denn Essen ist ja eine Arbeiterstadt und alle Arbeiter waren keine Nazis.

Wir haben uns – ich sag Ihnen doch, auf dem einen Bild, wo das Hakenkreuz drauf ist, das ist meine Schwester – wir haben gelacht.

Leni Zytnicka erzählte mit ein wenig Stolz, wie erfinderisch sie den Zwang zum Hitler-Gruß zu unterlaufen wusste, beispielsweise in städtischen Ämtern:

Dann habe ich erstmal gefragt, ob ich hier richtig bin. Und wenn sie als Frau sehr elegant gekleidet waren, ich habe ja meine Garderobe selbst genäht, und jung sind, haben Sie immer bei Männern Chancen. Die Unterhaltung kam erst später. Und auf dem Finanzamt, die waren immer alle so nett, und ich wollte nicht „Heil Hitler" sagen, wenn ich reinkam. Dafür ist man eine Frau und kennt das Leben.

Dass bereits unmittelbar nach dem Reichstagsbrand Ende Februar 1933 Gegner des Regimes inhaftiert wurden oder, um dem zu entgehen, überstürzt aus Deutschland geflüchtet sind und immer mehr jüdische Deutsche angesichts alltäglicher antisemitischer Bedrohung zu emigrieren suchten, wird Helene Zytnicka wahrgenommen haben.

In lokalgeschichtlichen Studien heißt es über die Konsequenzen aus der Reichstagswahl vom 5.3.: „Bereits am 8. März 1933 kommt es in Essen zu organisierten antijüdischen Aktionen. Uniformierte SA- und SS-Leute schließen willkürlich jüdische Geschäfte, beschmieren Schaufenster mit antisemitischen Parolen und schicken das Personal nach Hause. Dies wiederholt sich, als am 1. April 1933 in ganz Deutschland zum öffentlichen Boykott gegen die Juden aufgerufen wird."[20] Doch weder diese Ereignisse – neben vielen anderen wurde die den Zytnickis benachbarte Bäckerei ihrer Bekannten Elias und Ryvka Kermann[21] boykottiert, und Jozef Streiflers Versandgeschäft erlebte eine Umsatzeinbuße von 50 Prozent[22] – noch die öffentliche Bücherverbrennung im Mai 1933 kamen im Rückblick unserer Zeitzeugin vor.

Die beiden Firmen in der Lindenallee, die Pfefferminz-Fabrik und das (Teilzahlungs-)Geschäft für Herrenbekleidung Jastrow, bei denen Helene Zytnicka

Familie Zytnicki in Essen in den 1930er Jahren

nach wie vor als Buchhalterin arbeitete, hätten am Beginn der NS-Zeit noch keine großen Probleme gehabt, und das sei weitere drei oder vier Jahre so geblieben. Bei gleichem Gehalt habe sie aber allmählich weniger zu tun gehabt. Auch die Besitzverhältnisse veränderten sich: Die nach 1945 zum Zweck der Entschädigung angelegten Akten informieren darüber, dass die Zuckerwarenfabrik Jastrow & Ostrowski schon Ende 1933 von einem neuen Inhaber übernommen[23] und im Jahr 1935 geschlossen wurde. Maria Jastrow betrieb in ihrem Haus am Gänsemarkt 18 zusätzlich zum Herrenbekleidungsgeschäft 1934 einen Kurz- und Wollwaren-Großhandel.[24] Und Icek Majer Ostrowski eröffnete 1936, vermutlich nachdem er als Teilhaber der Zuckerwarenfabrik „ausgezahlt" worden war, ein Rohproduktenlager.[25]

Im Jahr 1936, so der Historiker Ulrich Herbert, sei es „zu einer Atempause bei den antijüdischen Maßnahmen des Regimes gekommen, bis dann im Herbst 1936 und verstärkt im Verlauf des Jahres 1937 erneut eine heftige antisemitische Kampagne einsetzte (…)."[26]

Bleiben oder gehen?

Im Jahr 1937 zog Erna Mantwill, Helenes jüngere Schwester, in die Wohnung am Gänsemarkt ein; sie arbeitete als Verkäuferin im Kaufhaus Woolworth und mag durch ihren Anteil an der Miete zum Lebensunterhalt der vierköpfigen Familie beigetragen haben.[27] Der Alltag sei aber noch nicht beeinträchtigt gewesen, so Leni Zytnicka.

Doch in den ersten Monaten des Jahres 1938 ist auch in Essen ein Großteil des jüdischen Eigentums zwangsweise an „arische" Besitzer übertragen worden. In vielen Schaufenstern wurde demonstrativ bekanntgemacht, u. a. bei Woolworth, es handele sich um ein „rein arisches" Geschäft.[28] Das Ehepaar Abbe beispielsweise, Freunde von Zytnickis, musste das Geschäft für Rohprodukte in der Segerothstraße zu einem Spottpreis veräußern.[29]

Fast die Hälfte der 4.500 jüdischen Essener sah sich im Lauf des Jahres 1938 ihrer Lebensperspektiven beraubt und emigrierte bzw. floh ins Ausland.[30] Zwischen 1933 und 1938 war die Schülerzahl der Israelitischen Volksschule eingebrochen – das werden Zytnickis gewusst haben. Die Klassen, auch die ihrer Tochter Judith Sonja, setzten sich immer wieder anders zusammen; die allgemeine Entrechtung und insbesondere die Auswanderung von Familien, aber auch von Lehrerinnen und Lehrern ließen das pädagogische Anliegen der Integration mehr und mehr vergeblich erscheinen. Stattdessen stellten sich drängende Fragen nach praktischen, im Ausland verwendbaren Berufsausbildungen der Mädchen und Jungen.[31]

Mit dem „Anschluss" Österreichs an das Deutsche Reich am 13. März 1938 hatte in der „Ostmark" eine radikale antijüdische Politik begonnen: Unter Eichmanns Federführung wurden beispielsweise Hunderte Wiener Juden mit ausländischen Pässen über die Grenzen getrieben. Mit dem Berauben und Verjagen jüdischer Männer und Frauen taten sich SS und SD – Befehlen vorauseilend – hervor und sorgten für große Beunruhigung in den jüdischen Gemeinden, aber auch bei den staatlichen Stellen der Nachbarländer, die sich mit einer Vielzahl „unfreiwilliger Flüchtlinge" konfrontiert sahen. Die von den Vereinigten Staaten – sie verfolgten seit längerem eine restriktive Einwanderungspolitik – einberufene Konferenz im französischen Evian (6. bis 15. Juli) sollte Regelungen finden für die Aufnahme einer halben Million, so die Erwartung, auf längere Sicht aus Deutschland und Österreich vertriebener Jüdinnen und Juden. Die kaum verhüllte antisemitische Politik der Republik Polen spielte zwar offiziell keine Rolle, wirkte aber auf die Konferenz ein. Es ist bekannt, dass diese Beratungen von Vertretern aus 32 Nationen bis auf die Gründung eines Flüchtlingskomitees greifbare Ergebnisse nicht erzielten, vielmehr offenbarten sie mit wirtschaftlicher Begründung praktizierte Abschottungsstrategien gegenüber den mehrheitlich mittellosen Juden.[32]

Wer sich zum Verlassen Deutschlands entschloss, hatte es zuerst noch im eigenen Land mit einer Vielzahl von Hindernissen zu tun. Angefangen bei der „Reichsfluchtsteuer", bürdeten die Finanzämter den Bedrängten weitere Abgaben auf, etwa für eigens gekauftes Umzugsgut, und die Auswanderungsbehörden verschafften sich Zugriff auf Wertpapiere und Guthaben mit Hilfe von Sperrkonten. Nur mit enormen Abschlägen konnten Devisen ins Ausland transferiert werden. Die westeuropäischen Nachbarländer, Frankreich, die Niederlande, Belgien und die Schweiz – um nur diese zu nennen –, erschwerten im „Schicksalsjahr 1938" (Dan Diner) die Emigration, indem sie eine Visumspflicht einführten und Arbeitsverbote aussprachen. Wovon sollten also weitgehend enteignete Flüchtlinge dort leben?[33]

In den Interviews blieb ausgespart, wie das Ehepaar Zytnicki und sein Bekanntenkreis auf die sich Monat für Monat zuspitzenden Verhältnisse reagiert haben. Auch sprach Helene Zytnicka nicht über eine Beunruhigung ihrer „ostjüdischen" Freunde angesichts der deutsch-polnischen Spannungen. Ein nach den ersten Ausweisungen aus Österreich formuliertes, aber noch nicht in Kraft getretenes polnisches Passgesetz drohte, sofern sie nicht vor 1933 die deutsche Staatsbürgerschaft erworben hatten, ihren Aufenthaltsstatus in Frage zu stellen. Aufgrund seiner Kontakte zur jüdischen Gemeinde und zum polnischen Konsulat verfügte David Zytnicki über mehr und genauere Informationen als viele andere. Obwohl in Einzelheiten nicht eingeweiht, wird seine Frau doch eine gewisse Unruhe oder Zukunftsangst registriert haben, nicht zuletzt ausgelöst durch eine Haus- und Wohnungsdurchsuchung am Gänsemarkt 18 im Sommer 1938.[34]

Helene Zytnicka deutete im Verlauf unserer Gespräche lediglich an, dass es Ausreisemöglichkeiten gegeben hätte: Ihre acht Jahre jüngere Schwester Anna

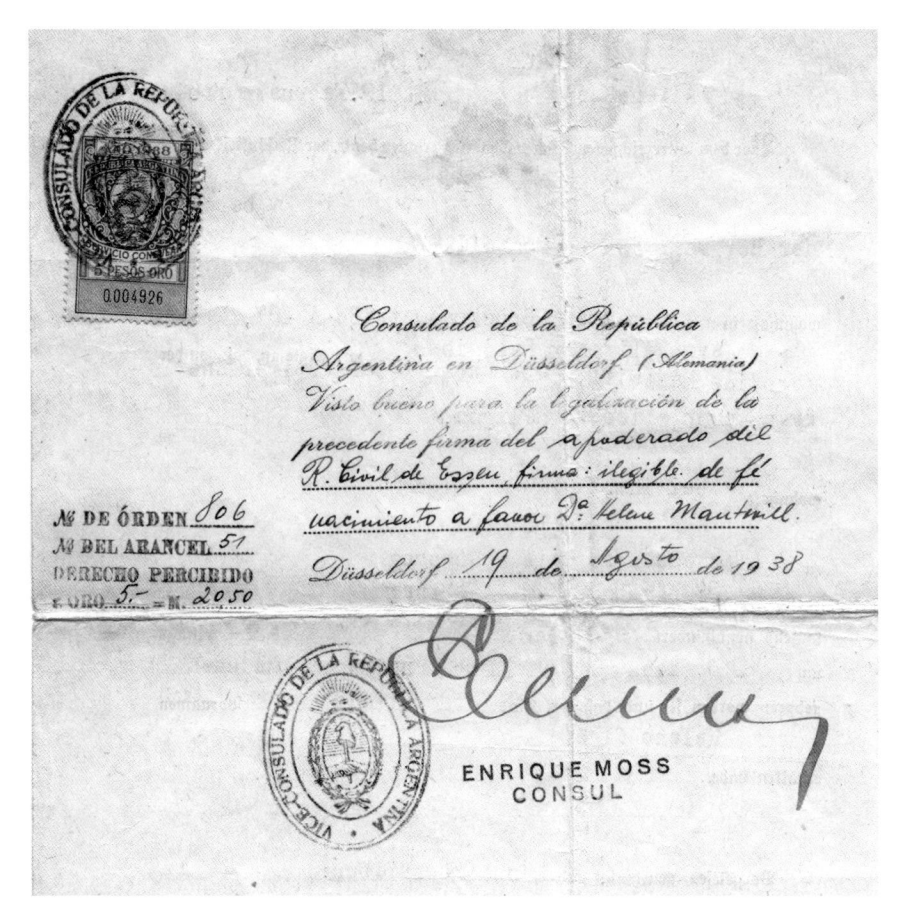

Vermerk des argentinischen Konsuls Düsseldorf auf der Geburtsurkunde von Leni Zytnicka

Katharina war seit Mitte der 1930er Jahre mit einem jüdischen Niederländer, einem wohlhabenden Fleischgroßhändler, verheiratet; das Paar wohnte in Amsterdam. Und ihre Schwägerin, David Zytnickis Schwester Esther, lebte in Argentinien, in Buenos Aires[35]; sie bemühte sich im Jahr 1938 um eine mit vielerlei Nachweisen verbundene Einreiseerlaubnis für Familie Zytnicki. Im Nachlass unserer Zeitzeugin sind Geburtsurkunden aus Essen und Warschau überliefert, die im August 1938 vom Argentinischen Konsulat in Düsseldorf amtlich bearbeitet worden waren, sie zeigen entsprechende Stempel, Marken und Unterschriften. Doch diese Initiative musste, wie sich zeigen wird, an den weiteren Entwicklungen scheitern.

Anmerkungen

1 *Margulies*, das „einzig modern eingerichtete jüdische Kaffee am Platze", d.h. am Kornmarkt, das donnerstags das Traditionsgericht „polnische Karpfen" anbot, so die Anzeige in *Hakoah*-Blätter z. B. vom August 1927, 4. Jg., Nr. 15, S. 18.

2 Seit 1860 öffentliche Schule in der I. Weberstraße, verlor sie 1933 diesen rechtlichen Status und damit die Zuschüsse für Lehrergehälter und Lernmittel; zugleich wurden Lehrkräfte aus den Verbänden ausgeschlossen. Mehrmals bezog sie andere Gebäude, u.a. in der Dreilindenstraße, der Sachsenstraße, Mitte der 1930er Jahre in der Kastanienallee, Anfang 1938 in der Herkulesstraße, und war zuletzt, bis zur Schließung Mitte des Jahres 1942, in einem Barackenlager am Holbeckshof untergebracht, dazu https://www.jugend1918-1945.de/portal/jugend/thema.aspx?bereich=projekt&root=8937 [27.06.2018].

3 Die Synagoge in der Altstadt wurde 1913 durch einen größeren, imposanten Bau am Steeler Tor ersetzt, siehe Schröter 1980, S. 58 ff. – Zur Geschichte des heutigen Hauses: Alte Synagoge 2000; Alte Synagoge Essen – Haus Jüdischer Kultur 2016.

4 Zimmermann 1993, S. 47 f.

5 Nach 1933 benannten die Nationalsozialisten die Friedrich-Ebert-Straße (bis 1927 Grabenstraße) in Schlageterstraße um.

6 Zu Sophie und Wolf Abbe mit Sohn Paul siehe Schröter 1980, S. 461, zu Mascha und Gustav Herz mit Tochter Jetty S. 579; beide Familien wurden 1938 an die deutsch-polnische Grenze deportiert. Nur Paul Abbe überlebte den Holocaust (siehe Anm. 29).

7 Gehackte Leber mit Eiern und Zwiebeln, eine traditionelle jüdische Vorspeise am Schabbat und an den Feiertagen.

8 In der Alten Synagoge Essen – Haus Jüdischer Kultur sind Klassenfotos archiviert.

9 Zimmermann 1992, S. 7; zur Jüdischen Volksschule auch Schmettow 2007, S. 152 ff.; 164 ff.

10 Text in Sütterlin verfasst: „In allen vier Ecken soll Liebe stecken. Zur steten Erinnerung an Judith Zytnicki. Essen im Juni 1935, Alte Synagoge, AR.9394 K.

11 Ausführlicher im Kapitel „Ein idealer Gatte ...".

12 Brimmer-Brebeck 1993, S. 91; ähnlich diskriminierende Äußerungen sind auch überliefert in Zimmermann 1993, S. 48 ff.

13 Für dieses Datum hat sich kein Beleg gefunden. Es könnte sich um einen Auftritt Hitlers am 24. April 1927, einem Sonntag, auf dem zentralen Burgplatz und im städtischen Saalbau gehandelt haben, mit dabei Heinrich Himmler, Rudolf Heß und „Reichspropagandaleiter" Gregor Strasser (aus Bayern); er wurde während des sog. Röhm-Putsches im Jahr 1934 ermordet, siehe Rother 1983, S. 9 ff. Hitler besuchte Essen vor und nach der Machtübertragung mehrmals.

14 Diese Sichtweise teilte die ebenfalls der „ostjüdischen" Minorität angehörenden Familie Weltz/Bezem, siehe https://media.essen.de/media/histiorisches_portal/historischesportal_dokumente/startseite_5/Gedenkbuch_Alte_Synagoge.pdf, S. 26 [27.4.2018]. Dirk Blasius (1991) schreibt über die assimilierten deutschen Juden, indem er sich auf zeitgenössische Aussagen stützt, die antijüdische Politik der Nationalsozialisten scheine für diese „keineswegs von jener Eindeutigkeit gewesen zu sein, die ihr in den Augen des Historikers zweifellos zukommt." (S. 125 f.). Vielleicht fehlte Helene Zytnicka, die ja, wie sie sagte, „im Herzen" stets Christin geblieben war, seinerzeit die Vorstellung eines sich verstärkenden, pogromartigen Antisemitismus.

15 „Hakenkreuz-Rüpel", Volkswacht vom 31.8.1927; „Nazi-Messerhelden in der Synagoge. Besoffene Nazis stören die Andacht", in: Volkswacht vom 7.10.1930; siehe auch „Pfui Teufel. Was die Nazis mit den Juden vorhaben?", in: Volkswacht vom 22.9.1932. Es hat in der Stadt Essen weitere Übergriffe gegeben.

16 Tim Walter zitiert Klaus Wisotzky: Nationalsozialismus in Essen – Terror hatte längst begonnen, in: WAZ online: https://www.waz.de/staedte/essen/nationalsozialismus-in-essen-terror-hatte-laengst-begonnen-id7537991.html [14.2.2017] sowie Klaus Wisotzky: Josef Terboven. Gauleiter der NSDAP, https://www.rheinische-geschichte.lvr.de/Persoenlichkeiten/josef-terboven/DE-2086/lido/57c93a8da4b585.51259572#toc-9 [26.04.2018].

17 Der NSDAP gaben am 12.3.1933 109.046 Wahlberechtigte ihre Stimme, dem Zentrum 111.404, die SPD erhielt 32.615, die KPD 44.796 Stimmen, vgl. Steinberg 1973, S. 42. Damit errang das Zentrum 32 von 91 Stadtverordnetenmandaten, die NSDAP 31, die KPD 12, die SPD 9, die DNVP 6 und der Christlich Soziale Volksdienst einen Sitz, vgl. Alte Synagoge 1991, S. 33.

18 Eine Gemeindeordnung ersetzte die bis dahin gültige kommunale Verfassung.

19 Zu dieser Phase Steinberg 1973, S. 37 ff.; Rother 1983, S. 68 ff.; Streich, S. 12 ff.

20 Alte Synagoge Essen 1982, S. 23; zu Gewalt gegenüber Ostjuden im Ruhrgebiet im März 1933 auch Heid 2011, S. 264 ff. – Wohl nicht nur in Düsseldorf gab es regelrechte Schikanen gegenüber Ostjuden schon im Lauf des Jahres 1933, dort wurden z. B. von Behörden Arbeitserlaubnisse nicht verlängert, Gewerbelegitimationskarten verweigert oder sogar Pässe abgenommen (vgl. Sparing 2000, S. 222 f.).

21 Zu Familie Kermann siehe das Kapitel „Ich weiß gar nicht, wie ich gelebt habe vor lauter Angst" sowie das Interview mit Mathilde Sensel, geb. Kermann, aus dem Jahr 1986 (Archiv Alte Synagoge Essen, Bd.Nr. 173/174).

22 HdEG/StA, Bestand 158 St 76 (o.S.). Schulden „arischer" Käufer wurden in dieser antisemitischen Stimmung nicht mehr ohne weiteres beglichen; Inhaber oder Angestellte jüdischer Firmen, die Außenstände kassieren wollten, erlebten nicht selten Bedrohungen, siehe Sparing 2000, S. 222. Wie weiter vorn bereits erwähnt, erinnerte sich Mordechai Netzer (Max Schanzer) bei einem Besuch in Essen im Jahr 1983 daran, dass sein Vater, der seinerzeit ein Fotovergrößerungsgeschäft betrieb, als er kassieren wollte, geschlagen wurde (Transkript IN.061 im Archiv der Alten Synagoge Essen, S. 17).

23 Zum Wiedergutmachungsverfahren Leon Jastrow HdEG/StA, Bestand 158 I/J 150, Bl. 3.

24 Familie Jastrow hatte Deutschland unter wirtschaftlichem Druck schon früher verlassen wollen (ihr letztes Geschäft wurde 1938 zerstört), emigrierte mit den Kindern Minna und Leo aber erst im Jahr 1939 zunächst nach Belgien. Maria Jastrow starb 1940, Friedrich Jastrow 1951 in Frankreich. Leo(n) kehrte in den 1950er Jahren nach Essen zurück.

25 Zum Leidensweg der Familie Ostrowski über Zbąszyń: Historisches Portal Essen, Gedenkbuch Alte Synagoge, Icek Majer Ostrowski wurde 1945 in Mauthausen ermordet: https://media.essen.de/media/histiorisches_portal/historischesportal_dokumente/startseite_5/Gedenkbuch_Alte_Synagoge.pdf.

26 Herbert 1996, S. 214.

27 Erna Mantwill bezog nach einigen Monaten eine Mansarde im selben Haus, bis sie nach der Ausweisung der Familie Zytnicki deren Wohnung übernahm, siehe Bundeszentralkartei beim RP Düsseldorf, Nr. 207830, Bl. 59.

28 Zur Verdrängung der Juden aus dem Wirtschaftsleben van Laak 1994, S. 25.

29 Historisches Portal Essen, Gedenkbuch Alte Synagoge, zum Gedenken an Sophie und Wolf Abbe; beide wurden ermordet, Wolf vermutlich in Sachsenhausen, Sophie in Auschwitz. Ihr Sohn Paul konnte sich mit einem Kindertransport nach Palästina retten: https://media.essen.de/media/historisches_portal/historischesportal_dokumente/startseite_5/Gedenkbuch_Alte_Synagoge.pdf.

30 Mit der „Namensänderungsverordnung", veröffentlicht am 17. August 1938 im Reichsgesetzblatt, die ab 1. Januar 1939 in Kraft trat, zwang man jüdischen Deutschen die zusätzlichen Vornamen Sara und Israel auf, einzutragen in Pass oder Kennkarte. Und aufgrund der „Verordnung über Reisepässe für Juden" vom 5. Oktober 1938 wurden bisherige Pässe ungültig. Jüdische Deutsche mussten diese innerhalb zweier Wochen bei der Meldebehörde einreichen. Für das Inland waren lediglich Kennkarten vorgesehen. Auslandszahlungen wurden verboten (für Passinhaber in begrenztem Umfang möglich). Reisen ins Ausland waren nur noch mit neuen Pässen erlaubt; in die Reisepässe von Jüdinnen und Juden wurde ein rotes J gestempelt.

31 Artikel „Was wird aus unseren Kindern?" in: Jüdisches Gemeindeblatt für den Synagogenbezirk Essen vom 7.1.1938, S. 4. – Über die Flucht seines Klassenlehrers Max Holländer sprach Mordechai Netzer (Max Schanzer), Klassenkamerad von Judith Sonja, bei einem Besuch im Jahr 1983, siehe das Transkript IN.061 im Archiv der Alten Synagoge Essen.

32 Ausnahmen machten, wenn auch nicht allein aus humanitären Erwägungen, Portugal, es wurde für viele zum Transitland nach Übersee, und die Dominikanische Republik. – Zu den Zielen und Ergebnissen der Konferenz von Evian Diner 1991, S. 154 ff.; Thies 2017.

33 Ende 1938 erschien als letzte Veröffentlichung des Berliner Philo-Verlags der Philo-Atlas. Handbuch für die jüdische Auswanderung mit Informationen zu einzelnen Ländern wie Einreisebestimmungen, Arbeitsbedingungen, Währungen, Klima, Impfschutz u.v.a.

34 Die Nachbarin Meta Becker versicherte im Juni 1959 gegenüber den Entschädigungsbehörden, die Durchsuchung habe „durch uniformierte Personen stattgefunden". Weiter heißt es: „Ich kann mich erinnern, dass seinerzeit in der Wohnung des Herrn Zytnicki eine größere Anzahl polnischer Pässe gefunden wurden und dass man daraufhin davon abgesehen hat, Herrn Zytnicki zu verhaften" (Zentralkartei beim RP Düsseldorf Nr. 207 830, Bl. 59).

35 David Zytnicki gab 1938/39 in Zbąszyń die Adresse (nicht den Namen) seiner Schwester an, als vom „Joint", nach Verwandten in Amerika gefragt wurde, siehe die Liste im Archiv des American Jewish Joint Distribution Commitee: http://search.archives.jdc.org/notebook_ext.asp?item=363521&site=ideaalm&lang=ENG&menu=1 [03.07.2018]. Zu Argentinien, das am letzten Tag der Konferenz von Evian die Visumspflicht einführte, Thies 2017, S. 117.

In Warschau wird auch Brot gebacken
Der 28. Oktober 1938 in Essen

Die als vergleichsweise ungetrübt erinnerten Lebensverhältnisse der Familie Zytnicki sollten sich am frühen Morgen des 28. Oktober 1938 auf einen Schlag grundlegend ändern. Wenngleich der Rückblick nach mehr als 60 Jahren nicht in allen Details exakt sein kann: das Chaotisch-Improvisierte dieses Vorgangs wird, wie bereits in der Einführung kurz zitiert, von Leni Zytnicka deutlich überliefert.

Familie Zytnicki im Sommer 1938

Es klopfte, ich war noch im Morgenrock, und irgendwie hatte jemand die Haustür aufgemacht. Ich mache meine Küchentür auf, stehe in der Küche, sehe zwei Beamte in Zivil. Die waren so sprachlos, als die mich sahen. Die dachten, ich bin eine Jüdin, und sehen auf einmal, dass ich gar keine bin, denn ich war ja zu unterscheiden. Ja, sie wollten zu Zytnickis. Wissen Sie, das Ypsilon im Deutschen ist schwer, das in dem Namen zu verbinden. Ja, sage ich: „Ich bin die Frau Zytnicka." Inzwischen ist mein Mann in der Küche. Sagt er: „Ja, ja, das ist meine Frau." Jetzt erkennen die beiden sich von der Rennbahn – ich weiß das aber nicht.

Es zeigt sich schnell, dass dieses Geschehen – es leitet die Deportation der ganzen Familie ein – für den Ehemann weniger überraschend war als für seine Frau:

Stellen Sie sich vor, mein Mann war doch am Sonntag vorher noch auf der Rennbahn, ich weiß nicht, wo, zum Galopprennen. Und einer von den Beamten, die uns verhafteten, war auch auf der Rennbahn und kannte meinen Mann. Er sagte schon den Tag vorher, er wunderte sich, dass da in Gelsenkirchen etwas mit den Juden in Unruhe war, also der wusste das schon … Irgendwie hatte das polnische Konsulat meinen Mann gewarnt, ihm gesagt: "Pass auf, die Deutschen lassen keine Ruhe!" Nur, ein Offizier verlässt sein Schiff nicht.

"Ziehen Sie sich an, möglichst 'was Warmes!"

Ich dachte immer noch, ist alles gut, ich wusste nichts von der Ausweisung. Und dann: "Ja, wir müssen Sie leider mitnehmen, ziehen Sie sich an, möglichst 'was Warmes." Ich guck meinen Mann an – da sagt mein Mann: "Weißt du was, in Warschau wird auch Brot gebacken." Da höre ich das erste Mal Warschau … – mein Mann wollte mich damit verschonen. Vielleicht wusste er nicht, wer ich innerlich bin – eine deutsche Christin, und auf einmal wirst du als Jude verhaftet. Wir sind als polnische Juden – denn die christlichen Polen wurden ja nicht ausgewiesen –, als Juden polnischer Staatsangehörigkeit ausgewiesen worden.

Was in den nächsten Stunden und Tagen passieren sollte, hat sich Leni Zytnicka – wie Tausenden anderen Betroffenen – erst allmählich erschlossen. Das ist nicht weiter erstaunlich, denn es handelte sich um eine von der Reichsregierung sehr kurzfristig anberaumte Maßnahme ohne jede Publizität vorab, weshalb diese auch in verschiedenen Städten sehr unterschiedlich verlief: Es wurden ungefähr 17.000 Juden polnischer Herkunft einschließlich ihrer Familien in den Morgenstunden verhaftet, zu Sammelstellen gebracht und am Abend in Sonderzügen an die polnische Grenze geschickt. Die Verhaftungswelle erfasste fast alle größeren und kleineren deutschen Städte: 600 Personen betraf diese Aktion beispielsweise in Dortmund, 1.000 in Hamburg, 461 werden für Essen genannt, 70 in Gelsenkirchen, 55 in Bottrop, 361 in Düsseldorf, mehr als 2.000 in Berlin … Aus Münster wird berichtet, dass mindestens ein Betroffener schon am Vortag zur Polizei vorgeladen wurde und ihm der Abtransport angekündigt worden sei.[1]

Die örtliche Polizei wurde teilweise erst in der Nacht zuvor durch die Berliner SS-Führung instruiert. Viele Männer verhaftete man am Arbeitsplatz, Familien waren damit während der Deportation auseinander gerissen. Eine halbe Stunde Zeit wurde meist zum Packen des Notwendigsten eingeräumt. Mancherorts verschonte man die Angehörigen der erwachsenen Männer ganz oder sie durften noch Besorgungen machen – anderswo wurde sofort die ganze Familie festgenommen.

Teilweise gelang es den jüdischen Gemeinden, noch rasch notdürftige Hilfen bereitzustellen. Denn trotz aller deutlichen kulturellen und sozialen Distanz zu den „Ostjuden" erkannten auch die sehr deutschen und assimilierten Gemeindemitglieder die Bedeutung dieser „Generalprobe". So mobilisierte in Bochum der Jüdische Frauenbund alle jüdischen Autobesitzer, sammelte Handkoffer, damit die Ausgewiesenen möglichst viel Habe mitnehmen konnten, kaufte Brot und koschere Wurst, Wolldecken und warme Unterwäsche in großem Umfang auf und gab diese am Bahnhof vor dem Besteigen des Zuges aus.[2] Nicht nur die hämischen Nachrichten der NS-Presse am Folgetag über „dicke Autos" sprechen dafür, dass es ähnliche Abläufe in Essen gab: Karla Ganz, deren Vater dem Gemeindevorstand angehörte, erinnerte sich an das Sammeln von Decken, Thermoskannen, Konserven, Broten und deren Übergabe am Gildehofplatz.[3]

Hier und da gelang es auch noch, Verfügungen über das zurückgelassene Eigentum zu treffen, Vertretungsvollmachten auszustellen usf. In vielen, nicht allen Fällen wurden in den folgenden Tagen – so z. B. für die Hinterlassenschaften der Familie Ostrowski und auch der befreundeten Familie Kermann – amtlicherseits sog. „Abwesenheitspflegschaften" für Wohnungen und Geschäfte eingerichtet. Diese dienten der Abwicklung der mit dem zurückgelassenen Eigentum verbundenen Fragen. Die dazu bestellten zehn Essener Rechtsanwälte hatten aber „in erster Linie die Interessen der deutschen Behörden (Forderungen des Finanzamtes, der städt. Steueramtes, der allgemeinen Ortskrankenkasse, des Fernsprechamts usw.) sowie die privaten Interessen der arischen deutschen Staatsangehörigen wahrzunehmen."[4]

Viele Berichte der Betroffenen erwähnen auch, dass es wegen des anbrechenden Schabbat – der 28. Oktober war ein Freitag – strenggläubigen Juden eigentlich verboten war, solche Einkäufe in letzter Minute zu machen und ihr Gepäck zu transportieren.

Die Schilderungen über die Brutalität des Zugriffs gehen ebenfalls weit auseinander: Die SS- und Polizeiführung gewann in ihrer Auswertung dieser Aktion den Eindruck, dass die durchschnittlichen Polizisten ungenügend vorbereitet waren und daher oftmals zu „menschlich-weich" agiert hätten.[5] Andersseits ist verbürgt, dass mancherorts auch bettlägerige Kranke[6] und verwirrte alte Klinikpatienten – auf Bahren oder Stühle geschnallt – zum Zug gebracht wurden; teilweise ließen sich die durchführenden Beamten aber überreden, Kranke zu verschonen.[7]

Politische Hintergründe

Was waren die politischen Auslöser dieser sogenannten „Polenaktion"? Die polnische Regierung plante eine Aberkennung der Staatsangehörigkeit für solche Auslandsbürger, die einen „Verlust jeder Verbindung mit dem polnischen Staat" erkennen ließen. Eine durch antijüdische deutsche Maßnahmen motivierte massenhafte Rückkehr arbeits- und vermögensloser Juden in ihr Herkunftsland befürchtete nämlich das polnische Außenministerium und veranlasste es zu Gegenmaßnahmen. Mit einem vom polnischen Parlament, dem Sejm, im März 1938 beschlossenen Gesetz wurde der Passentzug gegenüber solchen Menschen mög-

> # DZIENNIK USTAW
> ## RZECZYPOSPOLITEJ POLSKIEJ
> Warszawa, dnia 1 kwietnia 1938 r.
>
> ### Nr 22
>
> **191**
> **USTAWA**
> z dnia 31 marca 1938 r.
> **o pozbawianiu obywatelstwa.**
>
> **Art. 1.** Obywatel polski, przebywający za granicą, może być pozbawiony obywatelstwa polskiego, jeżeli:
> a) działał za granicą na szkodę Państwa Polskiego lub
> b) przebywając nieprzerwanie za granicą co najmniej przez lat 5 po powstaniu Państwa Polskiego, utracił łączność z państwowością polską lub
> c) przebywając za granicą, nie powrócił do Polski w oznaczonym terminie na wezwanie urzędu zagranicznego Rzeczypospolitej Polskiej.
>
> **Art. 2.** (1) Orzeczenie o pozbawieniu obywatelstwa polskiego wydaje Minister Spraw Wewnętrznych na wniosek Ministra Spraw Zagranicznych.
> (2) Orzeczenie to nie wymaga uzasadnienia i jest natychmiast wykonalne.
> (3) Orzeczenie to podlega zaskarżeniu do Najwyższego Trybunału Administracyjnego.
>
> **Art. 3.** (1) Utrata obywatelstwa polskiego męża rozciąga się na jego żonę, zaś ojca (nieślubnej matki) — na jego (jej) dzieci w wieku do lat 18, jeżeli osoby te przebywają za granicą i nie zostały w orzeczeniu o pozbawieniu wyłączone spod utraty obywatelstwa.
> (2) Wyłączenie żony i dzieci może nastąpić, jeżeli z całokształtu stosunków życiowych wynika, że nie pozostawały one w faktycznej wspólności małżeńskiej, bądź rodzinnej z mężem, bądź ojcem (nieślubną matką) i nie zachodzą co do nich okoliczności, przewidziane w art. 1 ustawy niniejszej.
>
> **Art. 4.** Obywatelstwa polskiego można pozbawić również samoistnie żonę obywatela polskiego, jeżeli z całokształtu jej stosunków życiowych wynika zerwanie faktycznej wspólności małżeńskiej i jeżeli zachodzą co do niej okoliczności, przewidziane w art. 1 ustawy niniejszej.
>
> **Art. 5.** (1) Osoby, które zostały pozbawione obywatelstwa polskiego na podstawie art. 1 lit. a) ustawy niniejszej, nawet po uzyskaniu obcego obywatelstwa, mogą jedynie za uprzednią zgodą Ministra Spraw Wewnętrznych przebywać czasowo na obszarze Państwa Polskiego.
> (2) Kto wbrew powyższemu przepisowi przebywa na obszarze Państwa Polskiego, ulega karze więzienia do lat 5 i grzywny.
>
> **Art. 6.** Wykonanie ustawy niniejszej porucza się Ministrowi Spraw Wewnętrznych w porozumieniu z Ministrem Spraw Zagranicznych.
>
> **Art. 7.** Ustawa niniejsza wchodzi w życie z dniem ogłoszenia.
>
> Prezydent Rzeczypospolitej: *I. Mościcki*
> Prezes Rady Ministrów
> i Minister Spraw Wewnętrznych:
> *Sławoj Składkowski*

Gesetzblatt der Republik Polen, 31.3.1938

lich, die länger als fünf Jahre außerhalb Polens lebten, gegen den polnischen Staat agitiert hatten oder ein öffentliches Amt in einem anderen Land bekleideten. Die polnische Regierung dieser Periode wurde von einer nationalistisch-autoritären Koalition gestellt, die aus innenpolitischer Schwäche heraus „Homogenitätsideale" propagierte und antisemitischen Stimmungen nicht abgeneigt war.[8] Um das Gesetz im Parlament durchzusetzen, scheuten sich seine Befürworter nicht, alle Register der Denunziation und Hetze zu ziehen: Die potentiellen Rückkehrer seien mehrheitlich Polen feindlich gesonnen, seien Mädchenhändler für die Bordelle Südamerikas und hätten im spanischen Bürgerkrieg gelernt, „wie man Kirchen anzündet" und „Pfarrer ermordet".[9]

Bereits im Frühjahr 1938 hatte die Reichsregierung übrigens versucht, größere Gruppen sowjetischer und rumänischer Juden abzuschieben – mit nicht gerade durchschlagenden „Erfolg", weil die vorgesehenen Aufnahmestaaten Widerstand leisteten sowie im Fall der Sowjetbürger eine gemeinsame Grenze nicht vorhanden war und der Transit durch Polen weitere Probleme aufwarf.[10]

Eine dramatische Zuspitzung der internationalen Lage – und damit auch nicht zuletzt der Emigrationsprobleme in Deutschland lebender Juden – brachten wie erwähnt die Annexion Österreichs durch das Deutsche Reich im März 1938, die ergebnislose Flüchtlingskonferenz von Evian/Frankreich im Juli 1938 und die sog. Sudetenkrise mit sich. Noch im Herbst 1938 gab es deutsch-polnische Gespräche, möglicherweise taktische Scheinverhandlungen, über die Regelung der jüdischen Migration.[11] Ernst von Weizsäcker, Staatssekretär im Auswärtigen Amt, wird vom polnischen Botschafter am 8. November 1938 mit der Einschätzung zitiert: „worauf wir uns bestimmt nicht einlassen können, sei, daß uns im Wege der Ausbürgerung ein Klumpen von 40-50.000 staatenlosen ehemaligen polnischen Juden in den Schoß fiele".[12] Bereits im August hatte die Ausländerpolizei auf Anweisung ihres Chefs Werner Best damit begonnen, polnischstämmige Juden bei geringfügigen Anlässen, sogar bei Verstößen gegen die Straßenverkehrsordnung, auszuweisen.[13]

Zwar wurden die polnischen Konsulate gebeten, die erwähnte im März beschlossene Regelung unauffällig anzuwenden; dies gelang aber nicht. Am 6. Oktober verfügte der polnische Innenminister daher, die Pässe aller im Ausland lebenden Polen bis zum 30. Oktober zu kontrollieren und danach nur noch die frisch erneuerten Dokumente für eine Einreise gelten zu lassen. Die Konsulate aber verweigerten auf Anweisung der Berliner Botschaft Polens solche Verlängerungen in den meisten Fällen.

Protestnoten der deutschen Reichsregierung, die mit einer raschen Vergrößerung der Zahl staatenloser Juden in Deutschland rechnete, wurden nicht beantwortet. Daraufhin wies die Berliner SS-und Polizei-Führung am 27. Oktober die oben genannten polizeilichen Stellen an, möglichst alle in Frage kommenden Personen auszuweisen und „vor Ablauf des 29. Okt. 1938" über die Grenze zu bringen; besonderen Nachdruck legte dieser „Schnellbrief" darauf, die männlichen Erwachsenen vollständig zu erfassen.

Ein Tag auf der Feuerwache

In Essen vollzog sich nach Schilderung von Leni Zytnicka dieser Ablauf:

Die hatten eine Liste, und da standen wir drauf mit den Kindern … Die beiden Polizisten gehen vor, und wir vier danach im Gänsemarsch über den Kopstadtplatz, zum Südeingang des Bahnhofs von Essen, da war die Feuerwehr, in der Chausseestraße, wir kommen da rein, alles friedlich …

Ganz unauffällig sind wir mit den zweien da hingegangen. Jetzt kommen wir da in diese Halle, wo die Feuerwehr ist, da standen ja die Feuerwehrwagen, aber keine Pferde, nur Feuerwehrwagen, und dann war da viel Platz, und da war ein Schreibtisch. Ich sage zu meinem Mann: „Was ist hier los?" Ja, sagt er, jetzt kommen wir da hin, auch alles zivil, ein Schreibtisch, alles voller Briefe, aha, ein Beamter streicht an: Zytnicki – alle vier. Und da war kein Stuhl zum Sitzen, alle stehen, und es waren schon fast alle da; nur ein paar fehlten, von denen wusste ich, dass die nach Holland sind. Meine Schwester Anni lebte doch in Holland; wenn ich das gewusst hätte, ich war ja einen Sonntag früher zu meiner Schwester nach Amsterdam, die hatte auch einen Juden geheiratet.

Jetzt frage ich den einen Mann am Schreibtisch, ob ich meine Schwester Erna anrufen kann. Das alles kommt so unerwartet, und meine Schwester arbeitete in der Woolworth, wo die Firma auch noch heute ist, und war Chefin in der Elektrobranche. Ja, ich dürfte von ihm aus anrufen. Ich rufe meine Schwester an und sage: „Erna, wir sind verhaftet worden, sagst du bitte der Mama Bescheid?" Und mein jüngerer Bruder wohnte im Haus meiner Mutter – „und sag da auch Bescheid!" Und dann kamen meine Schwägerin und meine Mutter und meine Schwester da herein und sahen alles. Wir waren ohne Frühstück, haben auch gar keinen Hunger, aber irgendwie knurrt ja doch der Magen; dann hatten die von der Jüdischen Gemeinde uns um zwei Uhr etwas gebracht, Schnitten und so. Ich wusste ja nichts, also darauf war ich nicht gefasst. Ich war so …, ich war ohne Verstand!

Aus anderen betroffenen Essener Familien ist überliefert, dass nur die Familienväter frühmorgens verhaftet wurden und die übrigen Mitglieder sich bis mittags am Sammelplatz einzufinden hatten. Max Schanzer sprach davon, dass die Kinder noch losziehen konnten, um Koffer für die unerwartete Reise zu besorgen.[14]

Wie in den meisten Städten verschob sich der Abtransport der am frühen Morgen Überraschten aus den Sammelpunkten – dazu zählten auch Gefängnisse, Turnhallen, Gaststätten-Säle, Synagogen, Sportplätze und Rathäuser – bis in die Abendstunden. Weitere Berichte lassen uns annehmen, dass es auch in Essen mehrere solcher Sammelstellen gab; auch das Schulgebäude neben der Feuerwehr scheint mit genutzt worden zu sein.[15]

Jetzt wurde es sechs Uhr, und meine Schwester, meine Mutter, meine Schwägerin sind dabei geblieben. Die Beamten suchten immer noch die Fehlenden – die hatten eine Liste. Die Angehörigen standen draußen auf der Straße. Ich konnte dann zu meinen Eltern, meiner Familie rübergehen – die waren alle so neugierig und „Was wird jetzt sein?" Meine Mutter und meine Schwägerin und die Schwester, die drei standen da und wir marschierten, wissen Sie, als wenn wir einen Ausflug machten. Um sechs Uhr wurden wir alle zu zweien aufgestellt, ich hab meine kleine Tochter an der

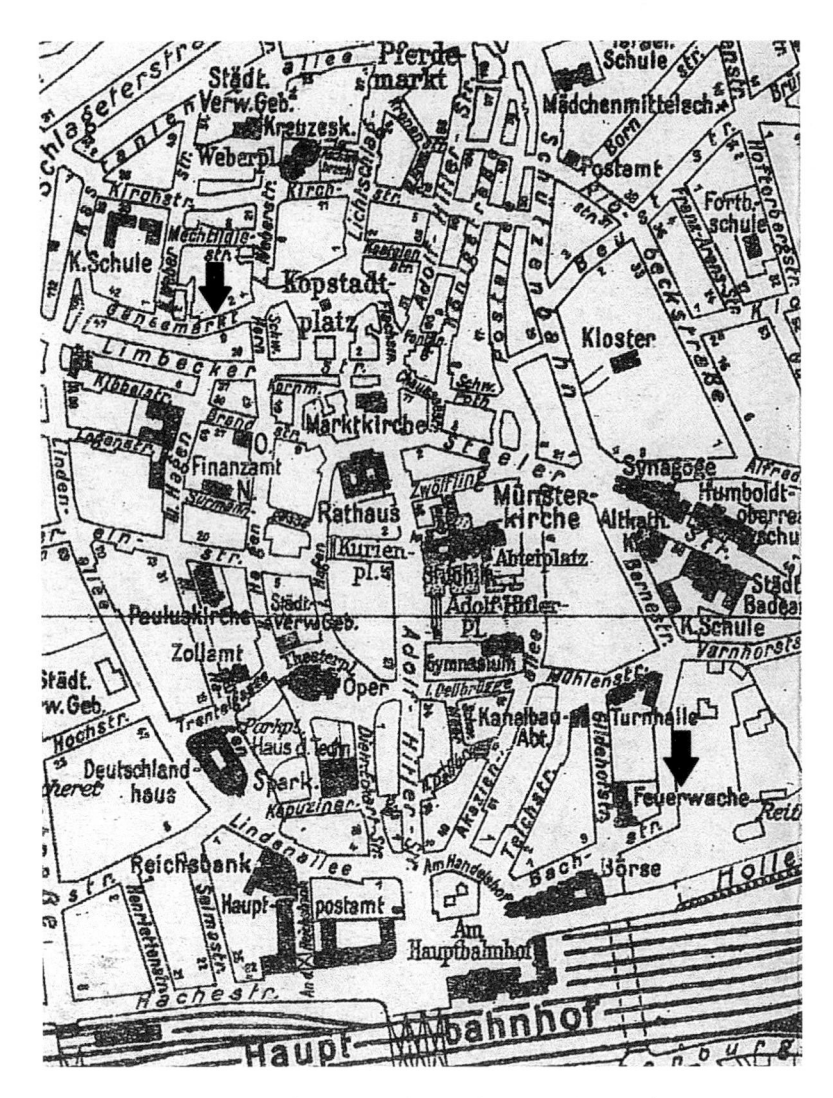

Essener Innenstadt (Stadtplan-Ausschnitt 1935) – Vom Gänsemarkt zur
Feuerwache am 28.10.1938

Hand, mein Mann die große, und wir müssen marschieren auf den Schulhof zum Hauptbahnhof Essen.

Diese Abläufe überwachten vor allem Kriminal- und Schutzpolizei, im Übrigen auch SA und SS. Über die Frage, wie weit die lokale Öffentlichkeit von diesen Vorgängen Kenntnis genommen hat, gehen die Zeitzeugenberichte auseinander; manche schildern, durch „Hintergassen" zum Bahnhof geführt worden zu

> **Juden verlassen Essen**
>
> ═ Essen, 28. Okt. Ein großer Teil der Juden ist nach 1918 nach Deutschland gekommen; viele Juden aus Polen und Ostgalizien waren auch nach Essen gekommen. Da diese Juden noch immer polnische Staatsbürger waren, so blieb dem polnischen Staat schließlich nichts anderes übrig, als sie jetzt zur Rückkehr aufzufordern und andernfalls ihnen anzudrohen, daß sie sonst die polnische Staatsbürgerschaft unweigerlich verlieren würden. So sammelten sich am Freitagnachmittag auf verschiedenen Plätzen Essens insgesamt 461 galizische Juden, um hier unter polizeilicher Aufsicht die Abreiseformalitäten zu regeln. Am 29. Oktober müssen sie alle drüben in Polen sein, sonst werden sie nicht mehr hineingelassen. Mit Schmunzeln betrachtete die Bevölkerung Essens den Ausmarsch der Juden.

Rheinisch-Westfälische Zeitung vom 29. 10. 1938

sein. Ein anderer von dieser Essener Deportation Betroffener, Max Schanzer, schilderte in einem Interview der 1980er Jahre diese Situation:

„Auf dem Weg zum Bahnhof, ja, standen die Essener, zu beiden Seiten, haben sich das angeschaut, ja standen Spalier. Und die Reaktion war verschieden: Einige haben geweint, andere haben gespuckt, ja, jeder nach seiner Auffassung. Die meisten waren gleichgültig."[16]

Unter den zurückbleibenden Juden machte sich ein Gefühl „Wir sind die Nächsten ..." breit. Eine andere Essenerin berichtet aus der Rückschau: „Mein Vater erzählte später von einem der Deportierten, der einem der Essener Juden, welche zum Bahnhof gekommen waren, um zu helfen, prophetisch entgegnet habe, ‚ich frage mich, wer euch Brot bringen wird', als man ihm eines anbot".[17]

Und Helene Zytnicka fährt in ihrer Schilderung fort:

Auf dem letzten Bahnsteig war schon der Zug für uns da, und jetzt können wir einsteigen. Wissen Sie, ich weiß es noch wie heute, wie sprachlos ich war. Jetzt sind alle am Bahnsteig, so etwa 60, 66 oder 68 Personen, glaube ich – es fehlten ja noch 10. Aber wir waren so knappe 70 Personen, Kinder und Jugendliche und Alte und Junge durcheinander. Alles ganz friedlich, wir sind Polen, haben einen Ausweis und unsere Pässe wurden kontrolliert und alles, der Zug fährt eine halbe Stunde nicht, aber auf den Bahnsteig durfte meine Familie nicht 'rauf.

Unsere Rückfrage, wie der Zug ausgestattet war, wie viel Wagen er ungefähr hatte, erbringt diese Auskunft:

Ja, das war damals so dritter Klasse, immer zwei Bänke und gegenüber. Und dann da saßen zwei, da und dann in der Mitte ein Gang. Ich weiß nicht, aber sechs oder sieben Wagen waren das.

Die lokale NS-Presse schilderte die Vorgänge dieses Tages zunächst „mit Schmunzeln" als zwangsläufiges, aber relativ idyllisches Geschehen, für das allein der polnische Staat verantwortlich sei: „So sammelten sich am Freitagnachmittag auf verschiedenen Plätzen Essens insgesamt 461 galizische Juden, um hier unter polizeilicher Aufsicht die Abreiseformalitäten zu regeln." (Rheinisch-Westfälische Zeitung – Morgenausgabe 29.10.1938); erst später war von Abschiebungen die Rede. Die Abendausgabe des gleichen Blattes deutet umständlich die politischen Zusammenhänge an, gibt aber der polnischen Seite die ganze Verantwortung: „Da ein deutscher Verständigungsvorschlag polnischerseits nicht angenommen wurde, und da nur bis zum 29. Oktober mit einer Übernahme von der deutschen Regierung ausgewiesener lästiger polnischer Staatsangehöriger durch die polnische Regierung aufgrund ihrer bisherigen Pässe gerechnet werden konnte, mußten die deutschen Behörden Maßnahmen ergreifen, um die Zahl derjenigen zu vermindern, die den polnischen Prüfungsvermerk voraussichtlich nicht erhalten würden."

Und in Bezug auf die vom jüdischen Kleinhandel geprägten Straßenzüge der Essener Altstadt vermerkt die Essener Nationalzeitung am gleichen Tag hämisch: „In der Weberstraße, der Schlageterstraße und am Gänsemarkt aber haben merkwürdig viele Krämerläden die schmutzigen Rollen heruntergelassen."

Die Tochter des Essener Rabbiners Dr. Hahn erinnert sich: „Die Synagoge war sehr voll an diesem Freitagabend. Es schien, als hätten sich dort alle verbleibenden Juden aus Essen versammelt, um Trost und Zuspruch zu finden."[18]

Bestohlen

Das Ziel der Fahrt musste angesichts der Zusammensetzung der Deportierten wohl nicht mehr ausdrücklich genannt werden – *Nach Polen, das wussten wir, weil mein Mann ja polnischer Bürger war.*

Dass die Züge nach Polen fuhren, war also den meisten klar, aber welche Rechtsqualität und Endgültigkeit dieser Akt haben würde, war für sie nicht überschaubar. Viele von ihnen waren noch nie in Polen gewesen, die in Deutschland geborenen Kinder der polnischen Sprache überhaupt nicht mächtig.

Jetzt fährt der Zug, um sechs Uhr abends. Also morgens um sechs Uhr war die Verhaftung, um sechs Uhr abends, nach zwölf Stunden, fährt der Zug. Dann kommen zwei Beamte da herein, die waren schon mit im Zug, mit einer Liste aller Namen und fordern uns auf, das Geld abzugeben. Können sie sich mal ausrechnen, wie sprachlos ich war! Jeder durfte zehn Mark behalten, und die nehmen das, schreiben es auf und gehen. Mein Gott, ich bin in der Welt herumgekommen, aber das war mir nun etwas ganz Neues. […] Wir wurden gebeten, unser ganzes bares Geld abzugeben. Und wir vor lauter Angst, das kam ja so überraschend, wir gaben alles Geld ab und bekamen keine Quittung. Damals hat man uns schon als erste bestohlen.

Ich wusste ja nicht, was hier los war. Glauben Sie, es kam mir vor wie ein Theaterspiel. Einer kam zu mir, wir vier saßen ja zusammen, der kam zu mir, und ich sollte ihm einen Hundertmarkschein irgendwie verstecken. Mein Mann sagte (der kannte den ja gut): „Hör mal, ich verstecke selbst nichts vor lauter Angst!" Man wusste ja nicht, ob man kontrolliert wird, man wusste ja nichts vor lauter Angst.

Freunde und Bekannte

Im Transport waren auch Bekannte von uns, Familie Kermann, ich habe noch Bilder von denen. Hier war auch eine Firma Herz am Segeroth, da war der Güterbahnhof-Nord, auf der anderen Seite [...] da in der Holzstraße war eine Reihe Kruppsche Häuser, und auf der anderen Seite war die Polizeiwache direkt am Ende, und am Anfang war die Straße der Liebe, der freien Liebe, da ist es wie heute, und in der Straße hatte eine Firma Herz ihr Geschäft. Die Lumpen wurden da sortiert, ich war einmal da; der hatte sieben Pferde und sieben Kutschwagen, und jeder Angestellte hatte nur für den Tag das Pferd mit dem Wagen. Die waren mit uns im Transport und sind dann später zu Verwandten in Polen, ganz an der Grenze von Deutschland, gefahren. Da war noch kein Krieg. Die Familie hatte eine Tochter, so alt wie meine, die war auf derselben Handelsschule wie ich. Deren Schwester, die nebenan wohnte, die kam nach Warschau mit zwei Kindern.

Und die Frau von dem Compagnon [ihres Arbeitgebers Ostrowski] und der Sohn waren auch dabei. Der Vater war schon zwei Jahre vorher aus der Firma ausgeschieden, und der Sohn war dann später in Łódź mit seiner Mutter und dem Vater. Und der Sohn war erst im KZ, und weil er jung war, musste er da arbeiten. Den haben die Alliierten befreit, der lebt heute noch und war vor drei Jahren in Wien. Das ist der Sohn von dieser Firma Jastrow & Ostrowski, wo ich so lange gearbeitet habe. Der war hier geboren, und als der ausgewiesen wurde mit seiner Mutter, da waren wir direkt zusammen. Damals war der – meine Tochter war zwölf – dreizehn oder vierzehn, zwei Jahre älter als sie.

Ankunft in Polen

Und wir kamen in Polen, direkt in Zbąszyń, an der ersten Station an mit zehn Mark – und kein Mantel und kein Kleid und nichts. So, als ob wir eben einen Ausflug nach [Essen-] Stoppenberg gemacht hätten, ohne einen Pfennig Geld.

Die deutsche Grenze wusste schon Bescheid, der Zug ging so ruhig durch bis zum nächsten, dem ersten polnischen Bahnhof, und das war Zbąszyń. Aber das war nur der Zug aus dem Rheinland, Rheinland-Westfalen, denn die anderen Städte hatten andere Grenzstationen, und ich wusste das einfach gar nicht. Jetzt durften wir aussteigen, keiner hatte richtiges Gepäck, ich hatte ein kleines Köfferchen.

Es gab wie erwähnt weitere Zielorte der Abschiebungen – in Beuthen/Kattowitz etwa landeten 4.000 Betroffene, in Konitz/Chocjice 1.500, in Danzig wurden 4.000 polnische Juden auf Schiffe verladen und nach Gdynia geschickt.[19]

Der bedeutendste und bekannteste Zielort dieser „Polenaktion" war aber die polnische Grenzstation Zbąszyń („Sbondschin" ausgesprochen, deutsch Bentschen), an der Eisenbahnstrecke Berlin-Warschau gelegen und wohl auch darum

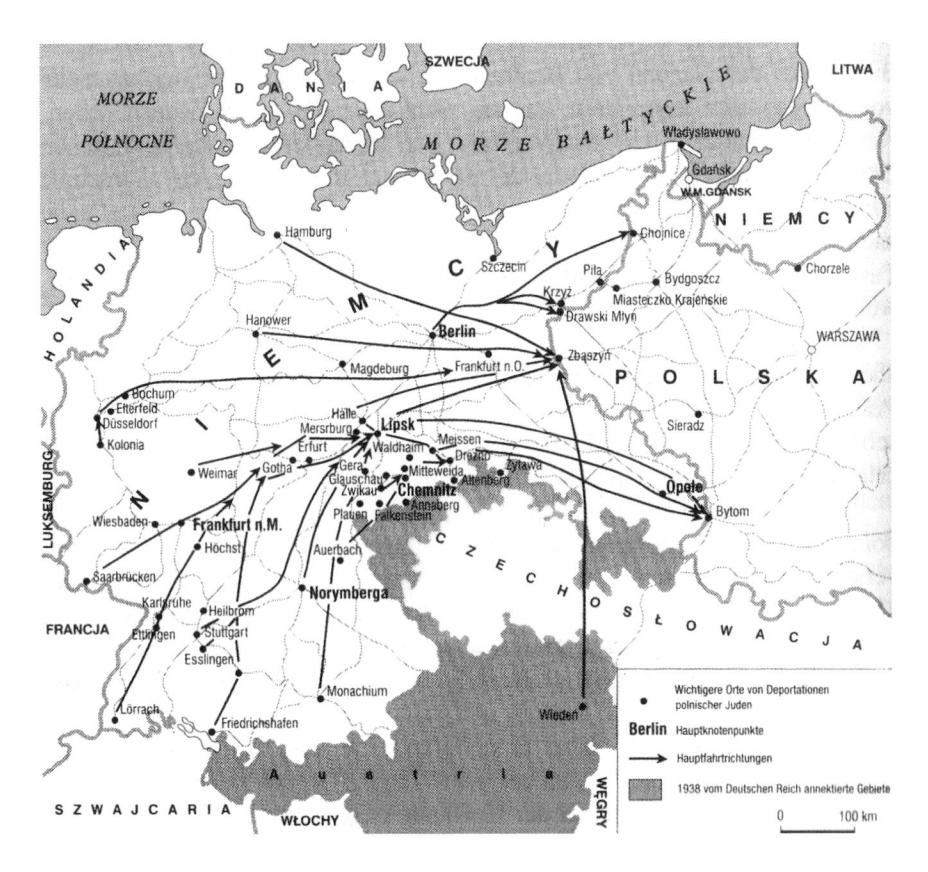

Deportations- und Zielorte am 28./29. Oktober 1938

so prominent genutzt. Wahrscheinlich wurden etwa 9.000 Menschen aus Deutschland hierhin transportiert und zum größten Teil auch hier festgehalten.[20]

Dieser Grenzort hatte eine wechselhafte deutsch-polnische Vergangenheit; er gehörte nach der zweiten polnischen Teilung zu Preußen und wurde mit dem Versailler Vertrag Polen zugeschlagen. In den 1920er Jahren entstand auf deutscher Seite die Neugründung Neu-Bentschen.

Viele der Deportierten berichten über einen anderen Ablauf als Frau Zytnicka, nämlich ein Entladen der Züge auf deutschem Gebiet und Fußmärsche über die Grenze: „Die wenigen hundert Meter bis zur polnischen Grenzstadt Zbąszyń mußten zu Fuß zurückgelegt werden. Sie wurden zu einem Spießrutenlauf, angepöbelt von deutschen Gaffern, Halbwüchsige stießen oder rissen Koffer aus den Händen …"²¹ Andernorts ist davon die Rede, dass die Ausgestoßenen über eine längere Strecke durch das Niemandsland irrten und vor den Warnschüssen der polnischen Grenzer verzweifelten. So berichtete eine via Essen aus Dorsten Vertriebene 2008 über diese Szenerie:

„Ich sah Lichter in der Nacht, wo andere sagten, das seien die Lichter von Berlin gewesen. Das ist das einzige, woran ich mich erinnere von der Fahrt. Am nächsten Tag wurden wir auf der deutschen Seite in Bentschen ausgeladen und alle mussten raus. Die, die nicht gehen konnten, wurden in einem anderen Zug zur Grenze gebracht, wo meine Mutter mitfuhr, weil sie herzkrank war. Da durfte sie mit dem Zug fahren. Die, die gehen konnten, gingen in Reihen (mein Vater und ich auch) von 6 bis 10 in der Reihe, begleitet von Soldaten mit Hunden. Und ich weiß gar nicht, wie weit wir gingen. Aber ich weiß, als wir der Grenze nahe kamen, haben die Polen geschossen, denn sie wollten ja nicht so viele herein lassen. Da sagte mein Vater, dass ich mich hinlegen sollte auf der Straße und er legte sich über mich, weil sie schossen."²²

Die chaotische Situation hatte nach Berichten der polnischen Grenzpolizei auch mindestens eine Selbsttötung, einen Todesfall wegen fehlender ärztlicher Versorgung und mehrere Nervenzusammenbrüche zur Folge.²³

In Leni Zytnickas Erinnerung nimmt sich dies alles weniger dramatisch aus:

An der Grenze ist doch ein Büro, da ging mein Mann erst mal hin. Der Bürovorsteher, der auch Grenzbeamter war, hatte aber in Duisburg auf der Zeche gearbeitet, der sprach ein perfektes Deutsch; also, sagte mein Mann hinterher, der Beamte wusste schon, dass die polnischen Juden ausgewiesen werden.

Glauben Sie, ich war eigentlich enttäuscht von Deutschland, ich war so eine stolze Deutsche.

Wie schon erwähnt, wurde der Abschiebungsbefehl in höchst unterschiedlicher Gründlichkeit durchgeführt – manchen von der polnischen Grenzpolizei Abgewiesenen gelang auch eine Rückkehr. Schon am 30. Oktober meldete die NS-Presse, dass im Interesse neuer Gespräche die Ausweisungen eingestellt worden seien.²⁴ Die Deportationen wurden zwei Tage später gestoppt, nachdem Polen im Gegenzug begonnen hatte, Deutsche auszuweisen, und ein Teil der aus Deutschland Ausgewiesenen, deren Transport noch nicht die Grenze erreicht hatte, durfte (auf eigene Kosten) zurückkehren.

Bei Kriegsbeginn am 1. September 1939 befanden sich immer noch Zehntausende polnische Juden im Reichsgebiet, die im Oktober 1938 nicht erfasst worden waren oder von der vorübergehend gestatteten Einreise zur Ordnung der deutschen Eigentums- und Geschäftsverhältnisse nicht rechtzeitig zurückkehren konnten.²⁵

Die polnische Exilregierung hob übrigens 1941 das Gesetz vom März 1938 auf.

Anmerkungen

1. Eschelbacher 1998/1939, S. 34 f.
2. So der Bericht von Ottilie Schönwald aus Bochum – vgl. Brockschmidt 1997 sowie Thalmann/Feinermann 1988, S. 32 ff.
3. Interview mit Karla Ganz am 9.11.1988, Archiv der Alten Synagoge Essen, IN.287.
4. Der Polizeipräsident in Essen an das Amtsgericht Essen, 6.12.1938 – Landesarchiv NRW, Bestand Gerichte, Rep. 34, Nr. 1176.
5. Weiss 2000, S. 199.
6. Z. B. die Essenerin Regina Waldhorn, die 1941 in Polen ermordet wurde; siehe das Gedenkbuch der Alten Synagoge Essen: https://media.essen.de/media/histiorisches_portal/historischesportal_dokumente/startseite_5/Gedenkbuch_Alte_Synagoge.pdf [30.7.2018], S. 295.
7. Tomaszewski 2002, S. 128-131.
8. S. Benecke 2016, S. 153 f.
9. Vgl. z. B. die Rede des Sejm-Abgeordneten Hoppe vom 25. März 1938 – www.herder-institut.de/resolve/qid/1252.html [6.4.2017].
10. Vgl. Gruner 2004, S. 23 ff.
11. Vgl. Weiss 2000, S. 196.
12. Zit. nach Benecke 2016, S. 161. Für den Umstand, dass auch nichtjüdische polnische Bürger ausgewiesen wurden (vgl. Tomaszewski 2002, S. 111 und S. 182), haben wir kein Essener Beispiel gefunden.
13. Vgl. Herbert 2001, S. 216 f. Eine neue Ausländerpolizeiverordnung vom August 1938 ließ solche Ausweisungen auch dann zu, wenn „keine Übernahmebereitschaft" eines anderen Staates gegeben war. (ebd. S. 586, FN 236).
14. Interview Max Schanzer/Mordechai Nezer am 12.8.1983, Archiv der Alten Synagoge Essen, IN.061.
15. Die Zeitzeugin Hannah Biberstein berichtete im Jahr 1994 davon, dass ein Lehrer der jüdischen Schule sich durch Verstecken der Deportation habe entziehen können; vgl. Biberstein 2017, S. 4 f.
16. Interview Max Schanzer/Mordechai Nezer am 9.8.1983, Archiv der Alten Synagoge Essen, IN. 272.
17. Interview Karla Ganz (9.11.1988), Archiv der Alten Synagoge Essen, IN.287; Biberstein 2017/1994, S. 5.
18. Biberstein 2017/1994, S. 6.
19. S. Milton 1990, S. 197.
20. Tomaszewski 2012, S. 72.
21. Erinnerungen Naftali Bezem, zit. in Gedenkblatt der Alten Synagoge Essen für Isack und Sabine Bezem.
22. Interview mit Ilse Reifeisen-Hallin, Stockholm am 21.5.2008 (durchgeführt von Elisabeth Cosanne-Schulte-Huxel), im Archiv des Jüdischen Museums Westfalen.
23. Tomaszewski 2002, S. 182 f.
24. „Deutsch-polnische Verhandlungen", in: Essener Anzeiger, 30.10.1938.
25. Tomaszewski 2002, S. 301 – mehr dazu in den beiden folgenden Kapiteln.

Die Polen waren sehr, sehr nett
Zbąszyń 1938/39

Nicht nur die geschilderte Deportation, auch der fast zehnmonatige Aufenthalt Vieler der Verschleppten in der polnischen Grenzstadt Zbąszyń in der früheren Provinz Posen, stellen Kapitel des Nazi-Unrechts dar, die lange abseits einer größeren Wahrnehmung blieben. Inzwischen hat sich jedoch gezeigt, dass es über diese Phase recht viele Berichte von „Davongekommenen", meist damaligen Kindern und Jugendlichen, gibt. Und auch hier gehen die Erinnerungen gelegentlich weit auseinander. Leni Zytnicka schilderte uns:

Wir sind ja die ganze Nacht durchgefahren und werden da in Zbąszyń ausgeladen und einfach auf dem Bahnhof stehen gelassen – alle 68 Personen. Das waren nur Essener, und die Polen wussten schon, was da kommt. Wir haben dann am Bahnhof gelegen. Mein Mann ist sofort zum Rathaus hin, und dann haben die sich beraten. Die Polen waren so lieb: alle, die einen Platz hatten, nahmen die Ausgewiesenen auf, und wir ausgerechnet bei dem polnischen Grenzbeamten. Der sprach ein perfektes Deutsch und auch seine Schwester. Aber jetzt kam aus Warschau von der Gemeinde, von der jüdischen Gemeinde – ich habe die Bilder noch – ein Komitee. Und die haben dann eine Küche eingerichtet, und wir waren neun Monate da.

Wohnen in Zbąszyń

Zbąszyń liegt ca. 100 km östlich von Frankfurt/Oder und wie schon erwähnt an einer wichtigen Bahnstrecke, nämlich Berlin – Posen – Warschau – Moskau. Wenn mehr als 9.000 Menschen in einer solchen Kleinstadt – der Ort hatte 1938 etwa 4.000 Einwohner, darunter 5 bis 6 dort ansässige jüdische Familien[1] – eintreffen, ist Überforderung zu erwarten und Etliches zu regeln. Ein großes Bahnhofsgebäude bot Gelegenheit zur provisorischen Aufnahme der „Gestrandeten".

Der Polizeichef von Zbąszyń rief, unmittelbar nachdem die Vertriebenen in ihre Quartiere gebracht worden waren, die örtlichen Kaufleute auf, sich zu den Flüchtlingen zu begeben und ihnen Nahrungsmittel zu verkaufen; an andere Bürgerinnen und Bürger appellierte er, für heißes Wasser zu sorgen.[2]

David Zytnicki hat sich offenbar stark in die darauf folgenden Selbsthilfeaktivitäten eingebracht:

Ja, mein Mann, der ist immer mit dem Vorsteher da, der Deutsch konnte, zu jeder polnischen Familie. Der wusste schon, wer eventuell Platz hat, so dass wir eine Nacht

Bahnhof Zbąszyń um 1930

noch in dem Pferdestall, aber nur mit zehn Personen schlafen mussten. Den nächsten Tag waren alle 68 oder 70 Personen privat untergebracht.

Wir wohnten bei Łabolski. Der hatte drei Jahre hier in Duisburg gearbeitet, und der Bruder seiner Frau wohnte in Stettin auf der anderen Seite. Zbąszyń war ein schönes Städtchen, eine kleine Grenzstadt, und die Leute sprachen fast alle Deutsch. Von dem Bruder war ein großes Bild da, der war Mönch. Jetzt wusste ich, dass die Frau aus einer frommen Familie war, und der Sohn studierte da im Korridor, wissen Sie, im polnischen-deutschen Korridor, nein: in Danzig. Und dann hatten sie noch eine Tochter, die lernte Krankenschwester, die waren also außer Haus.

Etwa 2.000 bis 3.000 Menschen gelang es in den ersten Tagen, von Zbąszyń aus innerhalb Polens weiterzureisen – teils aus eigenen Finanzmitteln, teils aus Spendengeldern. Dann wurde der Ort für die übrigen ein Lager zwangsweisen Aufenthalts. Diese Internierung war angesichts des Umstands, dass es sich um polnische Staatsbürger handelte, fragwürdig; sie wurde damit begründet, dass die Ausgewiesenen keinen gültigen Aufenthaltstitel für Polen hätten. Es ist recht wahrscheinlich, dass die polnische Regierung die katastrophalen Zustände in Zbąszyń auch als diplomatisches Druckmittel gegenüber Deutschland verwenden wollte.[3] Die politischen Versuche, innerpolnischen Druck auf die eigene Regierung auszuüben, Hilfe zu organisieren, schadeten – so der Historiker Yehuda Bauer – den Flüchtlingen mehr als der Regierung, die sogar jegliche Nahrungsmittellieferungen ablehnte.[4]

Ein mehrere Tage währendes Chaos muss für die meisten Betroffenen vorherrschend gewesen sein, wie Fotografien und Berichte Überlebender nahelegen. Für solche Deportierte, die Geldmittel eingeschmuggelt hatten oder über polnische Verwandte erlangen konnten, entspannte sich die Unterbringungslage im Lauf der ersten Wochen ein wenig: Etwa 1.500 konnten in Privatzimmern wohnen; die Mehrzahl der Festgehaltenen – die Zahlenangaben schwanken extrem für Zbąszyń zwischen 5.000 und 10.000[5] – musste jedoch weiterhin in Militär-Pferdeställen und den fünf Etagen einer ehemaligen Mühle hausen, nach Betroffenenberichten ein Alptraum aus Enge und Schmutz: „alte, halbzerfallene Gebäude, vollkommen ungeeignet für menschliche Behausungen".[6] Der Essener Max Schanzer präzisiert: „Zwei, drei Quadratmeter hatte jede Familie schon, aber es hat gestunken dort. Es war schrecklich dort."[7] Auch knappe Hinweise Leni Zytnickas jüngerer Tochter erwähnen, in Zbąszyń im Pferdestall geschlafen zu haben, am ganzen Körper zerbissen von Ungeziefer.

Und dann war dieser Ostrowski[8] noch bei uns, wir waren also mit fünf Personen. Die hatten ihr Wohnzimmer leer gemacht und hatten die Betten der Kinder reingestellt, so dass wir eigentlich nett untergebracht waren, in unserer Aufregung – ich war ja dermaßen aufgeregt. Und dann hat Frau Łabolski uns die Küche zur Verfügung gestellt. Wir waren ja ohne Essen, ohne Trinken, bis nachher von Warschau das Komitee kam und eine Küche eingerichtet hat. Bei dieser Familie hatten wir also ein Wohnzimmer und eine Küche, und ich habe auch zu Haus gekocht, bin auf den

Unterkunft vieler Deportierter: Die ehemalige Mühle in Zbąszyń - Zeichnung von Naftali Bezem aus Essen

Markt gegangen, die neun Monate, das will ja was heißen, das ist doch eine lange Zeit.

Ob solche Einkäufe möglich wurden, weil doch Geld geschmuggelt worden war, oder ob Hilfsgelder so schnell eintrafen, wissen wir nicht. Wir Interviewer können jedenfalls kaum glauben, dass diese engen Verhältnisse sich harmonisch gestalten konnten, doch Leni Zytnicka beteuert:

Die waren alle so lieb, die wollten alle helfen. Ich habe ja gesagt, über die Polen hatte ich vorher eine andere Meinung, und die soll der Mensch gar nicht haben. Die waren alle so nett und haben mich bedauert, und wo sie nur helfen konnten, haben sie in diesem Dorf geholfen. Ich sage Ihnen, ich bin eine Deutsche durch und durch, aber ich habe mich über die Polen gewundert, und dann waren wir beliebt.

So auf dem Dorf, das war eigentlich recht groß, sogar eine eigene Kirche, eine eigene Schule war da, viele Restaurants waren da, und dann war da ein Kunstsaal – das war Zbąszyń.

Über solch freundliche Aufnahme gibt es, auch wenn sie wohl nicht für alle Verbannten zutraf, eine ganze Reihe ähnlicher Berichte.[9] Der Empfang durch die einheimische Bevölkerung (die ja großenteils vermutlich auch unter deutscher Herrschaft hier gelebt hatte) war für fast alle Beobachter überraschend positiv – die Flüchtlinge entsprachen mit ihrer meist städtischen Herkunft nicht den herkömmlichen antisemitischen Klischees und waren zudem ein bedeutender Kaufkraftfaktor für den kleinen Ort: „Möglicherweise zertrümmerte das Zusammentreffen mit wirklichen Juden, leidenden und verfolgten Menschen, die ideologischen Mythen?"[10]

Noch am 5. November 1938 fand jedoch ein durch die (unzutreffende) Befürchtung einer mörderischen Typhus-Epidemie und privates humanitäres Engagement getriebener britischer Besucher, der jüdische Rechtsanwalt Simon Burns, ein absolutes Chaos im Gesamtbild von Zbąszyń vor. Obwohl erste Hilfsmaßnahmen bereits angelaufen waren, lebten noch 2.000 Menschen auf den Straßen, durch Schlafentzug halb wahnsinnig Gewordene neideten einander eine vermeintlich bevorzugte Verpflegung oder Unterkunft, 50 Menschen kampierten weiterhin im Niemandsland und durften es nach keiner Seite verlassen, überarbeitete Helferinnen und Ärzte taten ihr Bestes, die polnische Polizei fing entweichende Deportierte immer wieder ein, obwohl auch dies rechtlich wenig haltbar war. Burns betonte aber (in Übereinstimmung mit vielen anderen Zeitzeugenberichten) zugleich die erstaunlichen Hilfsleistungen durch die nichtjüdischen Einwohner Zbąszyńs und ganz Polens ebenso wie die große Bereitschaft vieler Betroffener zur Selbstorganisation.[11]

Das war dann Oktober '38, zwei Wochen später war ja dann die Kristallnacht – da sagt mein Mann: „Gut, dass wir nicht mehr in Deutschland sind." Also jetzt waren wir alle froh, dass wir in Polen waren.

Mitglieder des Hilfskomitees in Zbąszyń 1939, links David Zytnicki

Ein Komitee aus Warschau

„Das polnische Judentum seinerseits reagierte ziemlich schnell. Am 4. November wurde in Warschau ein Hilfskomitee eingerichtet, das an Ort und Stelle große Geldsummen sammelte. Das US-amerikanische „Joint Distribution Committee" (JDC) und andere ausländische Vereine organisierten Unterstützung, im Wesentlichen aus Spendenmitteln polnischer Juden – immerhin 3,5 Mio. Złoty, vom JDC um 20 % aufgestockt. Daneben wurden auch Sachleistungen gespendet, die in dieser Zeit einen Wert von 1 Mio. Złoty zusätzlich ausmachten."[12]

Im Lauf weniger Tage kristallisierte sich eine umfassende Struktur der Hilfe und Selbsthilfe heraus. Ein lokales Hilfskomitee nahm sich zunächst der Unterbringung der Abgeschobenen an. Jüdische und auch christliche Gruppen aus Polen bildeten Ende Oktober unter der Mitwirkung u. a. von Emanuel Ringelblum, der später das berühmt gewordene Untergrundarchiv im Warschauer Ghetto begründete, das genannte nationale und überparteiliche Hilfskomitee aus Freiwilligen, das nach kurzer Zeit auch vorhandene politische Differenzen zwischen jüdischen Sozialisten, Zionisten und anderen Strömungen überbrücken konnte. [13]

Und mein Mann war jetzt in einer Kommission aus Warschau für die Betreuung: Leute besuchen, Essen und Trinken und Kleider haben sie gesammelt. Ich weiß nicht,

Selbstorganisierte Suppenküche im Lager Zbąszyń, Mitte (mit Kelle): Josef Schauder aus Essen

ob Sie wissen, wer Jan Kiepura war? Das war ein polnischer Sänger in Amerika, und der hat auch gesammelt. Die Leute waren doch alle nicht richtig angezogen, hatten schnell einen Mantel, ein Kleid angezogen, und die Polen haben gesammelt. Das muss ich sagen, Polen ist ein frommes Land, und wer fromm ist, ist nicht schlecht ... Und dann waren ja auch Juden aus ganz Polen, die haben auch geholfen.

Max Schanzers Schilderung unterstreicht den nicht nur materiellen Stellenwert dieser Unterstützung: „... das war unglaublich, schnell organisiert. Sie haben uns sozusagen als Schwestern und Brüder empfangen mit viel Herz und gutem Willen. Und haben uns auch viel beruhigt. (...) Wir waren sehr ermutigt durch ihren Empfang."[14] Die internationale Hilfsbereitschaft wurde auch durch eine breite Berichterstattung vor allem in der angelsächsischen Presse gefördert (während die polnische und deutsche Presse sich ausschwiegen). Eine auf der Konferenz von Evian gebildete internationale Delegation besichtigte die Zustände[15], New York Times und der New York Jewish Daily Forward brachten sogar Fotoreportagen, und der bekannte Fotograf Roman Vishniac[16] verschaffte sich im Auftrag des JDC heimlich Zugang zum Lager Zbąszyń für eine Dokumentation.

Und es war noch eine Kommission aus Warschau da. Aber die waren schon von der Regierung, die zwei Herren, das war nicht von der jüdischen Gemeinde, die waren von der Regierung, denn Leute hatten ja in Deutschland Vermögen. Von den 60 hatten bestimmt 16 Vermögen – und was war nun mit dem Geld und was ist mit den Wohnungen hier? Die wurden alle abgeschlossen, jeder hat den Schlüssel mitgenommen, nur ich nicht, weil meine Schwester da war. Und jetzt trat die polnische Regie-

rung mit der deutschen in Verbindung, jetzt verhandeln die, aber mit Polen war England verbunden.

An den später prominenten Organisator des jüdischen Hilfskomitees, den Pädagogen und Historiker Ringelblum, kann sich Frau Zytnicka nicht erinnern:

Wissen Sie, das Komitee hatte ja extra ein Zimmer. Also das weiß ich nicht, was die verhandelt haben, mit Warschau und so. Die Leute mussten doch essen und trinken und hatten eine Küche eingerichtet, und da musste doch Geld her, und das kam dann aus Warschau. Ich war immer zu Hause, hatte ja die beiden Kinder.

Die Jungen

Besser als die älteren konnten sich wohl die jüngeren Opfer der Abschiebung mit der drastisch veränderten Lage abfinden; für manche von ihnen war diese einschneidende Erfahrung *auch* das Ende schrecklichen Abwartens, viele hatten bereits sich in Hachschara-Lagern[17] mit dem Aufbruch in andere und unübersichtliche Situationen vertraut gemacht. Zbąszyń bot ihnen eine Gelegenheit zu jugendlich-solidarischer Aktivität, ungewohnter Verantwortung und dem Ausweichen vor elterlicher Autorität.

Die mit einem Kindertransport nach England und Palästina entkommene Klara Kleimann (später: Chaja Chovers) aus Essen betont (in einem Bericht 1981): „Die jungen Menschen waren die ersten, die praktisch reagierten. Wir hatten uns schnell in Gruppen eingeteilt und verschiedene Aufgaben übernommen. Die polnischen Behörden überließen uns ehemalige Pferdeställe und gaben uns Stroh für den Boden. Wir suchten Holz, machten Feuer und kochten Tee. Bevor ein neuer Zug ankam, bildeten wir Ketten am Bahnsteig, damit die Leute nicht vor den Zug springen konnten. Nach ein, zwei Tagen kamen die ersten Lastwagen mit Matratzen, Decken und Lebensmitteln von verschiedenen jüdischen Gemeinden in Polen."[18]

„Wir waren die Jungen, die Chaluzim[19], wir haben dafür gesorgt, dass Ordnung in die Bude kommt, wir haben gekocht ..." berichtet ganz ähnlich eine andere Überlebende aus Essen.[20] Und Greta Schiffmann aus Dortmund, 16 Jahre alt, schrieb an ihren Bruder, der in ein zionistisches Pionierlager in Polen hatte weiterreisen können, im Juni 1939: „Ich habe schon viel gelernt beim Backkurs. Freitag haben wir Stachelbeer- und Rhabarbertorten gebacken. Die Obsttorten bekommen die Kinder im Stadion. Es sind jetzt überhaupt die ganzen Kinder von Zbąszyń im Stadion. Die spielen und turnen da den ganzen Tag, und zum Schlafen gehen sie nach Hause. Die haben alle Turnhosen und Turnschuhe bekommen."[21]

Eine gewisse Sorglosigkeit bestätigt auch der später als Naftali Bezem bekannt gewordene Sohn des Essener Synagogendieners, Leo Wels, in einem späteren Interview: „Wir haben doch nicht gewusst, dass das ein Ende ist. Wir wussten, dass wir irgendwohin fahren werden, und jeder in eine andere Richtung. Da hat man sich die Tücher zum Andenken gemacht und hat das jemandem geschenkt … Es war sehr lustig. Wir haben Fußball gespielt, Wir haben Schach gespielt, wir haben Theater gespielt. Es war für mich eine sehr, sehr freudige Zeit."[22]

Allerdings sind auch mehr als 100 Kinder, die im Rahmen dieser chaotischen Transporte völlig unbegleitet nach Zbąszyń gerieten, namentlich bekannt; für sie wird sich eine solche Beinahe-Idylle keinesfalls eingestellt haben.

Normalität in Zbąszyń?

Es ist frappierend, wie viel „Normalität" die Hilfsorganisationen offenbar aus dem Nichts heraus erzeugen konnten. Emanuel Ringelblum (als Vertreter des Joint Distribution Committee aus Warschau entsandt) berichtete schon in einem Brief Anfang Dezember: „Während dieser fünf Wochen bauten wir eine ganze Stadt mit einem Vorratslager, einer Krankenstation, Tischlerei, Schneiderei, Friseur- und Schuhmacherläden, einem juristischen und einem Emigrationsbüro, eine Post mit 53 Angestellten, ein Sozialamt, eine Beschwerde- und Schlichtungsstelle und einem Putz- und Sanitätsdienst. Zusätzlich zu den 10-15 Leuten aus Polen waren mindestens 400-500 Flüchtlinge aus Deutschland in diesen Abteilungen beschäftigt."[23] Sprachkurse, ein Kinderhaus, Leseräume, Konzerte und weitere Kulturaktivitäten sowie eine halbwegs geregelte Verpflegung erzeugten einen Anschein von Normalität, obwohl die Wohnsituation katastrophal blieb.

Auf Selbsthilfe bauend, folgten die Aktivisten damit den Prinzipien, die Ringelblums Mentor Yitzhok (Isaac) Giterman für die Joint-Arbeit setzte und die auch dem jüdischen Grundsatz der Zedaka entsprachen: Dieses Prinzip verlangt eine Hilfe, die Demütigung, Almosen und Bevormundung vermeidet. Giterman, seit 1926 Direktor des American Jewish Joint Distribution Committee in Polen, war Ende 1938 auch selber für mehrere Wochen in Zbąszyń tätig.[24]

Das Netzwerk der Hilfsorganisationen wandte für die Unterbringung und Versorgung der Ausgewiesenen große Summen auf – in der ersten Zeit täglich ungefähr 10.000 Złoty (2.500 US-Dollar). Nach der anfänglichen Solidaritätswelle wurde es im Frühjahr 1939 – immer noch wurden etwa 3.000 Menschen in Zbąszyń festgehalten oder blieben dort mangels Alternativen – schwierig, solche Beträge aufzubringen. Im Juni 1939 bezifferte der Experte des JDC, Morris Troper, den monatlichen Bedarf sogar auf 60.000 US-Dollar. Wie die Berichte des „Joint" überdeutlich zeigen, wurde mehr als die Hälfte der Hilfsgelder in Polen aufgebracht; unter den anderen beitragenden Ländern stachen u. a. die Niederlande, England und Argentinien heraus.[25] Ringelblum versäumte nicht darauf hinzuweisen, dass die polnische Regierung zu diesen Aufgaben keinen Beitrag leistete; nur das Polnische Rote Kreuz half logistisch.[26]

Nähkurs in Zbąszyń, 1939

Erneut begegnen wir hier dem irritierenden Umstand, dass unsere Zeitzeugin relativ harmonisierend über eine unglaubliche Lage spricht.

Und dann hat einer sogar geheiratet, zwei, die sich vorher gar nicht kannten, in Zbąszyń! Da war unsere Kleine eingeladen, die waren alle zu der Trauung, da hatten sie dann ein Restaurant eingerichtet, eine jüdische Trauung. Dann kam sie wieder und da sagte sie: „Ja, die haben geheiratet, aber der Mann war nicht schön." Da sagte mein Mann drauf: „Mein Schatz, du wirst es schwer haben, wenn du mal heiratest." Erst mal war ihr Vater ein schöner Mann, und der da geheiratet hat, war sicher kein schöner Mann. Nein, die Hochzeit gefiel ihr nicht, und da lachte mein Mann ...

Die Kommunikation mit Deutschland, z. B. per Briefkontakt nach Hause, scheint in dieser Phase kein Problem gewesen zu sein:

Ja, mit der Post, denn Polen war ja ein Land, wie Holland, wie Belgien, nur, dass wir jetzt ausgewiesen waren, aber es war noch kein Krieg. Ich habe mit meiner Schwester korrespondiert. Wir haben ja in diesem Zbąszyń nicht gehungert, wenn wir auch mit 40 Mark angekommen sind, aber da war das Komitee aus Warschau und hat alles besorgt. Aber die Post ging, und die Bahn fuhr auf der Strecke Warszawa – Essen ...

„Nachher wurden wir immer weniger"

Ungefähr 10.000 Juden und Jüdinnen, so wird geschätzt, wurden von der polnischen Regierung kurz nach der Deportation von allen betroffenen deutsch-polnischen Grenzorten aus ins Inland gelassen – z. B. 3.000 nach Krakau, je 1.200 nach Warschau, Posen und Łódź, 1.000 nach Lwow/Lemberg.[27]

Ende November 1938 waren in Zbąszyń noch ca. 4.000 Erwachsene registriert (deren Kinder ohne eigene Pässe sind nicht eigens erfasst worden); der Delegierte des JDC, I. Giterman, berichtete am 24.12.1938 von 5.200 noch internierten Personen. Ab Mai 1939 wurde die Weiterreise partiell erleichtert.

Wissen Sie, ich habe die ganze Zeit miterlebt, und zwei Tage vor dem Krieg wurde das Lager aufgelöst. Man ahnte schon, dass Krieg kommt. Und Zbąszyń hatte sich sowieso verändert – die mit Verwandten und Bekannten gingen weg, und dann waren auch viele junge Leute dabei, die raus wollten. Das war doch ein Dorf! Sie konnten eine Fahrkarte lösen, und das Komitee gab ihnen auch das Geld für die Fahrkarte.

Dass überhaupt eine stattliche Anzahl von Zeitzeugenberichten der Deportation und aus Zbąszyń überliefert ist, ist nicht zuletzt dem Umstand zu verdanken, dass auf Grund der internationalen Empörung, vor allem in jüdischen Kreisen, aber unter erheblichem Einsatz christlicher Gruppen wie der Quäker, einer größeren Zahl von Jugendlichen und Kindern 1939 Ausreisemöglichkeiten nach England, Palästina und auch Schweden[28] geboten wurden. Jerzy Tomaszewski schätzt deren Gesamtzahl auf 1.000 bis 1.500; der letzte Kindertransport nach England verließ Gdingen am 27. August 1939 und erreichte sein Ziel erst nach Kriegsbeginn.[29]

Jetzt durften ja die weg, die Verwandte haben, zum Beispiel dieser Ostrowski – der Vater war schon vorher gefahren, entweder mit 2.000 Mark oder mit 1.000 Mark, das ging noch damals, das war zwar verboten in Deutschland, ins Ausland durften Sie nur mit 10 Mark. Aber irgendwie hatte der das geschafft und war in Łódź geblieben. Der hat auch sofort seinen Sohn dahin geholt, nach 14 Tagen, bis die erst mal dahinter kamen, wo die Familien waren. Die waren ja an deutschen Grenzen verteilt, denn die Ausweisung war für ganz Deutschland.

Am 24. Januar 1939 war es – auch dies hat Leni Zytnicka ganz richtig mitbekommen, obschon sie sich oft als Ahnungslose präsentierte – auf diplomatischen Kanälen zu einem Agreement gekommen zwischen deutscher und polnischer Regierung über eine kurzfristige Rückkehr-Erlaubnis für 1.000 Deportierte; diese sollten Gelegenheit erhalten, Vermögensverhältnisse abzuwickeln, Wohnungen aufzulösen etc. – dazu später mehr. Außerdem wurde in diesem Vertrag 6.000 in Deutschland zurückgelassenen Frauen und Kindern gestattet, sich nach Polen zu ihren Ehepartnern bzw. Vätern zu begeben.[30]

Ab Frühjahr 1939 hatte sich die Lage in Zbąszyń allerdings immer weiter zugespitzt: Die Spendenbereitschaft sank sowohl in der verarmten jüdischen Bevölkerung Polens als auch im Ausland, die Chancen für eine rettende Ausreise wurden geringer. Bei einer Weiterreise innerhalb Polens, die nun nach wenig transparenten Kriterien möglich war, ging die Zuständigkeit an die (oft überforderten) Hilfsorganisationen der Zielorte über. Denn die Verringerung der in Zbąszyń Festgehaltenen bedeutete nunmehr, dass sie in anderen polnischen Städten Aufnahme und Hilfe finden mussten.

Am 13. Juli 1939 schrieb die Essenerin Dora Mühlrad aus Zbąszyń an ihren Sohn Abraham in Schweden, dass eine Auflösung des Lagers Ende Juli bevorstehe, und appelliert, seine Bemühungen um Ausreisemöglichkeiten zu intensivieren: „Es ist erlaubt fon Zbaszyn jetzt wegzufahren und zwar nur in kleine Städte, in grosse Städte lässt man nicht herein." In den Kleinstädten aber seien Überleben und Arbeit kaum möglich.[31]

Im Juli gab es dort noch 1.421 Ausgewiesene, am 20. August, wenige Tage vor der Auflösung des Lagers, noch 186 Personen. Das Komitee stellte Mitte August seine Hilfsleistungen ein und löste seine Büros auf, und auch die polnische Regierung war nun wohl daran interessiert, die Flüchtlinge von der Grenze zu entfernen. Wahrscheinlich verließ der letzte Zug mit Flüchtlingen die Stadt am Vorabend des Kriegsbeginns, also am 30.8. 1939, um 23 Uhr.[32]

Nachher wurden wir immer weniger, denn die Leute waren ja Polen, und in Polen brauchten sie keinen Pass und nichts, da gingen noch die Züge wie bei uns hier. Die bekamen sogar von der Regierung eine freie Fahrkarte.

Diese Feststellung warf die Frage auf, warum die Familie Zytnicki nicht zu den Verwandten in Warschau weitergereist ist:

Ja, er hatte zwei Brüder. Aber er war in der Kommission und musste den Warschauern helfen. Da waren wir bis 2 Tage vor Kriegsausbruch, da war keiner mehr in Zbąszyń, alle waren weitergefahren. Mein Schwager hat uns Pakete geschickt, das ging, es war ja kein Krieg, es war einfach normal wie heute. Aber mein Mann musste dableiben, weil er im Komitee drin war, und weil er die ganzen Pässe gemacht hatte. Mein Mann war eigentlich eine Person, die gebraucht wurde in Polen, die brauchten ihn. Die Polen wussten sowieso, was los war, nur ich wusste nichts.

Auch ein anderer Weg schien zunächst nicht völlig chancenlos: nämlich nach Südamerika zu gelangen, wo ja David Zytnickis Schwester lebte und sich um ein Visum bemüht hatte. Diese unter Umständen rettende Kontaktadresse und Ausreise-Option der Familie nach Argentinien ist übrigens auch offiziell in der umfangreichen Liste der Deportierten vermerkt.[33]

Mit der standen wir in Verbindung, acht Tage später kamen die Einreisepapiere für Buenos Aires in Essen an. Jetzt waren wir aber in Zbąszyń, jetzt hat meine Schwester die Papiere zum argentinischen Konsulat hingebracht. Dann hat der Beamte gesagt, dass das jetzt zu lange dauert, die umzuschreiben.

Weitere rettende Auswege, die manche Deportierte aus Zbąszyń gewählt haben, z. B. nach Palästina oder in Richtung Sowjetunion, kamen für Leni Zytnicka und ihre Familie nicht in Frage. Sie erwähnte einmal knapp einen Bekannten ihres Schwagers, der sie nach Russland mitnehmen wollte, doch *„irgendwie wollte mein Mann nach Russland nicht´rein". Ich habe nur daran gedacht, nach Hause zu kommen, und mein Zuhause war hier in Essen.*

Anmerkungen

1 S. Milton 1990, S. 197.
2 S. Medykowski 2012, S. 113.
3 Vgl. Benecke 2016, S. 162 f., und Tomaszewski 2002, S. 186.
4 Bauer 1974, S. 245.
5 J. Tomaszewski nimmt eine Zahl von 9.300 nach Zbąszyń Deportierten an (vgl. 2002, S. 72).
6 Tomaszewski 2002, S. 275.
7 Interview Mordechai Netzer (Max Schanzer) am 12.8.1983 (Archiv der Alten Synagoge Essen, IN.061).
8 … der Sohn des ehemaligen Arbeitgebers. Ein kurzes Interview mit Fred (Fritz) Ostrowski findet sich hier: ttp://sfi.usc.edu/content/fred-ostrowski-deportation-no-man's-land [Abruf 30.7.2018]. Diese Schilderung der Wohnverhältnisse wurde uns in einer Mail (vom 21.5.2018) durch Fred Ostrowski bestätigt. Er unterstrich ebenfalls das große Engagement David Zytnickis in der Organisation der Hilfe und Selbsthilfe.
9 z. B. in Rimpel 2012, S. 150.
10 Tomaszewski 2002, S. 72 unterstreicht, dass die Stärke antisemitisch-nationalistischer Kräfte bei den Wahlen in Zbąszyń sich nicht in feindlichem Verhalten gegenüber den Juden aus Deutschland auswirkte (vgl. ebd., S. 79 ff.) – Zitat: Tomaszewski 2012, S. 82 (eigene Übersetzung).
11 Vgl. University of Southampton, Special Collections, MS 116/122 – Papers of Simon Burns.
12 Bauer 1974, S. 244.
13 VEJ, Bd. 2, S. 564, FN 6.
14 Interview am 12.8.1983 (Archiv der Alten Synagoge Essen, IN.061).
15 VEJ, Bd. 2. S. 564, FN 8.
16 Roman Vishniac (1897–1990) war Biologe und Fotograf; er wurde bekannt durch seine Fotografien des jüdischen Lebens in Mittel- und Osteuropa in den 1930er Jahren. Näheres: www.jmberlin.de/thema-roman-vishniac [20.2.2018] – Einige seiner Fotos aus Zbąszyń sind im Netz zu finden unter http://vishniac.icp.org [30.5.2018].
17 In ganz Deutschland existierende Vorbereitungslager jüdischer Organisationen auf die Emigration nach Palästina, in denen vor allem Hebräisch und Landwirtschaft gelehrt wurde.
18 Brief von 1981 – zit. nach Reicher 2010, S. 330.
19 D.h. so viel wie Pioniere.
20 Interview mit Esther Friedmann am 26.10.1988 (Archiv der Alten Synagoge, IN.325).
21 Siehe Pickhan 2000, S. 197, sowie Weiss 2008, S. 209 ff.
22 Interview am 4.9.1991, Archiv Alte Synagoge, IN.506 – Einen genaueren Einblick in die Lebensverhältnisse der Kinder und Jugendlichen in Zbąszyń gibt mit vielen Dokumenten und biografischen Zeugnissen die Website http://kindertransport-17uhr13.de/ des Gedenkorts Jawne in Köln [30.7.2018].
23 Emanuel Ringelblum, zit. nach Milton 1990, S. 200 f.
24 Vgl. Schulz 2016, S. 75 f.
25 Bericht vom 8.6.1939; Online-Archiv des AJJDC.

26 Tomaszewski 1988, S. 292, und http://zbaszynskibalagan.blogspot.de/p/komitet-pomocy-zydom-w-zbaszyniu.html [14.4.2017].
27 Vgl. Milton 1990, S. 186.
28 Vgl. Cosanne-Schulte-Huxel 2013. Im Archiv der Alten Synagoge Essen findet sich ein Briefwechsel der Familie Mühlrad zu dieser Phase (Signatur AR 4738).
29 Tomaszewski 2002, S. 297.
30 Vgl. Milton 1990, S. 202.
31 Archiv der Alten Synagoge Essen, AR 4738.
32 Tomaszewski 2002, S. 287 ff., 292 und 298 ff.
33 Liste der Juden im Auffanglager Zbaszyn, ausgew. am 28./29./30.10.1938, Digitales Archiv des International Tracing Service Arolsen, Doc. No. 11418199#1 (1.2.2.1/0546-0729/0702/0359). Zu bedenken ist aber, dass auch die argentinische Regierung die Einreisebedingungen bereits im Juli 1938 verschärft hatte; ohne Visa stand seither nur noch der Weg nach Shanghai offen. Vgl. Thies 2017, S. 117 und 137.

Zu Besuch in Essen 1939 und 1940

Dreimal ist Helene Zytnicka von Polen nach Essen gereist. Im August 1939 kam sie mit amtlicher Erlaubnis aus Zbąszyń, um ihre Vermögensverhältnisse abzuwickeln und – vielleicht war dies mit dem begrenzten Aufenthalt verbunden – sich förmlich auf einem Polizei-Revier aus ihrer Heimatstadt abzumelden.[1] Sie wohnte eine Woche lang bei ihren Angehörigen, ordnete ihre Habe und kümmerte sich darüber hinaus um den Besitz ebenfalls nach Zbąszyń ausgewiesener, enteigneter Freunde. Diese hatten Geschäfte an vergleichsweise faire Partner übertragen (müssen), welche nun die früheren Inhaber nachträglich mit Barzuwendungen entschädigten. Sie trug auf der Rückfahrt also reguläre Geldbeträge für den Eigenbedarf bei sich, sie versteckte aber auch Reichsmark für andere.

Im Schutz der Familie?

In der früheren Wohnung der Zytnickis am Gänsemarkt 18, umgeben von notgedrungen zurückgelassenen Möbeln, Kleidungsstücken usw., lebte seit der Ausweisung außer ihrer Schwester Erna auch die verwitwete Mutter Mantwill.

Aber ein Jahr später, noch nicht mal ein Jahr, ein halbes Jahr später hat sie [meine Schwester] geheiratet, auch in meiner Wohnung mit ihrem Mann, und ihren Sohn geboren, und dann hat sie, sie konnte sich damals alles auszahlen lassen von ihrer Angestelltenversicherung, sich neu eingerichtet, und alles raus. Und in diesem Haus war ein Lager, da hat sie unsere ganzen Möbel reingestellt. Wir wussten ja nicht, dass Krieg kommt und dass ich nicht mehr zurückkomme.

Im Mai 1940 kam Helene Zytnicka mit ihrer achtjährigen Tochter Henny zum zweiten Mal seit der Ausweisung, nun aus Warschau, besuchte ihre erkrankte Mutter und nahm noch einmal Geld für Freunde von den Besitzern einer „arisierten" Firma in Gelsenkirchen entgegen.

Das Leben in Warschau war in den vergangenen Monaten schwieriger, die Einkommensverhältnisse prekär geworden. Dies wird sie mit ihrer engeren Familie besprochen haben, und sie glaubte bei diesem zweiten Aufenthalt ihre Tochter in Essen besser aufgehoben als im Generalgouvernement. Sie ließ also das Kind auf unbestimmte Zeit im Gänsemarkt 18 zurück und begründete dies im Interview mit den Zuständen im besetzten Warschau, aber auch mit Warnungen von verschiedenen Seiten, die allesamt eines besagt hätten, *„es wird da sehr, sehr schwer für Juden, also Gerüchte waren schon da, aber nicht das, was kam"*.

Dass auch deutsche Juden mehr denn je von Entrechtung und Ausgrenzung betroffen waren, sah Helene Zytnicka – auch aufgrund ihrer monatelangen Abwesenheit – vielleicht weniger realistisch. Sie wurde auf der Rückfahrt bei einem Zwischenstopp in Berlin von ihrer Verwandtschaft belehrt:

Jetzt hatte ich aber eine Cousine in Berlin, und der ihr Mann war ein großer Beamter bei der Polizei, aber ich wusste, die waren keine Nazis. Sagt er, „Mensch Leni, warum hast Du Deine Tochter dagelassen, pass mal auf, das gibt eine ganz schlimme Zeit hier in Deutschland." Und ich komme nach Warschau und mein Mann schimpft.

Zwar wusste sie die kleine Henny umsorgt im Kreis ihrer lebenspraktischen Verwandten, aber die erhoffte Sicherheit konnte sich angesichts der politischen Entwicklung außerhalb des privaten Bereichs nicht einstellen.

Ein Erlebnis auf der Reise

1940 fahre ich das zweite Mal nach Deutschland. Ich kann das Bild zeichnen. Erster Bahnsteig, zweite, dritte links, wird der Zug eingesetzt morgens um zehn Uhr nach Berlin. Fahrkarte, alles habe ich schon. Und das war jetzt wie Hochsommer. Komme ich auf den Bahnhof, ganz leer, konnte da von dem letzten Bahnsteig, wo mein Zug einsetzt [wird], die ganzen Bahnsteige übersehen, ist auf diesem Bahnsteig, auf dem letzten, auf den Gleisen stehen so vier Güterwagen. Vorne hier, wo der Bahnsteig aufhört, steht ein deutscher Soldat, also der hatte noch 'nen Mantel an, und vor ihm steht so ein kleiner Junge, so ungefähr sechs, sieben Jahre und hat eine Kanne und bittet den deutschen Soldaten um Wasser. Auf einmal kommt eine Dame so ungefähr 40, 45, auch elegant angezogen, und kommt zu mir, und ich stehe und gucke da hin. Ich denke, der will von dem Soldaten Wasser haben, vielleicht kann ich Wasser holen. Jetzt kommt die zu mir und die hat das Bild geknipst, hat den Wagen geknipst mit dem deutschen Soldaten, so drei Personenwagen weiter auf dem Gleis, und die Türen waren auf von dem Güterwagen, und die Leute saßen, junge Leute, saßen da, aber kam keiner aus dem Wagen außer dem einen Jungen vor dem deutschen Soldaten, und das Bild hat die geknipst, und er steht und bittet um Wasser. Dann kommt die zu mir. Sage ich, „mein Gott nee, der Junge bittet um Wasser, was sind das überhaupt für Leute?" Und da sagt sie zu mir, „das sind Zigeuner, die gesammelt wurden". Sage ich, „wo sollen die denn hinkommen?" „Ja", sagt sie, „die kommen zum Arbeitslager", spricht nicht mein Deutsch, aber ein reines Deutsch, so dass es eine Deutsche war. Und die hat auch den Zug geknipst und auch den Soldaten mit dem Jungen. Und da sagt sie zu mir, „die kommen nach ...", sie nannte mir eine Stadt, ich habe die Karte gesucht, ich habe die Stadt vergessen, die sie nannte. Das war an der russischen Grenze, da war aber noch kein Krieg mit Russland, das sind Zigeuner, und ich verwundert. Wissen Sie, über jedes Unglück war ich verwundert. „Ja", sagt sie, „die kommen da zum Arbeitslager." Sage ich, „aber die Kinder". Ja, die müssten alle raus aus Deutschland. Also kamen die

Zigeuner als erste. Und ehe mein Zug einfährt, war die auf einmal verschwunden, und ich habe darüber nachgedacht, es waren nur fünf [Silben] – die Stadt.

Was Helene Zytnicka genau erinnerte, wurde im Allgemeinen erst in den 1980 und 1990er Jahren zögerlich zur Kenntnis genommen, nämlich die Vertreibung der Zigeuner genannten Sinti und Roma aus dem (um die „Gaue" Danzig-Westpreußen und Wartheland vergrößerten) Reichsgebiet und ihre spätere Ermordung. Mitte Mai 1940 verhafteten mehrere Ortspolizeibehörden auf Weisung des Reichssicherheitshauptamtes ganze Familien. Diese verschleppte man als Schritt zu einer „Gesamtlösung" ins Generalgouvernement, meist in Ghettos oder in Lager zwischen Bug und Weichsel, wo sie ohne Entlohnung schwere Arbeit zu leisten hatten. Eine Rückkehr war ihnen bei Androhung von KZ-Haft und Sterilisation verboten.[2]

Eingenähte Geldscheine

Leni Zytnicka bewegte sich offenbar auf dieser und der folgenden dritten Reise im selben Jahr wie eine deutsche Staatsbürgerin, in der damaligen Begrifflichkeit wie eine Reichsdeutsche, obwohl sie über entsprechende Ausweispapiere nicht mehr verfügte. Auf unsere Frage, ob sie mit polnischen Papieren nach Deutschland einreisen konnte, hörten wir von unserer Zeitzeugin, sie habe sich vielmehr mit Ausweispapieren ihrer sehr ähnlich aussehenden Schwester Erna auf den Weg gemacht.

Trotz gewisser Ängste – Geld durfte nur begrenzt transferiert werden – trat sie selbstsicher auf, umging oder überlistete Kontrollen. Nachdem in Berlin eine reguläre Zug-Verbindung ausgefallen war, bot man ihr die Rückfahrt in einem Militärtransport an, an den zwei Personenwagen angehängt worden waren. Auch davor schreckte sie nicht zurück.

Ich war inzwischen an der Wechselstelle in Berlin am Hauptbahnhof, und sage „mein Zug fährt, schnell, lassen Sie mich eben 100 Mark einwechseln in Złoty, sonst kann ich in Polen nichts bezahlen", und da haben sie mich auch vorgelassen. Dadurch habe ich sie abgelenkt, habe meinen Koffer im Zug gelassen.

Und da hatte ich all die Hundertmarkscheine im Futter, war aber keine Kontrolle. In Berlin war eine Kontrolle nach Osten, da waren auch Beamte. Und ich habe die erst gar nicht zu meinem Pass kommen lassen. Ich habe nur gesagt, „ich fahre nach Warschau, da ist mein Mann". Ich habe ja nicht gesagt, was und wie. Und dann bin ich gut in Warschau angekommen und habe auch das Geld abgegeben.

Helene Zytnicka schilderte lebhaft, wie sie sich während der Fahrt relativ unbefangen „in ihrer Sprache" mit einem Wehrmachtsangehörigen unterhalten habe. Ihre Weiblichkeit spielte sie dabei bewusst aus:

Nur weil ich eine Frau war, nicht alt, und weil ich aus dem Ruhrgebiet kam. Ich wusste nicht, dass das Rhein-Ruhr-Gebiet so beliebt ist, wusste ich ehrlich nicht. Wir waren doch hier normale Menschen. Aber am Klang der Sprache hat der direkt gewusst, woher ich kam.

„In Essen hat jede zweite Frau einen Pelzmantel"

Im Herbst machte sich Helene Zytnicka noch einmal auf den Weg nach Hause:

Jetzt ist November, telegrafiert meine Schwester, ‚die Mutter liegt im Sterben', ich soll kommen. Mein Mann: ‚Marsch, hol das Kind!' Und dann war ich hier, da erzählte mir meine Schwester – meine Tochter war doch schulpflichtig, die musste sie nebenan in der Schule anmelden, nich', und die konnte sie ja nicht auf ihren Namen und auch nicht auf den meiner Mutter anmelden, die hatte keine Bescheinigung und ist in Essen geboren. Es waren nicht alle Nazis. Die keine Nazis waren, denen konnte man vertrauen, und das war die Lehrerin, die gesagt hat, ‚am besten, die Eltern holen das Kind, denn sonst geht sie – sie ist ja eine Jüdin, sonst [bringen] sie das Kind ins Lager'.[3] Dann ging sie nicht mehr zur Schule und wartete auf mich.

Tochter Henny wird, als sich der Schulbesuch nach den Sommerferien 1940 (nicht nur) wegen der Ausweisung im Jahr 1938 und der förmlichen Abmeldung aus der Stadt Essen verbot, mehr oder weniger in der Wohnung verborgen darauf gewartet haben, wieder zu ihrer Familie nach Warschau zurückzukehren.

Bei diesem letzten Aufenthalt, der mit der Abriegelung des Warschauer Ghettos am 16.11.1940 zusammenfiel, war Helene Zytnicka abermals mit falschen Papieren zur schwerkranken Mutter nach Essen gereist und blieb bis nach der Beisetzung in der Stadt. Dabei fiel ihr eine Veränderung im Straßenbild auf, über die sie uns noch immer empört berichtete:

Na ja, jetzt ist die Beerdigung auch vorbei, und ich war am Burgplatz, wissen Sie, da ist doch das große Geschäft.[4] Und ich gehe mit meiner Schwester nach oben rauf auf die 2. Etage. Und ich stehe so am Fenster, konnte auf den Burgplatz gucken, da denke ich: Menschenskinder, hier hat ja jede zweite Frau einen Pelzmantel!

Uns gegenüber führte sie diese auffällige Wandlung – „denn Essen ist eine Arbeiterstadt" auf den sogenannten Pelz-Erlass im Generalgouvernement[5] zurück, mit dem die „Judenräte" verpflichtet wurden, Pelze und Felle zu beschlagnahmen und sie bei der Gestapo abzuliefern. Helene Zytnicka konnte sich an diesen Erlass gut erinnern, sie irrte allerdings insofern, als dieser erst ein Jahr später in Kraft trat – mit einschneidenden Folgen für die Überlebenschancen im Warschauer Ghetto. Doch 1940 hatten bereits Essener und vor allem Essenerinnen, das könnte sie wahrgenommen haben, zu Schnäppchenpreisen Besitz erworben von geflüchteten, vertriebenen und enteigneten jüdischen Bewohnern.[6]

Postkarte Burgplatz (1933–1945 Adolf Hitler-Platz) in den 1930er Jahren, hinten rechts Kaufhaus Blum, nach dem Zwangsverkauf 1938: Loosen & Co., vorm. Gustav Blum

Wenn auch Helene Zytnickas Heimatverbundenheit so leicht nicht zu erschüttern war, erfuhr sie durch dieses Erlebnis doch eine Irritation.

Und dann sind wir wieder bis nach Berlin, und ich hatte Geld mit mir, ich hatte so viel Angst. Dann bin ich zu meiner Cousine, weil der Zug nach Warschau erst abends fuhr, und wir kamen morgens in Berlin an. Und jetzt war auf einmal unser Zug abends um sechs. Und meine Cousine sagte, ‚ist Alarm, wir können Euch nicht zum Bahnhof bringen'. Also ich allein mit meiner Tochter.

Auf der Rückfahrt lenkte sie eine Kontrolle auf schon erprobte Weise durch die Frage nach Umtauschmöglichkeiten für Devisen ab.

Erst acht Jahre später hat Helene Zytnicka Essen wiedergesehen. Das Haus am Gänsemarkt 18 hatte eine Zeitlang als Zwangsunterkunft für Jüdinnen und Juden gedient, als sogenanntes Judenhaus, von denen es in der Stadt weit über 100 gab.[7] Bei einem Bombenangriff im Jahr 1943 wurde es völlig zerstört und damit auch der im Keller verwahrte Hausrat der ausgewiesenen Familie Zytnicki.

Anmerkungen

1. Die Abmeldung vom 7.8.1939 betraf Frau Zytnicka und ihre Tochter Henny und trägt den Stempel „Ausländer" (Nachlass Helene Zytnicka).

2. Vgl. Zimmermann 1989, S. 43 ff.; dazu auch das Dossier der Bundeszentrale für politische Bildung: http://www.bpb.de/internationales/europa/sinti-und-roma-in-europa/180869/ns-verfolgung-von-zigeunern-und-wiedergutmachung-nach-1945 [22.3.2018].

3. Lager waren im Alltag der Deutschen schon 1933, mit Einrichtung der frühen, durchaus sichtbaren KZs, umgangssprachlich präsent („Pass auf, sonst kommst Du ins ‚Konzertlager'"), wenn auch das spätere Lagersystem so noch nicht vorstellbar war. Unter Umständen wäre die achtjährige Henny 1940 in ein Kinderheim eingewiesen oder nach Polen abgeschoben worden.

4. Frau Zytnicka meinte das „arisierte" Kaufhaus Gustav Blum an der Kettwiger Straße 37. Gustav Blum verstarb 1937; seine Ehefrau und die drei Kinder konnten sich in die USA retten, siehe Schröter 1980, S. 489.

5. Am 24.12.1941 erfolgte auf Befehl Himmlers eine Anweisung in den Distrikten, „bei der jüdischen Bevölkerung sofort alle Pelze und Felle zu beschlagnahmen", siehe VEJ, Bd. 9, Dok. 28: Der Judenrat in Staszow gibt am 27. Dezember 1941 bekannt, dass Pelze abgeliefert werden müssen, andernfalls die Todesstrafe drohe (S. 162 f.); Grabitz/Scheffler 1988, S. 14.

6. Auch waren Container mit den Habseligkeiten emigrierter Jüdinnen und Juden, sog. Lifts, nicht selten beschlagnahmt und von Auktionshäusern versteigert worden. Ab 1941 kamen mit der Ausweitung des Krieges durch alle Arten von Beraubung Güter in großem Stil nach Deutschland, wo es an Abnehmern von sog. „Judengut" nicht mangelte, dazu Aly 2005, S. 132 ff.

7. Dahin musste auch die mit Zytnickis und anderen nach Zbąszyń ausgewiesene und im August 1939 mit einer Durchreiseerlaubnis zurückgekehrte Familie Steuer umziehen: Nathan Samuel, Rachel (Regina) mit den Kindern Alexander, Max und Anni. Siehe das Historische Portal Essen: Stolpersteine, darin Genaueres (Text: Birgit Hartings); s.a. das Foto der fünf Stolpersteine in den Nachbemerkungen.

Es gibt kein Polen mehr
In Warschau vor Errichtung des Ghettos

Nach neun Monaten, Ende August 1939, konnte Familie Zytnicki das Quartier in Zbąszyń verlassen und fand eine vorläufige Bleibe in Warschau, Davids Geburtsort, in der Etagenwohnung seines Bruders Jakub, ulica Karmelicka:

Und dann sind wir zwei Tage vor dem Krieg nach Warschau sofort zu dem Bruder meines Mannes; der war verheiratet und hatte auch zwei Kinder. Das hat gar nicht lange gedauert, zwei Tage später war Krieg und die Deutschen waren bald da. Am ersten [September] hat ja Deutschland Polen den Krieg erklärt[1], und Deutschland ein Industriestaat von 84 Millionen, Polen ein 33 Millionen-Staat (…) Ja, was meinen Sie, die Deutschen mussten – ich habe nachher mit deutschen Soldaten gesprochen – von der Grenze aus jeden Tag 60 Kilometer marschieren auf Warschau.

Diplomatisch waren beide Länder, wie sich an der Vorgeschichte der Abschiebungen von „Ostjuden" nach Polen und den Spannungen in und um Danzig ablesen ließ[2], schon lange vorher auf Konfrontationskurs gewesen. Nach den Beistandsgarantien Englands und Frankreichs gegenüber Polen im März 1939 hatte die NS-Führung im April den deutsch-polnischen Nichtangriffspakt aufgekündigt und befahl am 22. August, zwei Tage vor der der Unterzeichnung des Hitler-Stalin-Pakts, der in einem geheimen Zusatzprotokoll auch eine Teilung der Republik Polen festschrieb, den baldigen Angriff auf das Land. Dieser mit dem Code „Fall Weiß" verfolgte Plan zielte auf die Revision des Versailler Vertrages, insbesondere die Gebietsabtretungen an Polen und generell auf die Umsetzung einer bereits in den 1920er Jahren entworfenen Ausdehnung des Deutschtums, der sog. „Lebensraum"-Politik. Mit der Inszenierung des Überfalls auf den Sender Gleiwitz am 31. August war eine propagandistische Begründung für den Beginn der Kampfhandlungen am nächsten Tag gesucht worden.

Großbritannien und Frankreich befanden sich zwar auf der Grundlage einer Garantieerklärung im Verteidigungsfall seit dem 3. September im Kriegszustand mit Nazi-Deutschland, griffen aber militärisch nicht in das Geschehen ein. „Es sollte eine Weile dauern, bis man in Polen begriff, dass den Worten keine Taten folgten. Die so um ihre Hoffnung Betrogenen verfielen in eine Haltung aus Fatalismus und Trotz, bis zwei Wochen später der Einmarsch der Roten Armee und die Flucht von Regierung und Militärführung den letzten Funken Zuversicht in ihnen erlöschen ließ."[3]

Bereits in der ersten Septemberwoche, mit dem Vorrücken der Wehrmacht, waren die polnische Regierung und, den Kriegsverlauf erahnend, auch Militärs, Politiker, Künstler, Unternehmer und viele andere aus Warschau geflohen.

Auch Repräsentanten der jüdischen Gemeinde, mit 350.000 Mitgliedern die größte des Landes, verließen die Stadt. Die Phase vor der Einnahme verlief ungeordnet, geradezu in Auflösung begriffen; die verbliebenen dreihunderttausend Warschauer Juden hätten dem Kommenden ratlos und angstvoll entgegengesehen.[4]

„Einmarschiert wie ein Zirkus"

Am 25. September begannen massive Luftangriffe auf die polnische Hauptstadt: mehr als 1.000 Flugzeuge warfen Spreng- und Brandbomben ab und griffen dabei bewusst die Viertel mit mehrheitlich jüdischer Bevölkerung an. Am nächsten Tag beschoss auch Artillerie die Stadt, in der sich polnische Armeeeinheiten aufhielten. Zuletzt zogen deutsche Soldaten auf Pferden und zu Fuß ein. Angesichts der Übermacht kapitulierte der Warschauer Befehlshaber am 28. September bedingungslos. Einige Tage zuvor, am 17. September, hatte die Rote Armee mit der Besetzung Ostpolens begonnen.

Helene Zytnicka war Augenzeugin des Einmarsches in Warschau, sie zeigte im Gespräch noch nach so vielen Jahren Beschämung, ihr haben sich sehr genaue Bilder eingeprägt. Zu den unwahrscheinlichen Zufällen in ihrem Leben gehört, dass ihr in dieser Situation Johann Oppenberg, der Ehemann ihrer Schwester Erna, wiederbegegnete. Er gehörte einer Kavallerieformation an, und im Verlauf der Warschauer Jahre eröffnete seine Anwesenheit den bedrohten Zytnickis Möglichkeiten der Tarnung und des Überlebens.

Und dann sind die Deutschen rein, und, jetzt war ich ja schon ungefähr [drei Wochen] in Warschau, aber beim Bruder [des Ehemannes], und gehe raus auf einen Platz, da kommen die Deutschen einmarschiert. Und der Krieg in Warschau hat sechs Tage gedauert, sechs Tage haben die gebomt, nicht jede Nacht, immer so in der Abendstunde.[5] Und ich stehe da auf dem Platz, weiß nicht mehr, wie der heißt, da an der Post, da sind die Deutschen einmarschiert, und ich traute meinen Augen nicht. Glauben Sie: erst mal sechs oder zehn Reiter und in der zweiten Reihe ist mein Schwager mit dabei! Die kamen da einmarschiert wie ein Zirkus in die Arena, als wenn sie so was Stolzes, als ob sie ein großes Kunststück vollbracht hätten – das kann ich Ihnen zeichnen. Und ich habe gar nicht gewartet, bin schnell nach Haus gelaufen und habe gesagt, ‚die Deutschen sind einmarschiert'. Und die haben dann auch Kasernen [beschlagnahmt]. Bei Warschau in einem Vorort waren große Kasernen, da sind die Deutschen sofort in fertig gemachte Betten reingekommen, die Soldaten, Offiziere und dergleichen waren alle in Villen.

Lesław Bartelski, ein damals junger polnischer Journalist, bestätigt diesen Eindruck: „Am 1. Oktober marschierten die Deutschen in Warschau ein. Sehr feierlich, mit Orchester. An der Spitze ritten die Kompanieführer. Die Einwohner

Parade deutscher Truppen in Warschau, September oder Oktober 1939

Warschaus schauten schweigend auf ihre zu zwölf Prozent zerstörte Stadt (…) Gleich danach erschien die Gestapo in der Stadt."[6]

Durch Luftangriffe und Artilleriebeschuss verloren zahlreiche Warschauer Bewohner ihr Leben, zerstört waren Wohnhäuser und die Infrastruktur, unter anderem die Versorgung mit Strom und Wasser. Helene Zytnicka fiel wieder ein, dass ihre Familie viele Tage lang den Wasserbedarf mühevoll direkt aus der Weichsel schöpfen musste. *„Das war so das Erste."* Wie rasch sich die Lebensverhältnisse verändern würden, zeichnete sich in jenen Tagen in Umrissen ab. Auch mit Übergriffen rechnete die jüdische Gemeinschaft, der sie verbunden waren, denn die unmittelbar auf die Besetzung folgende Willkür, die Verbote, Plünderungen und Gewaltakte, sprachen sich schnell herum. Bereits im Oktober wurde das bisherige Gemeindeleben in seiner Struktur zerstört: Die deutschen Machthaber setzten nun eine Art Ältestenrat ein, den „Judenrat", der alle zukünftigen antijüdischen Anordnungen ihrer Behörden umzusetzen gezwungen war.

David Zytnicki hatte in Warschau, vermutlich über seine Tätigkeiten in Zbąszyń und einen seiner Brüder, Kontakte einerseits zur jüdischen Gemeinde, andererseits zu kulturell und politisch gleichgesinnten polnischen Christen geknüpft und erhielt Informationen:

Wissen Sie, wir haben ja [noch] kein Fernsehen gehabt, aber was wir hatten, war Radio[7]*, und wir wussten alles. Die Künstler, die Sänger tauschten sich aus, das ist ein*

Club für sich, mit der ganzen Welt stehen die auf gutem Fuß. Dadurch waren wir sehr mit den Künstlern zusammen, und das war die Untergrundbewegung, die wussten alles.

Frau Zytnicka stand im Herbst 1939, wie sie erzählte, dem Kriegsgeschehen zunächst „unschuldig" oder unwissend gegenüber: *„Ich hatte vor keinem Deutschen Angst."* Sie lernte jedoch schnell, dass sie und ihre Angehörigen sich vor der Besatzungsmacht zu fürchten hatten.

In jenen besetzten polnischen Gebieten, die nicht dem Reichsgebiet einverleibt wurden, dem sogenannten Generalgouvernement, etablierte sich ohne Verzögerung ein dem Völkerrecht widersprechendes Gewaltregime, „das mit Verordnun-

Leni Zytnicka mit ihren Töchtern in Warschau, vermutlich August/September 1939

gen und dem bloßen Anschein des Rechts auskam, dabei aber mit beliebigem Inhalt füllte, was mit dem diffusen Begriff der ‚Neuen Ordnung' in Polen bezeichnet wurde."[8]

16 jüdische Schüler ...

Jetzt war ich in Warschau bei der [Jüdischen] Gemeinde bekannt. Das war eine große Gemeinde, da wohnten auch sehr reiche Leute. Kommt jemand zum Bruder von meinem Mann – die Gemeinde wusste seltsamerweise, dass wir aus Deutschland kamen. Sechs von denen hatten christliche Frauen, ob die Jüdinnen geworden sind, weiß ich nicht, aber das war bekannt, hier ist eine Deutsche mit ihrer Familie. Nun kommt mein Mann und sagt, die haben auf Praga[9], bei einem Bekannten von der Schwägerin, heute Morgen um halb zehn ihren Sohn abgeholt. Und die wissen nicht, wo der Sohn ist und was ... Da waren wir ja schon mehrere Wochen in Warschau, aber wir wohnten bei meinem Schwager. Man hatte sechzehn junge Männer so zwischen 18 und 20 Jahren heute Morgen und gestern Morgen rausgeholt, die waren zu Hause [gewesen], die Schulen waren ja nicht auf, und hat sie mitgenommen. Und die Leute haben sich an die Gemeinde gewandt. Und die Eltern wollten gerne was wissen, haben da ein paar Tage nichts gehört. Und jetzt kommt also mein Mann, und ich sollte gehen, gucken, wo die Jungens sind. Also musste ich dahin, unschuldig, wie ich bin [lacht], ja komme in dieses Gebäude, das war in Warschau. Also ich wusste überhaupt gar nicht, wen ich fragen sollte. Aber die in Warschau wussten alles, auch wo der sitzt, den ich fragen kann. Die Amtsleute, die haben ja sofort alle Ämter besetzt, und ich komme dahin. Da hatten sich die Deutschen einklimatisiert in ihren Büros, die haben mir genau das Zimmer gesagt, wo ich hingehen musste.

Vielleicht handelte es sich um die Militärverwaltung[10] oder um die deutsche Kommandantur, den Sitz der Sicherheitspolizei und des SD, in der Szucha-Allee 23 und 25 (umbenannt in „Straße der Polizei"). Leni Zytnicka gelang es, ein harmloses Gespräch zu beginnen; ihr Ruhrdeutsch machte sie (wieder einmal) unverdächtig und stieß bei diesem Vertreter der Besatzungsmacht auf Entgegenkommen.

Wenn da ein Deutscher eine deutsche Frau gesehen hat, dann war er recht begeistert, weil, die durften doch, gerade die deutschen Soldaten, keine polnische Frau nehmen. Ich komme da rein in das Gebäude, am Schreibtisch sitzt einer, und der hat sich gefreut.

„Wie kommen Sie hierher?" – „*Ist 'ne lange Geschichte.*" Sie fragte den Deutschen mit gespielter Naivität nach dem Verbleib der jungen Männer, und ihr wurde tatsächlich versprochen, das innerhalb von drei Tagen herauszufinden.

Und jetzt können Sie sich die Eltern vorstellen, die haben mich umringt in der Gemeinde, in der Synagoge, aber im Vorzimmer. Ja, sage ich, der sah ganz freundlich

Stabsgebäude des Kdo. der Schutzpolizei, Szucha-Allee 23, Nov. 1939

aus und der hat mir versprochen, er wollte nachsehen, wo die Schüler sind. (…) Und ich nach drei Tagen hin (…) und da sagt er, ja, die sind am selben Tag erschossen worden. Ich habe gefragt, wo. Sagt er: ‚Das konnte ich nicht so unauffällig feststellen.' Also war er kein Nazi, sonst hätte er mir das nicht anvertraut. (…) Jetzt muss ich ja zur [Jüdischen] Gemeinde und musste sagen, dass die 16 Schüler erschossen sind. Jetzt bittet man mich, zu einem Ehepaar, der einzige Sohn war weg, abends hinzugehen. Als Frau könnte ich das am besten der Mutter sagen. Und das war alles Neuland für mich. Und abends, da war es noch nicht kalt, im Oktober, sind wir zu dem Ehepaar hin, aber das Ehepaar wusste, dass wir, mein Mann und ich, kommen. Also da sollten wir das schonend den Eltern beibringen. Und jetzt sagen Sie mal, sagen Sie mal einer Mutter, ‚Ihr Sohn ist erschossen.' Aber glauben Sie, mein Herz, ich schlaf ja nur auf Schlaftabletten, bis heute, glauben Sie, ich bekomme jetzt noch Schmerzen. Das war mein Anfang im Warschau der Judenverfolgung, und ich konnte nicht damit raus, aber die Mutter drängte mich, eine sehr nette Frau. Und da sagte ich, ‚Sie werden es doch erfahren, alle 16 Schüler sind erschossen worden.' Ich sehe diese Frau vor mir. Die hat kein Wort gesagt, ist aufgestanden, aus dem Zimmer, über den Flur ins Straßenzimmer und hat sich vom Balkon gestürzt, aus der zweiten Etage. Da war ich wie erschlagen. So, das war dann der Anfang …

Über die Hintergründe dieser Mordaktion wurde Frau Zytnicka selbstverständlich nicht informiert, aber sie erkannte die vor nichts zurückschreckende Anwendung von Gewalt. Diese war Ausdruck der mit dem „Polenfeldzug" einsetzenden Radikalisierung, einer fortschreitenden Enthemmung, die sich in Warschau deutlicher gezeigt hat als an anderen Orten im Generalgouvernement. Überall fanden Hinrichtungen statt, „weil angeblich in einer Straße auf deutsche Soldaten geschossen worden war."[11] Die Furcht vor „Freischärlern" ließ die Wehrmacht beim bloßen Verdacht mit größter Brutalität vorgehen. Entsprechende Anordnungen waren bereits kurz nach dem 1. September 1939 erlassen worden. Eine alltägliche Einschüchterungsmethode bestand zudem in der Erschießung von Geiseln im Fall von „Fehlverhalten" der Bevölkerung. „Die Anwendung von Repressalien gegen die Zivilbevölkerung lag dabei weitgehend im Ermessen der örtlichen Befehlshaber. Sie bestimmten über die Anzahl der festzusetzenden Geiseln sowie über die Art der Vorfälle, die die Erschießung von Geiseln rechtfertigen sollten."[12]

Als Hitler eine Generalamnestie für alle möglichen Übergriffe auf die Zivilbevölkerung bekanntgab, schürte dies die Gewaltbereitschaft gegenüber jüdischen und christlichen Polen: 16.000 Menschen sind in der Zeit der deutschen Militärverwaltung, bis Ende Oktober 1939, hingerichtet worden. Der erste Einsatz der Wehrmacht, so eine Zusammenfassung des Deutschen Historischen Instituts Warschau über den Krieg gegen Polen, habe bereits „wesentliche Merkmale des Vernichtungskrieges"[13] gezeigt.

„Durchkommen"

Bis zum Ende des Jahres 1939 stellen sich zum Alltag der Familie Zytnicki viele Fragen, die teils unbeantwortet geblieben sind. Wir wissen nur, dass die recht wohlhabende Familie des Schwagers die vier aus Essen Ausgewiesenen zunächst weiter versorgte:

Ja, wir hatten aber einen reichen Schwager. Wir waren da, und dann waren Flüchtlinge auch von uns aus Zbąszyń, die hatten kein Geld und keine Familien. Da war aber eine [Suppenküche] eingerichtet, die haben gekocht so wie ein Frauenverein für Flüchtlinge, da konnte man, auch wir konnten da, für vier Personen, wenn wir einen Topf mitbrachten, Essen holen. Und meine große Tochter, die war sogar ein paar Mal da und hat Essen gebracht. Also die haben in Warschau, auch die ersten Kriegstage, so Volksküchen gehabt, wo man das Essen holen konnte.[14]

In jenen Monaten, so nehmen wir an, mussten die Eheleute David und Helene ihre Existenz zunehmend eigenständig sichern. Denn im November 1939 beschlagnahmte die deutsche Besatzung jüdischen Besitz; einträgliche Unternehmen gingen an „Treuhänder" über, und am 1. Dezember wurden im Generalgouvernement die Konten von Juden gesperrt, Vermögensbestände – bis auf 400 Dollar – waren anzuzeigen.[15] Plünderungen, meist bei Durchsuchungen oder Straßenkontrollen, fanden ohnehin täglich statt. Jüdinnen und Juden durften laut einer Verordnung über nicht mehr als 2.000 Złoty (ein Wert von ca. 1.000 RM) in bar verfügen: „Daraufhin nutzten die Deutschen diese Verordnung aus, um nach jüdischem Geld zu jagen – und das war die Gelegenheit, im Spaß zu beginnen und im ganz offenen Raub zu enden."[16]

In dieser Phase gab es auch antijüdische Übergriffe von polnischer Seite: eingeschlagene Fensterscheiben, Beraubung auf den Straßen, Plünderung von Geschäften, das Vorenthalten treuhänderisch übergebenen Eigentums. Den Vorsitzenden des Ältestenrats, Adam Czerniaków, bewog dies zu der Einschätzung, dass es solche Pogrome seit 1880 in Warschau nicht gegeben habe.[17]

In der Absicht einer demonstrativen Demütigung war im November 1939 fast überall im GG die Kennzeichnungspflicht sowohl für Geschäfte in jüdischem Besitz als auch für die jüdische Bevölkerung ab dem zehnten, im Distrikt Warschau mit Wirkung vom 1. Dezember ab dem zwölften Lebensjahr eingeführt worden. Das Ehepaar Zytnicki/Zytnicka und Tochter Judith Sonja hatten nun sichtbar am rechten Arm eine Binde zu tragen, einen „mindestens 10 cm breiten Streifen mit dem Zionsstern." Helene Zytnicka erinnerte sich daran, dass ihr Mann dieser Anordnung des Distriktgouverneurs Fischer gegenüber eine selbstbewusste Haltung zeigte:

Mein Mann bat mich, für uns drei selbst die Armbinden anzufertigen. Ich konnte mit der Nähnadel gut umgehen. Ich nahm meinen weißen Seidenunterrock und einen hellblauen Unterrock und fertigte die Armbinden an. Die Mahnung meines

Mannes war: ‚Müssen wir Juden uns öffentlich kennzeichnen, dann sollten wir es mit Stolz tun.'

Ähnlich kommentierte damals der Lehrer (und Zionist) Chaim A. Kaplan am 3. Dezember 1939 in seinem Tagebuch die weiß-blaue Armbinde: „In Schmach gekleidet, wie der Eroberer glaubt, im Ehrengewand, wie wir meinten. Man kann sagen, was man will, aber es gibt keine herrlicheren Farben als unsere Nationalfarben."[18]

Die Kennzeichen verstärkten noch die von Seiten der NS-Herrschaft ohnehin an jedem Tag stattfindenden Schikanen wie Razzien und Zerstörungen von Wohnungseinrichtungen, das Verschleppen jüdischer Menschen zu irgendeiner schweren Arbeit. In einem Bericht aus dieser Phase sind viele weitere Übergriffe dokumentiert: „In einigen Fällen hat man Juden gezwungen zu arbeiten, aber ihnen keinen Spaten gegeben, kein einziges Gerät, und man musste mit den bloßen Händen arbeiten." [19] Häufig wurden jüdischen Männern von deutschen Soldaten oder anderen Besatzern unter Johlen die Bärte abgeschnitten.

Was die Eheleute Zytnicki/Zytnicka unternahmen, um unter diesen Bedingungen Geld- und Nahrungsmittel zu beschaffen, bleibt für den Zeitraum Ende 1939 bis Anfang 1940 undeutlich. Allerdings hatte Helene schon von Fall zu Fall Geld- und Tauschgeschäfte angebahnt, Tätigkeiten, die sie, motiviert durch die von der Besatzung eingeführten harten Devisenschutz-Bestimmungen[20] – auch mit Hilfe einer falschen Identität – unter Lebensgefahr weiter entwickelte. Das Gefühl schwindender Handlungsmöglichkeiten muss sich aber nach dem Jahreswechsel 1939/40 verstärkt eingestellt haben:

Und jetzt, ich kann Ihnen nicht sagen, wann ungefähr, aber das Gerücht ging schon bei den Juden, dass sie in ein Viertel ziehen müssen. *Das spätere Ghetto war auf der anderen Seite. Hier war das Gericht, das war polnisch und hier war – ich weiß nicht, ob da nur Juden gewohnt oder auch Polen gewohnt haben.*

Als Helene Zytnicka im Mai 1940 von ihrer vorletzten Reise ins Ruhrgebiet nach Warschau zurückkehrte, war die Aufteilung die Stadt in einen „arischen", d.h. christlich-polnischen, und einen „jüdischen Wohnbezirk" schon mehr als ein Gerücht.

Anmerkungen

1 Dies verstand Frau Zytnicka sinnbildlich, denn die deutsche Wehrmacht rückte nach dem fingierten Überfall auf den Sender Gleiwitz völkerrechtswidrig *ohne Kriegserklärung* in Westpolen ein.

2 Im Versailler Vertrag von 1919 war der Status Danzigs als Freistaat unter Völkerbundsaufsicht festgelegt worden: Stadt und Umland gehörten ab 1920 nicht mehr zum Reichsgebiet. Dem polnischen Staat wurden exterritoriale Standorte für den Schiffsverkehr eingeräumt, auch ein eigener Postdienst. 1939 hatten sich Streitigkeiten um solche Rechte, um Grenzkontrollen durch polnische Beamte und um die Präsenz polnischer Kriegsschiffe zugespitzt. Die Nationalsozialisten agitierten gegen den Status Danzigs ebenso heftig wie gegen die Abtrennung Ostpreußens durch den sog. Polnischen Korridor.

3 Böhler ²2009, S. 111.

4 Rammer/Steinbach 1995, S. 156.

5 In den Kriegschroniken heißt es, Warschau sei *drei* Tage lang bombardiert worden.

6 Zitiert in Karas 2004, S. 111.

7 Dies kann nur bis zum Herbst 1939 gegolten haben: Ghettobewohnern war der Besitz von Rundfunkempfängern bei Androhung der Todesstrafe verboten, dazu Roth/Löw 2013, S. 29; Reich-Ranicki 1999, S. 190.

8 Jacobmeyer 1989, S. 21.

9 Der Stadtteil Praga liegt auf der rechten Weichselseite, im Osten der Stadt.

10 Die militärische Besatzung (mit Unterstützung von Verwaltungsleuten aus Würzburg) dauerte bis zum 25. Oktober 1939; sie wurde durch eine Zivilverwaltung ersetzt: an der Spitze Generalgouverneur Hans Frank in Krakau, darunter die Distriktgouverneure und als unterste Ebene die Kreis- und Stadthauptleute. Verwaltungschef und ab 1941 „Gouverneur" des Distrikts Warschau war der Jurist Ludwig Fischer. Er floh Anfang 1945 aus Warschau, wurde von der US-Armee an Polen ausgeliefert und nach einem Prozess zum Tod durch Erhängen verurteilt. Als sein Beauftragter für die Stadt Warschau fungierte ab Frühjahr 1940 der Beamte und SA-Führer Ludwig Leist, der zum Stadthauptmann aufstieg. 1946 stand er zusammen mit Fischer und anderen Verantwortlichen in Warschau wegen Verbrechen an der Zivilbevölkerung vor Gericht und erhielt eine Haftstrafe (siehe die Nachbemerkungen).

11 Artikel aus der New York Times vom 6.11.1939 über die Judenverfolgung im besetzten Polen und eine drohende Hungersnot, in: VEJ, Bd. 4, Dok. 33, S. 129 f.; siehe zum „Freischärlerwahn" und anderen Motiven Böhler 2006, S. 54 ff.; 154 ff.; 241 f. sowie Deutsches Historisches Institut Warschau 2005, S. 94 ff.

12 Deutsches Historisches Institut 2005, S. 86 ff.; zum Terror gegenüber der Zivilbevölkerung in Warschau Szarota 1989, S. 73-94; siehe auch VEJ, Bd. 4, Dok. 70, S. 198; Szarota 1985, S. 21 ff.

13 Deutsches Historisches Institut 2005, S. 140 f.; Jochen Böhler spricht von einer „erbarmungslosen Besatzungspolitik", siehe: Nur ein Leben als ob, in: FAZ vom 2.10.2017; Generalgouverneur Hans Frank erinnerte Anfang 1940 auf einer Tagung daran, dass polizeiliche Standgerichte Exekutionen nur mit seiner schriftlichen Einwilligung durchführen sollten und verwies auf einen Befehl Hitlers, siehe Deutsche Politik in Polen 1939-1945 1980, S. 40 f.

14 Ende des Jahres 1939 wurde es der Joint Commission erlaubt, Essen an Juden auszugeben; Brotmarken erhielten diese zu dem Zeitpunkt schon nicht mehr (VEJ, Bd. 4, Dok. 04-033): „Die

Zwangslage der Juden in den von Deutschen besetzten Gebieten Polens", Artikel aus der New York Times vom 6. Nov. 1939. Auch der „Judenrat" gab Lebensmittel an Bedürftige aus.

15 Weitere Einzelheiten bei Curilla 2011, S. 63 f.
16 Bericht des Komitees zum Sammeln von Material über die Zerstörung jüdischer Gemeinden in Polen 1939 … in: Schulz 2016, S. 157; Herrmann 2012, S. 35.
17 Vgl. Czerniaków 1986, S. 55; s. auch Sauerland 2004, S. 142 ff.; Ringelblum 1967, S. 47 ff.
18 Kaplan 1967, S. 95.
19 Bericht des Komitees, S. 153; zum Verhalten der Deutschen in Uniform Reich-Ranicki 1999, S. 178 ff.
20 „Devisenschutz" setzte mit der Eroberung der polnischen Gebiete ein und war nichts anderes als ein weiteres Instrument der Enteignung und Beraubung insb. der jüdischen Bevölkerung, siehe Banken 2010, S. 377-393.

Da habe ich ihren alten Pass genommen
Im Ghetto und auf der „arischen" Seite
1940 bis 1942

Die Zuspitzung der Lebensverhältnisse im besetzten Warschau – insbesondere für die dort lebenden Juden – schritt schnell voran. Demütigungen, Beraubung, Morde und Terrorakte der deutschen Besatzer ließen zwar noch nicht sogleich die Endpunkte des späteren organisierten Massenmords erkennen – viele Historiker unterscheiden die beiden Phasen der indirekten Vernichtung und die der gezielten. Ende Oktober 1939 wurde die deutsche Militärverwaltung durch eine Zivilverwaltung ersetzt. Doch gingen Alltagsregime, Repression und Entrechtung sowohl gegenüber den jüdischen wie den nichtjüdischen Polen schon seit dem Herbst 1939 sehr spürbar über die „Normalität" anderer Besatzungs-Situationen hinaus.[1]

Warschau wurde in der Zwischenkriegszeit gelegentlich eine „binationale Stadt"[2] genannt: Die hier präsente größte jüdische Gemeinschaft Europas machte zu Kriegsbeginn ungefähr 29 Prozent der Einwohnerschaft aus und war von großer sozialer Heterogenität. Es gab intensive Verflechtungen zwischen Mehrheitsgesellschaft und Minderheit, aber auch sich separierende Subkulturen religiöser, politischer und kultureller Art. Bei der Volkszählung von 1921 hatten sich 58.021 Warschauer als religiöse Juden polnischer Nationalität bezeichnet; 1931 gaben etwa 19.000 Warschauer Juden Polnisch (nicht Jiddisch) als ihre Muttersprache an, und in einer Volkszählung vom Oktober 1939 registrierten sich 359.837 als Juden. Fast alle Warschauer Jüdinnen und Juden sprachen Polnisch; ungefähr die Hälfte von ihnen waren assimilierte Mittelstands-Juden. Dies veränderte sich durch die Kriegsereignisse, z. B. durch Fluchten nach Osten und den Zuzug von armen, jiddischsprechenden Juden aus Kleinstädten.[3]

Die Warschauer Familie Zytnicki

David Zytnickis Bruder Jakub war mindestens zeitweise Betreiber eines Cafés. Die Familie des Schwagers wurde uns als relativ wohlhabend oder doch gut situiert geschildert. Auch dass deren Wohnung in der ul. Karmelicka geeignet war, die vierköpfige Essener Familie Zytnicki mit aufzunehmen, spricht für diesen Umstand.

Jetzt kommen Sie mal mit vier Personen nach Polen ohne Geld! Es war auch nachher bei meinem Schwager ein bisschen eng. Die hatten ein Dienstmädchen, das haben sie sofort entlassen.

Frau Zytnickas Erinnerung an diese Familie des Schwagers ist verständlicherweise stets überlagert vom unglücklichen Ende – ihrer Ermordung.

Und jetzt hatte mein Schwager zwei Söhne, genauso alt wie meine Töchter, und die haben schwarze Augen, ganz schwarze Augen. Ich sollte helfen, ich musste doch selbst für meine beiden Kinder und meinen Mann sorgen. Der eine ging aufs Gymnasium und war ein Jahr älter als meine ältere Tochter, und der jüngere war so alt wie unsere Henny. Und die hatten so bildschöne Augen, und diese Augen verfolgen mich bis heute im Traum, die baten mich um Hilfe. Und meine Urenkeltochter hat das Gesicht von den beiden Jungens. Ich sag, kann sich so was im vierten Grad vererben? Bildschön. Und die dachten, ich könnte helfen. Ich konnte noch nicht mal meinem Mann helfen.

Die Abtrennung des Ghettos

Über die Geschichte des Warschauer Ghettos, insbesondere den dortigen Aufstand und seine „Auflösung", aber auch über den Alltag unter diesen Ausnahmebedingungen sind in der unmittelbaren Nachkriegszeit einige, seit den 1980er Jahren sogar viele Bücher geschrieben worden – von Überlebensberichten bis hin zu Spezial- und Überblicksstudien. Meist sind unsere Vorstellungen dominiert von zwei, drei Bildikonen: Leichen auf den Straßen, dem Bild mit dem kleinen Jungen im Vordergrund, umringt von schussbereiten deutschen Soldaten, brennenden Straßenzügen und sich ergebenden Aufständischen aus dem Stroop-Bericht über die Ghetto-Zerstörung. Andere Überlieferungen berichten von den deutschen Firmen, die im Ghetto ihre Gewinne machten, auch von Fluchten, dem Leben auf der „arischen Seite", Denunziation und Widerstand.

„*Jetzt beginnt eine Teilung des Volkes nach Religion und Staatsangehörigkeit.*" Die Erzählungen von Leni Zytnicka über diesen von ihr so genannten „*Glaubenskrieg*" können uns insofern neue Blickwinkel auf dieses Geschehen vermitteln, als sie aus einer existenziell involvierten *und* einer etwas distanzierteren Perspektive Leben, Tod, Arbeit und Beziehungen dort schildert, als Teil einer Familie, die das Ghetto zu beziehen hat, einerseits, und als nicht eindeutig jüdische Grenzgängerin zwischen den beiden Seiten der Stadt andererseits: als Mitglied zweier Gesellschaften sozusagen.

Und jetzt, ich kann Ihnen nicht sagen, wann ungefähr, aber das Gerücht ging schon bei den Juden, dass sie in ein Viertel ziehen müssen. Die müssen alle außerhalb, wir hatten dann ein Viertel, das spätere Ghetto, das war auf der anderen Seite. Ob da vorher nur Juden gewohnt haben oder auch Polen gewohnt haben, ich weiß es nicht, aber es wurde schon ein Befehl ausgegeben, dass alle Juden in diesem Viertel wohnen. Da ist jetzt das …, hier die Hauptstraße, die Leszno, hier ist sogar das Gericht, hier war das Krankenhaus, und alle Juden müssen raus aus Warschau, aus dem ganzen

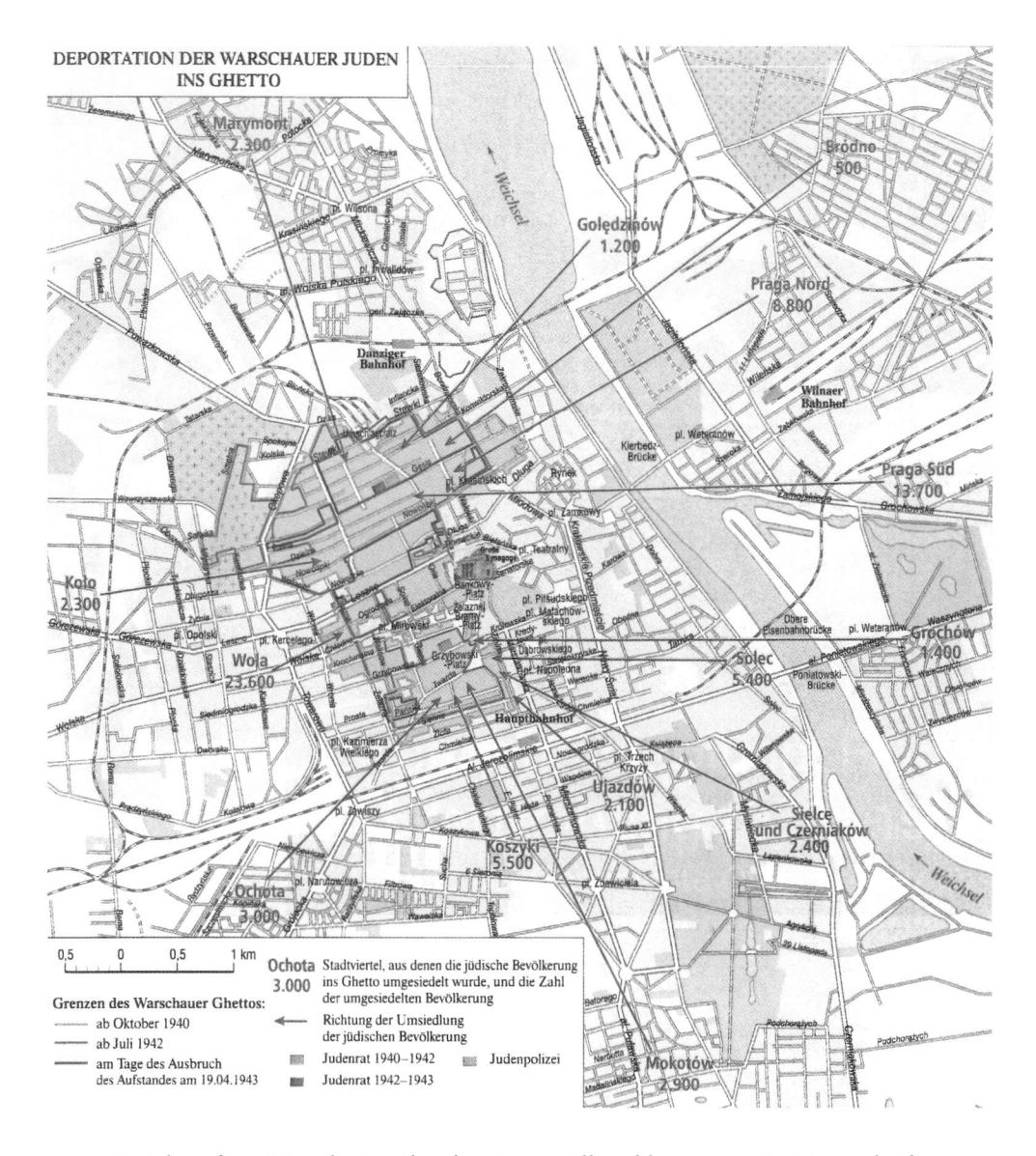

Bezirk in dieses Viertel rein. Aber das ging so still und langsam zu [...] Jetzt schaffen die Deutschen ein Ghetto, ein deutsches Viertel und ein volksdeutsches Viertel, aber langsam. Da war eine große Umzieherei.

Das Ghetto war noch nicht geschlossen, aber es wurde auch schon sortiert, deutsches Viertel, polnisches Viertel. Jetzt gehe ich mit meinen Töchtern, und da sind zwei Kinder auf der Leszno, das war die Gerichtsstraße, zwei Kinder, und singen auf Deutsch auf dem Boulevard zu Warschau, ihre Eltern sind gestorben, und sie bitten um eine Gabe oder so. (…) Das werde ich nie vergessen.

In der hier erwähnten und recht zentralen Lesznostraße hatte übrigens (im Haus Nr. 13) auch die US-amerikanische Hilfsorganisation Joint ihren Sitz, solange sie noch geduldet wurde, also bis Dezember 1941.[4] Bereits 1938 wies diese Straße einen Anteil jüdischer Bewohner von ca. 57 Prozent auf.[5]

Ein Erlass der Besatzungsbehörden gab am 12. Oktober 1940 die schon länger erwogene Ghettoplanung bekannt, doch die tatsächliche Abriegelung von der übrigen Stadt zog sich über Wochen hin. Auf einem Gebiet von etwa 3,5 km^2 (400 Hektar – das waren keine 3 Prozent des Stadtgebiets) wurden 410.000 Menschen (laut offizieller Statistik, faktisch waren es mehr) zusammengepfercht, wenige Monate später noch Zehntausende zusätzlich aus anderen polnischen Orten und Städten.

Eine drei Meter hohe Mauer mit einem Stacheldrahtaufsatz trennte die Ghetto-Straßenzüge ab; zunächst 22, später 15 Tore waren durch drei Instanzen, nämlich deutsche Ordnungspolizei, polnische Polizei und (von innen) den jüdischen Ordnungsdienst[6] bewacht. Hinzu kamen motorisierte und berittene Patrouillen entlang der Mauern – und wegen der allgegenwärtigen Korruption noch ein zusätzliches System zur Kontrolle der Kontrolleure.[7] Mit unterschiedlichen Passierscheinen wurde der Transfer zwischen den beiden Teilen der Stadt zu regulieren versucht; ab November 1941 stand auf ein eigenmächtiges Verlassen des Ghettos und für die dabei Helfenden die Todesstrafe, die anfangs von Sondergerichten verhängt, ab 1942 ohne juristische Scheinmanöver vor Ort vollstreckt wurde. Erschwerend – und im Zweifelsfall mit tödlichen Folgen – kam noch hinzu, dass die jüdische Seite, vertreten durch Judenrat und Ordnungsdienst, oftmals nicht genau informiert war, wo die Ghettogrenzen gerade verliefen.[8]

Bekanntmachung

Betr.: Todesstrafe für unbefugtes Verlassen der jüdischen Wohnbezirke

In der letzten Zeit ist durch Juden, die die ihnen zugewiesenen Wohnbezirke verlassen haben, in zahlreichen Fällen nachweislich das Fleckfieber verbreitet worden. Um die hierdurch der Bevölkerung drohende Gefahr abzuwenden, hat der Herr Generalgouverneur verordnet, daß in Zukunft ein Jude, der den ihm zugewiesenen Wohnbezirk unbefugt verläßt, mit dem Tode bestraft wird.
Die gleiche Strafe trifft diejenigen, die diesen Juden wissentlich Unterschlupf gewähren oder in anderer Weise (z. B. durch Gewährung von Nachtlagern, Verpflegung, Mitnahme auf Fahrzeugen aller Art usw.) den Juden behilflich sind.
Die Aburteilung erfolgte durch das Sondergericht Warschau.
Ich weise die gesamte Bevölkerung des Distrikts Warschau auf diese neue gesetzliche Regelung ausdrücklich hin, da nunmehr mit unerbittlicher Strenge vorgegangen wird.

Warschau, am 10. November 1941.

gez. Dr. Fischer
Gouverneur

Über die Zahl derer, die von der erwähnten „*großen Umzieherei*" betroffen waren, kursieren sehr unterschiedliche Schätzungen und Daten: Wahrscheinlich wurden in dieser Phase ungefähr 138.000 Juden ins Ghetto gezwungen, und 113.000 polnische „Arier" mussten das betreffende Gebiet verlassen.[9.] Im fraglichen Areal gab es weniger als 1.700 Häuser mit nicht mehr als 14.000 Wohnungen, in der Mehrzahl vor dem Ersten Weltkrieg errichtet; deutschen Statistiken zufolge kamen somit rechnerisch auf jedes Zimmer sechs bis sieben Personen.[10] Und weil zunächst sogar nur zwei Wochen als Umzugsfrist gesetzt waren, müssen chaotische Verhältnisse ausgebrochen sein: „Überall herrschte wilde Panik. Leute rannten besessen durch die Straßen, tödliche Angst in ihren verweinten Gesichtern. Verzweifelt suchten sie nach irgendeiner Art von Transportmittel, um ihre Habe zu befördern … Endlose Reihen von kleinen Karren und selbstgefertigten Fahrgestellen aller Art, angehäuft mit Hausgeräten, wimmernden Kindern, alten Leuten, Kranken und Halbtoten, bewegten sich von allen Seiten auf das Ghetto zu", berichtet der sozialistische Bund-Politiker Bernard Goldstein.[11]

Ulica Alberta

Die mit einem polnischen Juden verheiratete Leni Zytnicka unterlag Ende 1940 wie andere Frauen in solchen polnisch-jüdisch-deutschen „Mischehen" dem Zwang, in das neu errichtete Ghetto zu ziehen. Es gelang ihr jedoch, einen nicht legalen Lebensmittelpunkt auf der „arischen Seite" zu etablieren und damit die Basis für eine Doppelexistenz zu legen, die ihr Leben und das ihrer Kinder für die nächsten Jahre prägte – und rettete:

Mein Mann war da an der Gemeinde[12] eine Persönlichkeit. Die waren ja immer zusammen, die Juden wussten alles, und dann haben sie meinem Mann vorgeschlagen, ich sollte eine Wohnung mit meinen Kindern nehmen, die sprechen mit dem Hauswirt.

Für diese Wohnung war anscheinend zunächst eine andere Verwendung geplant; Leni Zytnicka erläuterte 1955:

„*Mein Schwager hatte im ghettofreien Teil von Warschau für sich eine Wohnung besorgt, in die er aber selbst nicht mehr hineingekommen ist. Wir haben dann bis zum Aufstand am 1.8.44 in dieser und in einer Ausweichwohnung gewohnt.*"[13]

Am Platz Pilsudski[14] ist irgendwie eine Oper oder was, ich weiß es nicht, es war ein großer Platz mit einem großen Denkmal. Das muss ja irgendwo im Stadtplan stehen. Da ist eine Querstraße mit einem Garten, Alberta, und da wohnte eine geschiedene Frau mit ihrer Tochter, eine Jüdin, die mussten da ihre Wohnung räumen. Die hat meinem Mann angeboten, ob er, seine Frau und seine zwei Kinder, in diese Wohnung ziehen würden, in der Alberta. Das gehörte nicht zum Ghetto. Das war am Platz Pilsudski, und tatsächlich: Der Hauswirt, ein waschechter Pole – denn die

Trümmerbeseitigung 1941 an den Straßenecken Alberta I/ Wierzbowa und Fredy, rechts hinten das Brühlsche Palais

Polen sind stolze Polen, und die hassen die Deutschen, irgendwie – der Hauswirt ist einverstanden. Wenn wir wollten, könnte ich mit meinen Kindern da in der Alberta einziehen.

Da sind so Karrees gebaut, war durch den Haupteingang ein Tor, ein großer Hof und dann am Seitengang, zwei Treppen hoch, war eine Küche, ein großes Wohnzimmer, ein kleiner Korridor, also erst der Korridor, dann Küche und ein großes Wohnzimmer, und im hinteren Treppenhaus, das hatten alle. Das Karree hatte also Vordereingang und Hintereingang; ich hab mir das erklären lassen: das wäre für Lieferanten und für die Dienstmädchen gewesen. Und wir hatten dann nur vom hinteren Eingang ein Zimmer, eine kleine Küche, einen Korridor, ein großes Zimmer und ein Bad. Also jetzt ziehe ich mit meinen zwei Töchtern da rein. Der Hauswirt weiß Bescheid, und unten ist ein Café, eine Bäckerei und ein Café. Die wissen alle, wer wir sind, halten zu uns und helfen uns, was sie können.

Mein Mann durfte schon nicht mehr mitziehen, die Juden mussten ja raus aus dem Viertel. So, jetzt ziehen wir tatsächlich um, und da sind ja die Öfen eingebaut, so mit Kacheln, und diese Frau, Bronja, hat den Tisch stehen lassen, und sie zog mit ihrer Tochter dann irgendwo ins Ghetto. Da hieß es aber noch nicht Ghetto, da hieß es das jüdische Viertel.

Diese Bronja hat einen Bekannten, der heißt Sklorski auf Polnisch und auf Deutsch Lederman, das war ihr Geschäftspartner. Darauf komme ich gleich noch.

Jetzt habe ich außerhalb des Ghettos, in dieser Wohnung in der Alberta gewohnt; mit der Wohnung waren nachher ganze Geschichten verbunden, und meine Kinder waren mal da und mal da und die erste Zeit war das nicht so gut. Ich kann Ihnen nur sagen, wir mussten ja leben, vier Personen. Die Große war dann in der Alberta, da wusste der Hauswirt Bescheid, und die Kleine hatte ich immer an der Hand. Die Große konnte sich helfen, war sechs Jahre älter, aber die Kleine …

Wenn ich mit meiner Tochter ging, die war groß, sehr hübsch und sah nicht wie 16 aus, und – das muss ich auch sagen, ich sah immer noch …, sehe ich heute aus wie 96? Ich sah immer jugendlich aus – und wenn ich mit meiner Tochter gegangen bin, haben uns doch dort die deutschen Soldaten sofort begrüßt. Ja, ja, sage ich, wir sind hier … Und die Warschauer Juden, die konnten alle Deutsch, das heißt Jiddisch[15]*. Die konnten sich direkt unterhalten und erzählen.*

Neben dieser Wohnung in der ul. Alberta I und derjenigen im Ghetto fiel Helene Zytnicka noch ein weiterer Wohnsitz zu – mit einer Wohnung ihrer Schwester Erna Oppenberg im von Volksdeutschen bewohnten Viertel nämlich.

Familie Oppenberg aus Essen unter Warschauer „Volksdeutschen"

Von der überraschenden Begegnung mit dem Schwager anlässlich des triumphalen deutschen Einmarschs in Warschau war schon die Rede; diesem Zufall schlossen sich weitere an, die für Familie Zytnicki und das illegale Überleben dreier ihrer Mitglieder entscheidend wurden: Der Mann ihrer Schwester Erna geriet in ein deutsches Lazarett in Warschau.

Mein Schwager war an der russischen Grenze, und dann bin ich nach Essen und hab meine Mutter besucht. Da habe ich doch alles erfahren, dass der Schwager noch da in Polen ist, aber an der Grenze.

Der Mann meiner Schwester wurde dann verwundet und kam nach Warschau ins Lazarett. Nun hatte ich die Wohnung auf der Alberta, das wusste mein [deutscher] Schwager. Jetzt ist schon mit Russland Krieg, mein Schwager wird verwundet und kommt ins Lazarett – und in Essen bombardiert man.[16] *Die beiden hatten einen kleinen Sohn, der lebt noch. Die Mutter kommt mit ihrem Sohn nach Warschau und besucht ihren Mann. Und der Mann, mein Schwager, liegt fast drei Monate. So, sage ich: Erna, jetzt bleibst du erst mal hier! Sie geht zum Wohnungsamt, sie sucht im deutschen Viertel*[17] *eine Wohnung. Und selbst, als ihr Mann später nicht mehr da ist, kann sie in Warschau in dieser Wohnung bleiben, weil sie den kleinen Sohn hat.*

Familie Oppenberg, Anfang der 1940er Jahre

Das deutsche Viertel, von dem hier die Rede ist, lag südlich der Warschauer Altstadt und wurde offiziell (wie das Ghetto) im Herbst 1940 geschaffen.[18] Schon ein Jahr zuvor, während der ersten Besatzungswochen, beschlagnahmte man aber eine große Zahl von Gebäuden und Straßenzügen: für Verwaltungsbehörden, Privatwohnungen, Kasernen und „kulturelle Zwecke" sicherten sich die Deutschen mehrere Stadtgebiete mit hohem architektonischen Standard in zentraler Lage. Die wiederholten Pläne und Aufforderungen, dass alle in Warschau lebenden „Reichsdeutschen" zu ihrem Schutz in dieses Viertel – es umfasste 110 Straßen der Innenstadt und bot eigene Geschäfte, Schulen, Kinos und Theater – ziehen sollten, wurden aber nur zum Teil umgesetzt; seit 1941 hemmte die Furcht vor gezielten Luftangriffen der Roten Armee auf ein solches Gebiet die Bereitschaft. Der polnische Untergrund schätzte, dass 1943 ungefähr 20.000 der insgesamt 28.000 deutschen Bewohner Warschaus (etwa 50.000 Militärangehörige nicht mitgezählt!) dort wohnten. Im Frühjahr 1944 grenzten die Besatzer ein kleineres Terrain „Nur für Deutsche" mit Stacheldraht ab.[19]

Eine „säuberliche" Trennung der Gruppen konnte indes während der Besatzungszeit nicht erreicht werden: „deutsche Läden" etablierten sich im gesamten Stadtzentrum, und die Besatzergesellschaft „blieb während des ganzen Krieges gespalten in die Gruppen Wehrmacht, SS und Polizei, Verwaltung sowie Privatpersonen und ‚Volksdeutsche'. Zwischen den einzelnen Teilen fand nur wenig Austausch statt, die Deutschen verkehrten hauptsächlich im Kollegenkreis."[20]

Seitenwechsel

Doch aus Leni Zytnickas Sicht verlief die Abgrenzung von Ghetto und übriger Stadt nicht sehr konsequent; ihr glückten überraschende Bewegungen und Manöver. Dies widerspricht einem verbreiteten Bild von den Ghetto-Verhältnissen, war aber tatsächlich nicht untypisch: „Menschen überquerten die Grenze in Handels-, beruflichen, persönlichen und sozialen Angelegenheiten in der einen wie der anderen Richtung", konstatiert die Historikerin Ruta Sakowska.[21]

Und 1940 haben die schon angefangen, eine drei Meter hohe Mauer zu bauen um das Viertel; aber in diesem Viertel lag das Warschauer Gericht, und beim Gericht konnten die Polen von der hinteren Seite raus. An jedem Tor stand eine Wache aufgepflanzt. Da komme ich zu einem und sage: ‚Darf ich da mal rein?' Wie das so ist: guckt er mich an, einer von der Wache, netter junger Mann, und sagt ‚Wieso?' ‚Ich habe hier so ein kleines Päckchen …' – da war schon das Ghetto geschlossen. Da sagt er: ‚Kommen Sie denn wieder raus?' ‚Ja sicher' Mein Mann war im Ghetto. Und jetzt habe ich nur den Pass von meiner Schwester – aber die hat eine Kennkarte – da habe ich gesagt, meine Kennkarte wird erneuert, ich hab so lange 'nen Pass.

Nach ihren Schilderungen hat Frau Zytnicka solch kritische Situationen der möglichen Kontrolle und Abweisung immer wieder durch individuell gefärbte Kommunikation entschärfen und überwinden können:

Zu einem Soldaten, der da Wache stand, da sage ich ‚Sie sprechen aber so komisch Deutsch, sind Sie ein Österreicher?' Sagt er, ich bin ein Tiroler. Ich denke, sind die Tiroler nicht aus Österreich? Aber da hatte ich das erste Mal einen Tiroler gehört, der böse war auf Österreich und auf die Deutschen. Aber er hat mich doch durchgelassen.

Die Bestechung der Posten war hier ein alltägliches Phänomen – es ist gut möglich, dass Frau Zytnicka auch dazu griff. Andere Berichte betonen: Österreicher galten als zugänglicher, Gespräche über Familie schufen oft einen menschlichen Zugang, und viele jüdische Polizisten ließen eher Leute hin und her gehen als Waren durchkommen.[22] Soweit die Passierwilligen für Polen gehalten wurden, sanken die Bestechungssummen.[23] Die Trennung zwischen Ghetto und Stadt – Bedingung der Repression, der Ausplünderung, des Aushungerns und der späteren Deportationen – funktionierte auch im Fall dieser Familie nicht vollständig:

Und morgens konnte ich ins Gericht rein, ich trug doch eine Binde mit Davidstern. Ich komme als Jude morgens ins Gericht rein, ich habe bei meinem Mann geschlafen im Ghetto und im Flur schon so ein Täschchen gehabt, die Binde abgenommen und ins polnische Viertel rein. Denn die Polen an und für sich waren liebenswürdig – ich konnte ja gar kein Polnisch. Außerhalb des Ghettos hat uns doch keiner kontrolliert, da bin ich doch ein freier Mensch, und jetzt an der Grenze, sobald ich durch den Posten bin, streife ich meine Binde ab.

In einem nachfolgenden Interview schilderte Helene Zytnicka diese Lage an-

DAS WARSCHAUER GHETTO

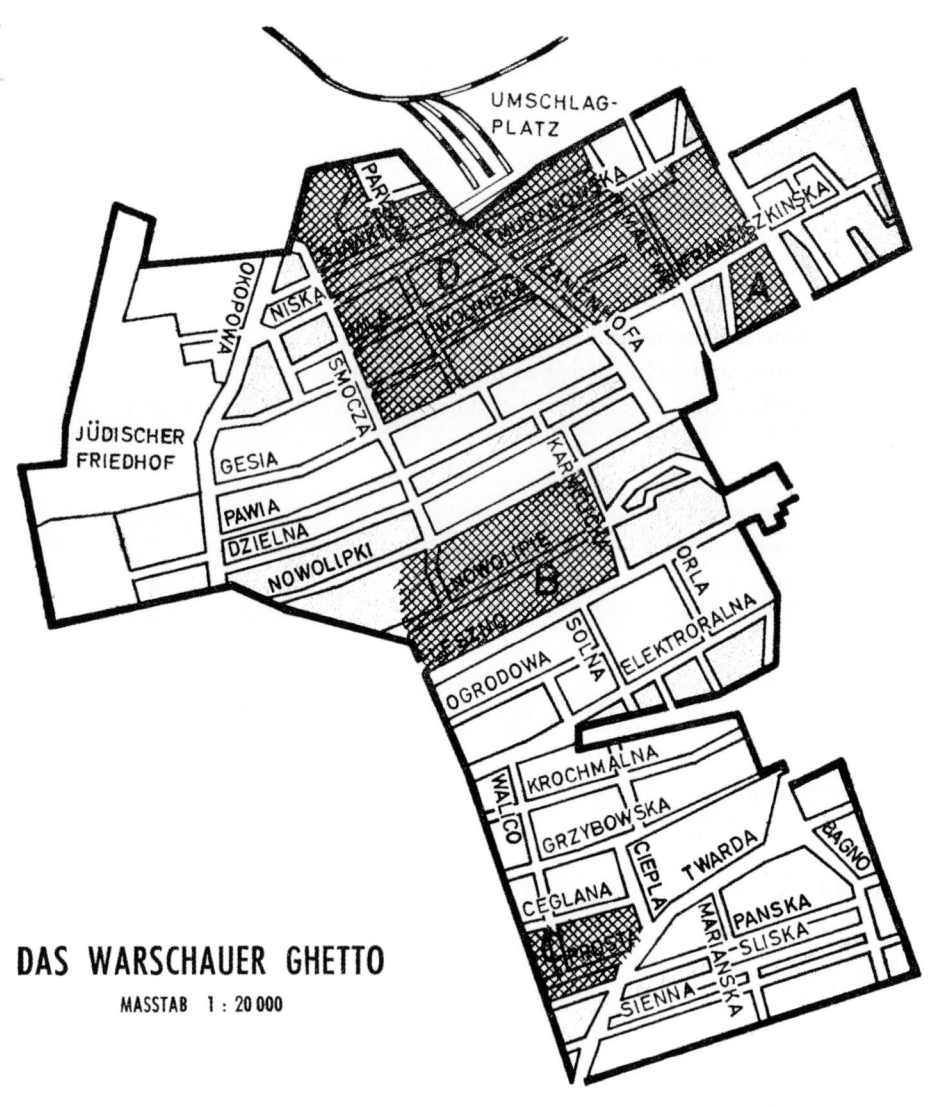

MASSTAB 1 : 20 000

▬▬▬ GRENZEN DES GHETTOS LT. VERORDNUNG VOM 18.10.40
━ ━ TORE ZUM GHETTO
▨▨▨ GRENZEN DES GHETTOS NACH DER „AUSSIEDLUNG"
     JULI – SEPTEMBER 1942

A   BÜRSTENMACHER - WERKSTÄTTEN
B   TÖBBENS - SCHULZ FABRIKEN
C   DAS SOGENANNTE „KLEINE GHETTO"
D   DAS ZENTRALE GHETTO

ders, nämlich als regelmäßige, aber eher flüchtige Kontakte. Möglicherweise bezog sie sich damit auf eine spätere Phase des Ghettolebens:

Und ich bin jeden Abend zu meinem Mann gegangen an der Treppe.

Dass das Gerichtsgebäude an der Lesznostraße als Ort der Begegnung zwischen „drinnen" und „draußen" und auch als Ort relativ unkontrollierten Seitenwechsels fungierte, ist außer von unserer Zeitzeugin vielfach bezeugt durch andere Berichte. So schreibt etwa der Lehrer Chaim Kaplan in seinem Tagebuch unter dem Datum 27. Mai 1942: „Der einzige Platz, an dem Juden und Arier einander begegnen können, ohne irgendwelche Gesetze zu brechen, ist im Gericht in der Lesznostraße, das zwei Eingänge hat: einen auf der Ogrodowastraße für die Arier und einen auf der Lesznostraße für die Juden. Es kommen und gehen Tausende von Menschen, und nicht alle haben mit dem Gericht oder mit den Steuern zu tun. Ein großer Teil von ihnen betreibt dort das Geschäft des Schmuggelns. Am Eingang findet natürlich eine Kontrolle statt, aber sie ist infolge der vielen Menschen, die kommen, nicht besonders streng."[24]

Innen hat mich doch keiner gefragt. Ich hatte die Binde raus, mit Davidstern. Und im Ghetto waren doch keine Deutschen.

Zwar wurden die Kontrollen mit der Zeit schärfer, und nach der großen Deportations-„Aktion" vom Sommer 1942 konnten nur noch wenige diesen Durchlass nutzen, bis das Gebäude im August 1942 ganz aus dem verkleinerten Ghetto herausfiel. Doch war das Gerichtsgebäude nicht das einzige mit solchen Möglichkeiten: Städtische Büros in der Długa-Straße hatten auch Ein- und Ausgänge nach beiden Seiten, ebenso eine Apotheke in der Dzika-Straße.[25]

Die Ghetto-Überlebende Eugenia Szajn-Lewin fasste die Lage so zusammen: „Die arische Seite ist der unerreichbare Wunschtraum der Armen und das Ziel der Anstrengungen derer, die noch Geld haben."[26]

Ein deutscher Ausweis!

Diese neue Konstellation mit der Familie Oppenberg im volksdeutschen Viertel schuf – neben dem familiären Rückhalt – für Leni Zytnicka auch eine ganz überraschende Handlungsoption – keine naheliegende, vielmehr eine mit hohem Risiko:

Ich habe dann den Pass meiner Schwester genommen; ich habe in Polen gelebt auf ihren Pass. Die Pässe wurden damals eingezogen, und es gab eine Kennkarte. Und wir beide waren uns ein bisschen ähnlich, meine Schwester und ich. Und da habe ich ihren alten Pass genommen – und meine Sprache!

Erneut begegnen wir hier einer offenbar zentralen Überlebenstechnik von Frau Zytnicka: drauflos zu sprechen und sich als „eine von ihnen" zu präsentieren!

Die haben nur irgendwo einen gehört, haben den sprechen gehört, ich brauchte schon gar keinen Ausweis. Da wir ähnlich aussahen, fiel das ja nicht auf. Jetzt hatte

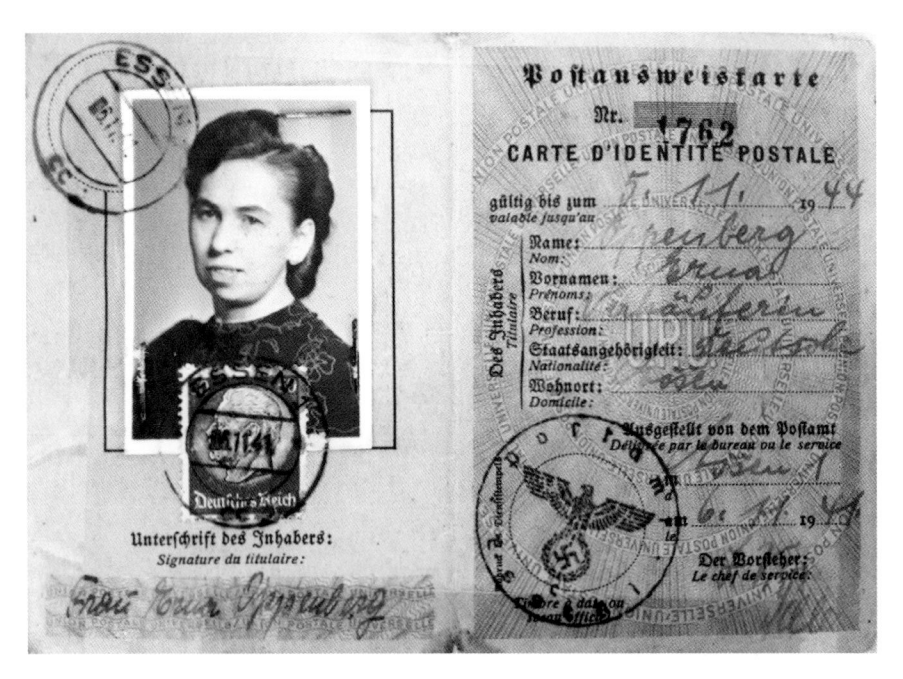

Die Postausweiskarte von Erna Oppenberg 1941-1944

sie blaue Augen, ich braune – da habe ich mir eine Brille gekauft und habe die Brille aufgesetzt. Die Erna ist jetzt erst vor vier Jahren gestorben, hat hier gewohnt.

Ausweispapiere zu beschaffen, war offenbar für längere Zeit nach der deutschen Besetzung, nämlich bis 1943, kein wirkliches Problem im Durcheinander von polnischen und deutschen, echten, gefälschten und verfälschten Dokumenten, vorläufigen Bescheinigungen und Ersatzausweisen; den Deutschen gelang es nur mühsam, ihre Ordnung hier durchzusetzen. Zunächst galten die polnischen Vorkriegs-Personalausweise weiter; der Untergrund verfügte ab Herbst 1939 über 500 Blankoformulare. Die am 26.10.1939 angekündigten, aber erst am 13.6.1941 tatsächlich eingeführten neuen Identitätsdokumente gingen weiterhin durch polnische Hände und stützten sich nicht nur auf amtliche Dokumente, sondern (deren Verluste waren vor dem Hintergrund von Kriegseinwirkungen ja durchaus plausibel) auch auf Zeugenerklärungen als deren Ersatz. Vorläufige Dokumente konnten vom Meldeamt ausgestellt werden. Alle Organisationen des Untergrunds verfügten über „Legalisierungsabteilungen", polnische Geistliche beschafften geeignete Taufscheine. Im Sommer 1943 schätzte die Gestapo, dass 15 Prozent der 1942 eingeführten Kennkarten und 25 Prozent der Arbeitsausweise gefälscht seien. Nicht zu vergessen: auch viele der deutschen Funktionsträger waren korrupt genug, ausländische Pässe und andere Papiere zu vermarkten.[27]

Ghettodurchgang Leszno/Zelazna-Straße am 19.9.1941

Die trotz Abriegelungsversuch möglichen Kontakte und Transfers zwischen Ghetto und Außenwelt im Alltag einer von Korruption bestimmten Stadt waren erheblich – so funktionierte bis Mitte 1942 der Postverkehr ins Ghetto und heraus mit Unterbrechungen weitgehend, und Telefonkontakte blieben bis zum Ghettoaufstand 1943 möglich.[28] Bis Juli 1942 wurden im Ghetto monatlich Zehntausende von Päckchen und Paketen ausgeliefert.[29] Bessere Chancen hatten daher diejenigen jüdischen Familien, die vorher in einem sozialen, politischen, kulturellen oder wirtschaftlichen Netz mit der Mehrheitsgesellschaft gelebt hatte – viel schlechtere die traditionell und abgeschottet lebenden Juden.[30]

Aber es überraschte uns, mit welcher Selbstverständlichkeit Seitenwechsel anscheinend nicht nur für Helene Zytnicka, sondern auch für ihren Mann möglich waren:

Jetzt treffe ich zufällig einen Freund von meinem Mann, einen Christen, der hatte hier in Essen ein Café. Da sagt er zu mir auf der Straße: Sind Sie nicht die Frau von dem Peppi? Das war ja jetzt schon später, da sage ich, ja, der Herr Breilmann, und da erzähle ich ihm die ganze Geschichte und mein Mann kam dann abends spät[31], nicht in die Alberta, sondern in die Blumenstraße.

Aufgrund seiner Beschäftigung im Ghetto-Arbeitsamt – weiter hinten mehr dazu – verfügte David Zytnicki möglicherweise auch über die mehrfach berichtete Option, mit einem Arbeitskommando aus dem Ghetto auszurücken und dorthin zurückzukehren. Bei den bis zu 3.000 Arbeitern, die täglich aus- und eingingen, war die Bereitschaft der Posten, sich zu „verzählen", durchaus beeinflussbar.[32] Es ist auch nicht auszuschließen, dass die Kontakte zu den mit Ghetto-Arbeitskräften versorgten Firmen offizielle Passierscheine oder anlassbezogene „Durchlaßscheine" legitimieren konnten.

Erpresser

Das Risiko, unter dem eine solche Existenz wie die von Leni Zytnicka und ihren beiden Töchtern nun stand, war immens hoch, war doch die Stadt Warschau durchsetzt von Denunzianten, den sogenannten Schmalcowniks. Die Standard-Forderung dieser Erpresser betrug 500 Złoty im Jahr 1941 und 1943 schon 20.000-30.000 Złoty. Das heißt: wenige zahlungswillige Opfer im Monat reichten aus für einen guten Lebensunterhalt, den die Zeitgenossen auf etwa 7.500 Złoty schätzten.[33]

Eine Familie war da, die war von Łódź, hatten da eine Wäschefabrik. Da war ich schon in der Wohnung von meiner Schwester. Und mein Mann war da und meine Schwester war da und der Junge. Und sie kommt rein, klingelt an der Tür, eine schöne Frau, 34, und ihr Mann hatte die zwei Kinder und wohnte illegal bei einem Polen. Und da hat ein Pole den verraten, das weiß ich, das war ein Pole. Und der hatte sehr viel Dollar, von seiner Fabrik, und hatte die in der Nachtkonsole unter der Schublade. Seine Frau wusste nicht wohin, hatte aber irgendwie meine Adresse, und auf einmal steht sie in der Tür, klingelt und kam rein. Und jetzt ist doch mein Mann da und meine Schwester ist da, und mein Schwager liegt im Krankenhaus. Sie kann unmöglich bei mir bleiben, aber sie hat geweint, und mein Mann kann nicht die Frau weinen sehen, und ich selbst weine mit und meine Schwester ganz ratlos. Für morgen, sagt sie, hat mein Mann jemand anders besorgt, wo ich hin kann. Jetzt sagen Sie mal der Frau einen Trost ... Ja, die hat nachher rausbekommen, da hatte ein anderer Pole den Polen verraten, dass er jemanden versteckt hat, und da sind tatsächlich die Deutschen gekommen, haben ihren Mann mitgenommen mit den zwei Kindern, und der Pole wurde verurteilt zur Zwangsarbeit hier in Deutschland.

Ein Überlebenden-Bericht aus dem Jahre 1949 konkretisiert das: Studenten erkannten frühere Kommilitonen, Nachbarn ehemalige Nachbarn, Handwerker identifizierten frühere Kunden oder Konkurrenten, Polizisten jüdische Menschen ihres Bezirks. Für Männer war das Untergrundleben (wegen des Identifikationsmerkmals der Beschneidung) gefährlicher als für die untergetauchten Frauen. Und sich von *einem* Erpresser freigekauft zu haben, bot gegenüber dem nächsten keinerlei Schutz. Teilweise bildeten die Schmalcowniks auch regelrechte Organisationen; die Bitte der jüdischen Gruppen an den polnischen Untergrund, diese Leute wie Kollaborateure zu verfolgen, stieß auf wenig und späte Resonanz: Bis zum Kriegsende wurden ungefähr 70 Todesurteile der Untergrund-Gerichte verhängt und vollstreckt.[34]

Die Denunzianten und Erpresser/innen untergetauchter Juden machten selbstverständlich eine Minderheit der Polen aus. Sie stießen auf wenig Widerstand, doch die Existenz einer „geheimen Stadt" von 20.000-30.000 „illegalen" Juden, die nicht ohne breite Unterstützung möglich gewesen wäre, spricht ebenso für ein differenzierteres Bild wie die zeitgenössischen Beobachtungen: Emanuel Ringelblum wagte gar die These, dass polnische Antisemiten ihren Antisemitismus nicht auf Verwandte und Freunde erstreckten. Und nach Schätzung des Historikers Gunnar Paulsson unterhielten ca. 70.000 Juden und ca. 70.000 Nichtjuden enge Beziehungen und Verwandtschaften miteinander in der Stadt, und 160.000 Polen waren beteiligt am Untertauchen verfolgter Juden.[35]

Das Besatzungsregime schuf (nicht nur in Polen) Verhältnisse, in denen „Menschen den Hierarchisierungen der Besatzer unterworfen" waren und damit auch deren rassistischen und utilitaristischen Kriterien: Die besetzte Gesellschaft war um des Überlebenswillen oft gezwungen, ungeachtet schon vorhandener Gegensätze die Trennlinien der Machthaber zwischen „Juden" und „Nichtjuden", zwischen „unnütz" und „nützlich" zu übernehmen, und der unkalkulierbare Terror produzierte für *alle* Teile dieser Gesellschaft alltägliche Zwänge und Risiken.[36]

Solche und solche Deutsche

Die von Leni Zytnicka berichteten Begegnungen mit Vertretern der Besatzungsarmee waren oftmals Glücksfälle, und sie bestätigten ihr stets aufs Neue, dass es bei den deutschen Soldaten und einigen Funktionären menschliche Regungen und mannigfaltige Regelverletzungen ungeachtet der Nazi-Ideologie gab – ein Umstand, ohne den sie die Warschauer Jahre wohl nicht überlebt hätte.

Ja, wissen Sie, es waren ja auch nicht alle Deutschen Nazis. Die andere Hälfte war ja gegen die Nazis. Und ich habe Gott sei Dank immer einen getroffen, der gegen die Nazis war. Das Ghetto war noch nicht geschlossen, aber ein Posten stand schon da, da gehe ich mit meinen zwei Töchtern durch diese Leszno am Anfang. Auf einmal werden alle Frauen gefangengenommen. Woher die Deutschen gekommen sind, drei in Uniform, weiß ich nicht. Und wir werden zusammengestellt in Viererreihen, und da ist auf der Leszno auch die Schule. Alles Frauen, nur junge Frauen, ich habe gar keine alten gesehen, und ich mit meinen zwei Töchtern mit drin. Und Sie können gar nicht mit den Soldaten sprechen, der eine ist vorne und der andere ist hinten. Jetzt werden wir in die Schule reingeführt, und in ein Klassenzimmer, denn seinerzeit war für Polen keine Schule.

Nun stehe ich auf einmal in einem Klassenzimmer, die Bänke waren weggerückt. Da sage ich zu dem Soldaten: „Was ist denn hier los? Wir wohnen doch gar nicht hier im Ghetto, wir sind hier nur vorbeigekommen." „Ja", sagt er, „hier bekommen alle Frauen die Haare abgeschnitten." Da waren ungefähr 30 Frauen, die bekamen alle das Haar abgeschnitten. Jetzt war der nur allein. Sagt er, „wo kommen Sie denn hier?" Sage ich, „ich bin doch nur zufällig hier mit meinen Kindern durchgegangen." Da sagt er, „jetzt gehen Sie mal an die Tür, nicht durch diese Tür, wo Sie reingekommen sind, da steht der andere, gehen Sie da herum raus." Dann hat der uns rausgelassen. Stellen Sie sich mal vor, wir wären mit kahlgeschorenen Köpfen gekommen! Drei Tage später sehe ich den in Uniform, der uns 'rausgelassen hatte. Sage ich: „Wissen Sie, ich danke Ihnen heute noch, dass wir nicht mit kahlen Köpfen 'rausgekommen sind. Aber wofür braucht die Wehrmacht Frauenhaare?" „Ja", sagt er, „da sind ein paar Herren, die lassen sich Lampenschirme machen." Haben Sie so 'was schon gehört? Und ich bin mittendrin. „Sind ein paar Offiziere, lassen sich davon Lampenschirme machen." Ich wusste noch nicht mal, dass man von Frauenhaaren Lampenschirme macht.

Ghettogesellschaft – Verwaltung – Selbsthilfe

Von jüdischer Gemeinde und „Judenrat" war schon die Rede, doch soll noch kurz erläutert werden, welche Elemente der Herrschaft, der Verwaltung und der Selbsthilfe im Warschauer Ghetto nebeneinander – und zum Teil gegeneinander – existierten. Nur so lassen sich nämlich die vielfältigen „Schlupflöcher" in der Repression erklären, die Menschen wie Helene Zytnicka, aber vor allem der jüdische und der polnische Untergrund für sich zeitweise nutzen konnten.

Interne Konflikte auf deutscher Seite – zwischen „Aushungerungspolitik" und kriegswirtschaftlicher Rücksicht – konnten immer wieder Illusionen aufkommen lassen. Doch Dan Diner hat darauf aufmerksam gemacht, dass die Zwischenwelt des Ghettos – im Kontrast zum Lager – eine Kulisse der Normalität und Handlungsalternativen vorgaukelte, obgleich die Schwelle zur Vernichtung grundsätzlich bereits überschritten war. Alle rational erscheinenden Bemühungen um Arbeit, Nützlichkeit und regelhaftes Verhalten konnten den einsetzenden Massenmord allenfalls verlangsamen, setzten aber Kooperation mit den Mördern voraus.[37] Unter diesen Vorzeichen traten alle an, die im Ghetto anders als militärisch aktiv wurden – von den Judenratsmitgliedern bis hin zu den nur noch funktionierenden „Arbeitssklaven".

Das langjährige Gemeinderatsmitglied Adam Czerniaków war von der polnischen Stadtverwaltung nach der Flucht der meisten Gemeindevorstände mit der Etablierung eines „Judenrats" beauftragt worden; gleichzeitig, nämlich am 4. Oktober 1939, erhielt er diesen Auftrag erneut von der Gestapo. Der Rat – sein Vorsitzender trug ab 1941 den Titel „Bürgermeister des jüdischen Wohnbezirks" – übernahm eine Vielzahl von Funktionen; dazu zählten Verwaltungsaufgaben wie Einwohner-Registrierung, Aufrechterhaltung von Ordnung und Hygiene, Steuereinzug, Postbetrieb, Verwaltung von Lebensmittelkarten und die Registrierung der Arbeitskräfte, aber auch soziale Zwecke wie die Unterstützung Bedürftiger, der Betrieb von Suppenküchen sowie die Unterhaltung eines Krankenhauses. Bis zu 6.000 Menschen fanden eine Arbeit (und lange Zeit privilegierte Position) bei dieser Institution; das „Freikaufen" von der Arbeit durch vermögende Ghettobewohner war eine seiner wichtigsten Einkommensquellen.[38] Tausend sog. Hauskomitees nahmen bis 1942 eine Scharnierfunktion zwischen dem Judenrat und dem Ghettoalltag ein, also zwischen formeller Verwaltung und informeller Selbsthilfe, Kultur- und Erziehungsarbeit. Und informell-subversiv funktionierten eine zusätzliche Arbeitsvermittlung, Fürsorge- und Gesundheitsdienste, so dass es in vielen Bereichen zu Mehrfachstrukturen der Hilfe kam.[39] Denn hinzu traten in den ersten Ghetto-Monaten Rest-Aktivitäten des US-amerikanischen Joint Committee und ab 1942 auch noch die Arbeit des polnischen Untergrund-Hilfskomitees Żegota.[40]

Wie der Judenrat wird in der Geschichtsschreibung und in der Erinnerungsliteratur auch der Jüdische Ordnungsdienst – beide sind seit 1945 Gegenstand vieler erbitterter Kontroversen um „Kollaboration"[41] – in seiner Anfangszeit als eine ehrenwerte und unbestechliche Organisation bewertet, geleitet von einer gewissen moralischen Autorität und mit zum Teil gut gebildeten 1.700 bis 2.500 Mitgliedern. Zu seinen Aufgaben zählten u. a. die Verhinderung von Versammlungen, Verkehrsregelung, Aufsicht über Hygiene, Sauberkeit und Verdunklung, Ordnungsdienst in größeren öffentlichen Gebäuden und die Verhinderung kleinerer und größerer Delikte,[42] in späteren Phasen jedoch auch die Durchführung von Razzien und Deportationen.[43]

Die bürgerlich-assimilierte Prägung der Ordnungsdienst-Spitze führte allerdings zu einer gewissen Blindheit gegenüber den Problemen der verarmten Unterschichten. Nach der „Großen Aktion" 1942 sei er vollkommen demoralisiert und verkommen – so das Resümee nicht nur von Marek Edelman.[44] Den relativ machtlosen Institutionen „Judenrat" und „Ordnungsdienst" sind im Nachhinein die schwersten Vorwürfe der grundsätzlichen Mittäterschaft und des „Verrats" gemacht worden; die letztliche Vergeblichkeit ihrer auf eine „Teil-Rettung" zielenden Entscheidungen und Handlungen ist auch unbestritten, doch ist die historische Forschung inzwischen stärker geneigt, ihrem Tun tragische Ambivalenzen zuzugestehen.[45]

Untergrund-Wirtschaft und Selbsthilfe konnten bis zum Sommer 1942 trotz elender Bedingungen das Überleben eines Großteils der Ghettobewohner ermöglichen: das Schmuggelsystem und die Jüdische Soziale Selbsthilfe („Aleynhilf") waren dafür zentral. Waisenfürsorge, Kinderheime, ab September 1941 auch wenige Grundschulen, Suppenküchen und Kultureinrichtungen gehörten zu den erstaunlichen Aktivitäten dieser Selbsthilfe.[46] Nur wenige Zahlen-Beispiele für das Ausmaß ihrer Leistungen: Im September 1941 wurden täglich 128.000 Mittagessen für Bedürftige von den Suppenküchen ausgegeben.[47] Die jüdische Waisen- und Kinderfürsorge CENTOS betreute im Herbst 1941 100 Fürsorge-Institutionen, 14 Kinderheime und 40.000 Kinder.[48]

Doch steckten alle diese Anstrengungen in einem unauflöslichen Dilemma, das Emanuel Ringelblum in die schreckliche Frage kleidete „Soll das Wenige, das nicht genug ist, um das Leben zu erhalten, mit Tropfenzählern verteilt werden, oder soll man einer kleinen, ausgesuchten Gruppe bis zum äußersten helfen?"[49] Diese Hilfsstrukturen waren außerstande, die immensen sozialen Unterschiede innerhalb des Ghettos aufzuheben. Die im ökonomischen Interesse der Deutschen erlaubte „Elastizität" von Ghetto-Produktion und -Handel schuf Gewinner und Verlierer, Neureiche und Verelendete. An die Stelle des jüdischen Bürgertums schoben sich allmählich „neue Eliten", die von Schmuggel, Transporten oder Versorgung der Deutschen profitierten; kleine Kaufleute und Arbeiter hingegen, auch die sogenannte Intelligenz sanken herab in die Armut.[50] Die sich daraus ergebenden drastischen sozialen Gegensätze – elegante Caféhäuser *und* Verhungerte auf den Straßen – prägen unsere Bilder vom Warschauer Ghetto bis heute.

Anmerkungen

1 Vgl. Szarota 1989, S. 78 f.
2 Vgl. Engelking/Leociak 2009, S. 14.
3 Vgl. Paulsson 2002, S. 29 f.; Sakowska 1999, S. 13 ff.; Szajn-Lewin 1994, S. 117.
4 Kaplan 1967, S. 97.
5 S. Engelking/Leociak 2009, S. 16.
6 Der „Jüdische Ordnungsdienst" war dem Judenrat unterstellt, handelte aber wie dieser unter Kontrolle und Leitung durch die Besatzungsfunktionäre. Zu ihrer Kleidung und Bewaffnung (mit einem Schlagstock) siehe Reich-Ranicki 2000, S. 206 f.
7 Vgl. Hensel/Lehnstaedt 2013, S. 108, sowie Weinstein 2006, S. 244.
8 Vgl. Bethke 2015, S. 69.
9 Jüdisches Historisches Institut 1960, S. 112, und Sakowska 1999, S. 55 ff.
10 Dreifuss 2014, S. 916 – zu beachten bleibt, dass Warschau schon vor dem Krieg extrem dicht bewohnt war mit 1,25 Mio. Einwohnern in 660.000 Räumen! (Paulsson 2002, 115 f.)
11 Goldstein 1949, S. 71 – Der Allgemeine jüdische Arbeiterbund – kurz: „Bund" – wurde 1897 in Wilna gegründet. Er war eine säkulare sozialistische Partei, die die Anerkennung für Juden als eigene Nation mit gesetzlichem Minderheitenstatus in allen Diaspora-Ländern erreichen wollte. Der Bund stand daher dem Zionismus, also der Schaffung eines jüdischen Gemeinwesens in Palästina, kritisch gegenüber. Er warb für den Gebrauch der jiddischen Sprache und förderte jüdische Ausbildung und Kultur. In der Zwischenkriegszeit war der Bund eine der stärksten jüdischen Parteien Polens.
12 Wir vermuten, dass Frau Zytnicka mit diesem Sprachgebrauch denjenigen der Jahre 1939–1943 wieder aufnimmt, in dem Funktionen der „jüdischen Gemeinde" und des „Judenrats" nicht immer klar unterschieden (und manchmal auch ununterscheidbar) wurden.
13 Vgl. HdEG/StA, Bestand 158/53, Bl. 187.
14 Frau Zytnicka verweigerte konsequent, den von den Okkupanten verhängten Namen „Adolf-Hitler-Platz" zu verwenden.
15 Jiddisch ist die Volkssprache der in Mittel- und Osteuropa beheimateten oder von dort stammenden Juden. Es ist im frühen Mittelalter, wahrscheinlich ungefähr im 10. Jahrhundert, unter in Deutschland lebenden Juden entstanden. Ihre Basis bildet die deutsche mit Elementen der aramäischen und hebräischen Sprache, vgl. www.juedisches-leben.net/geschichten/folgeseite.php?id_geschichten=314 [20.3.2018].
16 Schon Mitte des Jahres 1940 gab es erste britische Luftangriffe auf Industrieanlagen im Rhein-Ruhrgebiet, bis 1942 hielten sich die Schäden aber in Grenzen. Die intensivsten Bombenangriffe auf Essen (und die dortige Rüstungsindustrie) erfolgten im März 1943. Doch schon ab Juni 1942 erweiterten sich die Bombenziele über industrielle Anlagen hinaus (vgl. Alte Synagoge Essen 1984, S. 13 ff.). Das Datum der Evakuierung von Erna Oppenberg nach Warschau wird auch durch Zeugnisse in den Nachkriegs-Akten bestätigt.
17 Damit ist in diesem Falle nicht das „deutsche Viertel" im engen Sinne gemeint, sondern der von Volksdeutschen bewohnte Teil der Stadt.
18 Hier sollte „sauberer, gesunder und ausreichender Wohnraum geschaffen werden" und eine „reinliche Trennung" zu den im Ghetto eingepferchten Juden. Siehe den Artikel in der

Warschauer Zeitung vom 16. Oktober 1940 über die Einrichtung eines Stadtviertels für Deutsche und des Ghettos für Juden, in: VEJ, Bd. 4, Dok. 180, S.415 f.

19 Nach Szarota 1985, S. 25ff. – Die Tatsache, dass die Besatzungsmacht intensiv, auch mit Pressionen, um die sog. „Volksdeutschen" warb und hierbei vielfach auf Taktik und Opportunismus stieß, ist hier ebenso ausgeklammert wie die Hierarchisierung innerhalb dieser Gruppe. An deutschen *Reichsbürgern* waren in Warschau registriert: 9.401 Ende 1942 und 16.078 Ende 1943 (ebd., S. 257).
20 Lehnstaedt 2010, S. 92 f.
21 Sakowska 1999, S. 58.
22 Vgl. Paulsson 2002, S. 64 f.
23 Vgl. Weinstein 2006, S. 236.
24 Kaplan 1967, S. 333 f. – Ganz ähnliche Schilderungen bei Margolis-Edelman 2000, S. 41 ff. und bei Paulsson 2002, S. 63.
25 Paulsson 2002, S. 63.
26 Szajn-Lewin 1994, S. 93.
27 Paulsson 2002, 99 f. und Szarota 1985, S. 25 ff. und 241 f.
28 S. Sakowska 1999, Sf. 54 und 58 f. – Ausländische Postsendungen waren schon seit September 1941 verboten (s. Reitlinger 1964, S. 62).
29 Engelking/Leociak 2009, S. 377.
30 W. Bartoszewski, in: Kunert 220, S. 20 f.
31 Es gab abendliche Ausgangssperren, seit November 1939 von 20 bis 5 Uhr, für Juden ab 19 Uhr, in den Sommermonaten ab 21 Uhr bzw. 20 Uhr, auf Nichtbeachtung stand die Todesstrafe, siehe Weinstein 2006, u. a. S. 426, FN 16; Reich-Ranicki 1999, S. 190.
32 Das Ghettotor an der ul. Zelazna, nahe dem Ghettoarbeitsamt, sei „ein bevorzugter Sammelplatz für Erpresser, Schwindler, Schmuggler, Polizisten und Gestapoagenten" gewesen (Goldstein 1965, S. 151).
33 S. Paulsson 2002, S. 148 f.
34 Vgl. Goldstein 1949, S. 220 ff. und Engelking/Leociak, S.744.
35 Paulsson 2002, S.31 ff. und 129.
36 Tönsmeyer 2015, S. 287 ff.
37 Diner 2007, S. 26 ff.
38 Vgl. Goldstein 1949, S. 42 f.; Kassow 2015, S. 330.; Roth/Löw 2013, S. 24; Dreifuss 2014, S. 917 f. – Die Żegota (Rat für die Unterstützung der Juden) war eine 1942 gegründete Hilfsorganisation des polnischen Untergrunds für die jüdische Bevölkerung.
39 S. Sakowska 1999, S. 183 ff.
40 Der Spiegel Nr. 39/1960 (21.9.1960): Warschauer Ghetto – Die Augenzeugen, S. 76 ff.; Kunert 2002.
41 S. Sakowska 1999, 172 f.
42 S. Bethke 2015, S. 125 ff.
43 Vgl. Meed 1999, S. 35 ff.
44 Assuntino/Goldkorn 2002, S.49 ff., und Silberschein 1944, S. 8 f. – Edelman war einer der

Kommandeure des Ghetto-Aufstands im April 1943; er nahm im Sommer 1944 am Warschauer Aufstand teil (und überlebte auch diesen).

45 Vgl. Fuks 1987, S. 230 ff.; siehe auch Sakowska 1999, S. 172 ff.; Bethke 2015, S. 294 ff.
46 Kassow 2015, S. 331.
47 Vgl. Fuks 1987, S. 236, Roth/Löw 2013, S. 105 – ähnliche Zahlen nennen Engelking/Leociak 2009, S. 306 f.
48 Sakowska 1999, 119.
49 Zit. nach Reitlinger 1964, S. 60.
50 Sakowska 1999, 70 ff.

Ich weiß gar nicht, wie ich gelebt habe vor lauter Angst

Wir konnten die Berichte und Erlebnisse von Helene Zytnicka aus ihrer Warschauer Zeit trotz aller Versuche, uns sachkundig zu machen über die damaligen Bedingungen, nicht in allen Fällen zeitlich genau einordnen – zu sprunghaft waren ihre Erinnerungen manchmal, zu begrenzt unser Vorstellungsvermögen und zu dringlich ihr Bedürfnis, uns bzw. späteren Leser/innen das aus ihrer Sicht Wesentliche zu vermitteln. Anderes wiederum lässt sich anhand historischer Rahmendaten und anderer Zeitzeugnisse recht genau verorten, wie manche der folgenden Begebenheiten.

Begegnungen auf dem Markt

So ungeklärt und gefährdet ihr Status seit der Ghetto-Errichtung auch war – Helene Zytnicka konnte sich im Interesse des „Durchkommens" der Familie einen Rückzug in Verstecke und Nischen nicht erlauben, sondern ging weiterhin offensiv mit unübersichtlichen Situationen und gefährlichen Begegnungen um, wie auch die folgende längere Erzählung illustriert. Trotz der in der Rückschau benannten „Angst" bringt sie immer wieder eine frappante situative Kühnheit auf:

So, jetzt klimatisieren sich ja die Deutschen ein. Also wir haben viele Bekannte, die haben uns sprechen gehört, die deutschen Soldaten, und haben uns sofort angesprochen. Da waren zwei, ein ganz schönes Mädchen und eine nicht hässliche Frau, das waren meine Tochter und ich. Ich habe sie erst gar nicht fragen lassen, wer wir sind, wissen Sie. Und dann meine Sprache und unsere Sprache, meine Tochter und ich, und meine Tochter war bildschön, und die haben sich gefreut, dass sie eine deutsche Frau sprechen gehört haben. Jetzt ist in Warschau eine Markthalle, eine große Halle, und da sind die Markthändler. Da sammeln sich die Deutschen und sprechen uns einfach an.

Diese Markthalle war vermutlich diejenige am Mirowski-Platz, in unmittelbarer Nähe zum Sächsischen Platz, zur ul. Alberta I und zum späteren Ghetto.

Unter anderem spricht uns ein junger Soldat an und wir unterhalten uns. Wir wollten reingehen, und der wollte auch reingehen. Auf einmal sagt er, sie bekommen zum Abendbrot nur Ölsardinen, und er suchte was anderes stattdessen, er aß keine Fische, und dann noch jeden Abend Brote und Ölsardinen. Da machte ich mit ihm ein Geschäft, und schlug vor, für eine Dose Ölsardinen – die gab es in Polen nicht – und mache mit ihm eine Absprache: Entweder zwei gekochte Eier oder drei, das weiß ich nicht mehr, tauschen wir gegen die Ölsardinen. Und Eier konnten Sie da in der

Markthalle am Warschauer Mirowski-Platz, 1940

Markthalle, wenn es ganz früh war, doch kaufen. Nicht so viel, aber rohe Eier. Ich mache mit dem ein Abkommen: jeden zweiten Tag kriegt er sechs Eier, die sind mit sechs Soldaten auf einem Zimmer, und die haben jeder ein Ei, und so tauschen wir die Eier gegen die Ölsardinen.

Und da erzählten die mir auch, sie sind jeden Tag von der deutschen Grenzen aus 60 Kilometer marschiert mit der Gulaschkanone, und haben irgendwo in den Dörfern geschlafen, denn die Polen haben sich kaum gewehrt.

Doch die Erzählung geht noch weiter:

Jetzt treffen wir uns wieder, das war um den 20. April 1940. Da war etwas auf dem Dach los, und ich habe dann immer schon Angst gehabt. Ich denke, die, wie hießen sie, Partisanen, ın Polen heißen sie Widerstandskämpfer, damals wurden die polnischen Männer schon gesammelt und kamen nach Deutschland als Zwangsarbeiter. Also diese Zeit ist jetzt schon angebrochen, und die polnischen Männer haben schon Angst 'rauszugehen. Und das polnische Militär wurde damals, als der Krieg ausbrach, gefangengenommen, die kamen gar nicht nach Hause, deswegen kamen die Deutschen direkt in frisch bezogene Betten, die Polen kamen schon nach Deutschland zur Zwangsarbeit, und da hatten die polnischen Männer direkt Angst, auf die Straßen zu gehen.

Und jetzt, einen Tag vorher, ist da oben etwas auf dem Dach los. Und da sage ich zu meinen Kindern, kommt, wir gehen mal aus dem Haus. Wir fuhren dann mit der Straßenbahn, und die Straßenbahn endet am Friedhof. Und wir wussten gar nicht wohin, das war schon jetzt April, es war nicht mehr kalt, und wir fahren bis zur Endstation. Jetzt gehen wir auf den Friedhof, weil wir selbst Angst haben, und da sehe ich fünf oder sechs frisch geschaufelte Gräber. So wie bei uns, wenn einer mit einem Sarg beerdigt wird. Da denke ich: fünf oder sechs Tote auf einmal?

Den nächsten Tag bin ich an der Straßenbahn, ich war außerhalb irgendwo, wo es zum Flughafen geht – ich weiß nicht, warum ich da war – und bin jetzt zurück in die Stadt rein und stehe an der Straßenbahn. Der erste Wagen war immer für Deutsche, also Deutsche und Volksdeutsche – die nannten sich aber nicht Volksdeutsche, sondern Deutsche. Und der zweite Anhänger war für polnische Bewohner. Jetzt stehe ich am ersten, denn ich bin doch nicht im polnischen Wagen gefahren, und auf einmal kommen da hintereinander sechs oder fünf Soldaten. Und jetzt muss ich die, anstatt einzusteigen, erst einsteigen lassen, und die haben keinen Gurt, Ledergurt, wo sie die Pistole oder was haben, und keine Mütze haben sie auf. Der eine von denen erinnerte mich an meinen Bruder, ich hatte einen blonden Bruder, und alle waren vielleicht so etwa 20. Sie steigen ein – der letzte, ein kleiner mit Helm und Gewehr, steigt auch ein. Und dann bin ich aber auf der nächsten Haltestelle ausgestiegen, weil ich auf einmal Angst, so Beklemmungen bekam.

Jetzt kamen wir wieder zurück, treffen den deutschen Soldaten, mit dem ich immer die Ölsardinen und die Eier tausche, an der Markthalle, und da, so versteckt auf einmal, weinte er. Ich sage, was ist los? Ja, sagt er, Hitler hatte doch Geburtstag am 20., sagt er, ich war auf der Toilette, da haben die Kollegen von mir das Bild bepinkelt, ein ganz großes Bild auf jedem Kasernenzimmer, und der eine, die waren alle aus einem Dorf, aber einer war nicht aus dem Dorf, sagt er, wir hatten schon immer so wenig Kontakt mit dem. Und da ist der hingegangen, hat dem Kommandanten das gemeldet, und der letzte pinkelte noch, aufs Hitler-Bild, sagt er, und da wurden die … Die hatten getrunken, die haben jeder zu Hitlers Geburtstag eine Flasche bekommen. So, jetzt wurden die Jungs, die waren alle so jung, alle fünf und sechs, das weiß ich nicht, zum Tode verurteilt. Das muss sogar hier in Deutschland bemerkt worden sein, das muss noch in Museen …, wo sie die Geschichtsereignisse aufbewahren. Sie waren alle aus Schlesien, aus einem Dorf, und da haben die das Bild bepinkelt, und wurden dafür zum Tode verurteilt. Und die Gräber, die ich da gesehen hatte: da hatte der mit dem Helm die begleitet bis zum Friedhof und hat sie da erschossen. Glauben Sie, da habe ich jetzt noch Bauchschmerzen – ohne Sarg in diese vorbereiteten Löcher! Da hat der so geweint. So, das kann ich überhaupt nicht vergessen und beschwöre es, und das muss ja auch hier irgendwo dokumentiert sein, wissen Sie, wie sagt man, ‚standrechtlich erschossen'. Stellen Sie sich das vor! Das war jetzt, da war gerade Hitlers Geburtstag, ein paar Tage später wurden die erschossen. Also da zittern mir heute noch die Knie …

Wenngleich es eher unwahrscheinlich ist, dass – wie hier angenommen – die Exekution von fünf bis sechs Soldaten einem einzigen übertragen worden ist, können alle anderen Elemente als glaubwürdig angesehen werden. Und als eine Botschaft zwischen den Zeilen lesen wir, dass es der Berichtenden auch hier um ein „anderes" Deutschland als das im Ghetto mordende geht: „ganz normale Deutsche", die wie auch sie unter den Kriegsverhältnissen leiden. Und auch das Fremdes und Überraschendes sich aneignende Orientierungsmuster einer „Familiarisierung" – „der hat mich an X erinnert" – begegnet uns hier nicht zum ersten Mal in den Erinnerungen von Leni Zytnicka; ihre Familie, die Verhältnisse in der Heimatstadt Essen oder typische Elemente des Ruhrgebiets übernehmen diese Funktion immer wieder.

Ein Marengo-Mantel[1]

Die Beobachtungen von Leni Zytnicka, die sich selbst uns gegenüber meistens als unwissend, schlecht informiert und naiv beschrieb, erstrecken sich auch auf Details von weitreichender Bedeutung, wie diese weitere von ihr geschilderte Straßenbahn-Szene zeigt:

Das war dann so Ende '41, da war meine Schwester schon in Warschau, wohnten wir schon im deutschen Viertel, hatten aber auch die Wohnung auf der Alberta. Jetzt stand ich in der Straßenbahn, also der erste Wagen war nur für Deutsche. Also an diesem Platz ist die Haltestelle, und da war auch die Wohnung von meiner Schwester. Jetzt gehe ich rein in diese Straßenbahn, die erste Reihe war frei noch, da sitzen zwei und hier sitzen zwei, und da gehe ich rein und setze mich dahin, nicht neben den Mann, sondern gegenüber, das war im Laufe des Vormittags. Ich setze mich dahin, da sehe ich: der hat den Mantel von meinem Mann an, einen Marengo-Mantel! Ich hatte 'mal einen Knopf angenäht, den hatte mein Mann verloren. Ich war so verblüfft.

Es stellt sich nämlich heraus, dass diese Begegnung direkt mit einer der mehrfachen Reduzierungen des Ghettos zu tun hat; dessen Fläche wurde im Oktober/November 1941 so drastisch verringert, dass 75.000 Menschen ihr Obdach verloren. (Und ein Jahr später, nach der Deportation und Ermordung von 70-80 Prozent der Bewohner, wurden sog. „Restghettos" geschaffen, kleine Inseln, die lediglich der Aufrechterhaltung einzelner für wichtig erachteter Produktionsstätten dienten.)[2]

Jetzt nimmt der eine Aktenmappe, der saß so gegenüber, nimmt seine Aktenmappe: da wurde genau vorher bestimmt, was im Ghetto geschah. Ich komme abends ins Ghetto[arbeitsamt], bin reingegangen, da ist mein Mann ein bisschen betrübt. Sage ich, hör mal, was war hier los? Ja, sagt er, wir mussten die Straße räumen, in der er gewohnt hatte, die mussten sie räumen. Ja, sage ich, und? Ja, wir mussten alles drin

Straßenszene Ecke ul. Karmelicka/Leszno, 1941

lassen, Kleider, alles. Ja, sage ich, hör mal zu: Ich habe heute Morgen einen Mann gesehen, der hatte deinen Mantel an! Also es war dann schon Herbst, da ist es ja kühl, kann so Oktober gewesen sein. Ja, sagt er, die ganze Straße. Was festgelegt war, wurde auch gemacht, und ich sehe noch die Mappe! Aber damals, wissen Sie, ich war ein Kind ohne Verstand, ich konnte das nicht glauben. Und ich sehe, wie er etwas aus der Mappe rausnimmt, und ich sehe wohl, dass Straßen darauf eingezeichnet sind, so ein bisschen wie ein Block, mit Linien, das waren die Straßen. Die haben genau das Ghetto nach Programm aufgelöst, die Deutschen.³

Auch hier begegnet uns wieder eine konsternierende Entdramatisierung des Geschehenen – denn die Vertreibung aus der bisherigen Wohnung hat sicherlich weitere und bedeutendere Verluste an Lebenschancen mit sich gebracht als den verlorenen Mantel. Über die Wohnverhältnisse ihres Ehemannes im Ghetto, die sie ja nach eigenem Bekunden eine Zeitlang geteilt hat, schwieg sich Frau Zytnicka insgesamt völlig aus; wir können nicht ermessen, ob ihr Ehemann gleich anschließend zu denjenigen Beschäftigten des Ghetto-Arbeitsamtes gehörte, die in den dem Arbeitsamt angeschlossenen Häusern an der Leszno-Straße wohnten, oder ob er schlechtere oder bessere Bedingungen hatte (zum Arbeitsamt im nächsten Abschnitt mehr).

Nach dem Pelz-Erlass

Repressionen bleiben aber nicht unerwähnt bei Leni Zytnicka; eine weitere Erzählung rankt sich um den berüchtigten Pelz-Erlass vom Dezember 1941; damals beschlagnahmte die Besatzungsverwaltung in großem Stil Pelzmäntel und Pelzartikel im gesamten Generalgouvernement – insgesamt im Wert von 50 Mio. Złoty.[4] Adam Czerniaków, der als Judenrats-Vorsitzender für die Umsetzung haften musste, notierte am 27. und 28.12.: „Ellenlange Schlangen vor den 7 Pelzablieferungsstellen ... Die Arbeit in der Gemeinde steht still. Alle sammeln Pelze."[5]

Ich weiß nicht, warum, ich war da in der jüdischen Gemeinde, in der Synagoge [sehr] bekannt. (...) Und jetzt kommt es. Karl und Anje, eine polnisch-jüdische Frau, haben ihre kostbaren Pelze nicht behalten. Da mussten die Juden ihre Dienstmädchen entlassen, und viele davon hatten ihre Dienstmädchen entlassen, aber ihren Pelzmantel mit. Sie hatten gefragt, ob die ihren Pelzmantel aufbewahren könnten bis ...

So, jetzt fahre ich nach Krakau mit einem Pelzmantel, aber es wird bezahlt, es wird alles bezahlt, sonst kann ich ja nicht leben, und da war auch Geld da. Ein [Eisenbahn]Wagen war auch in Polen immer für Deutsche. Jetzt sitzt da ein junges Mädchen. Ja, guten Tag, guten Tag. „Och", sage ich, „wo kommen Sie denn her?" Ja, sie kam aus Wuppertal. Und die Wuppertaler sprechen schon anders als ich. „Ja", sage ich, „wo wollen Sie denn hin?" Wie man sich so unterhält. Ich hatte ein Paket mit einem Pelzmantel, sie hatte einen Koffer. Ihr Vater ist eingesetzt an der Grenze, wo schon Österreich aufhört, im Arbeitsamt. Und sie fährt ihren Vater besuchen, bleibt 14 Tage da, und die konnte mit dem Zug durchfahren – ich stieg ja in Krakau aus. Sie muss aus dem billigsten Milieu gewesen sein, mit ihrer Unterhaltung.

Ich musste noch mit einer Kleinbahn fahren und brachte dem Dienstmädchen von einer reichen Frau aus Warschau den Pelzmantel zum Aufbewahren, und das vier Mal in vier verschiedene Städte. Ich hatte ja keinen Beruf und arbeitete ja nicht mehr. Also das ging schon in Ordnung. Das wurde bezahlt, und so kam ich jetzt in Polen ein bisschen herum.

Nach einem Bericht des „Kommissars für den jüdischen Wohnbezirk" sind bis zum Januar 1942 allein in Warschau mehr als 16.000 Pelzmäntel und -futter beschlagnahmt worden, außerdem weitere über 100.000 Stücke wie Kragen, Pelzteile und Felle.[6] Ebenso wenig wie die bis zur sofortigen Erschießung gehenden Strafen für solchen Schmuggel fanden bei Leni Zytnicka die weiteren Folgen dieser Requirierung Erwähnung: Im folgenden sehr kalten Winter 1941/42 wuchs die Zahl der Krankheiten und Todesfälle im Ghetto wohl auch wegen des Fehlens dieser Kleidungsstücke an.[7] Und in der Zeit nach Auflösung des Ghettos wurde es für die Untergetauchten lebenswichtig, keine Kleidungsstücke zu tragen, denen das Entfernen eines Pelzkragens anzusehen war.[8]

Lederman und die Fellstiefel

Einen weiteren Einblick in die Untergrund-Ökonomie erlangte Helene Zytnicka auch durch die Bekanntschaft ihres Ehemanns mit dem bereits erwähnten Lederman, für den sie anscheinend über einen längeren Zeitraum Kurierdienste übernommen hat.

Auf jüdisch hieß er Lederman und auf Polnisch Sklorski. Der war als Kind mal ein Boxer, hatte die Nase etwas eingeschlagen und war von Natur aus blond, hellblond. Der hatte, darum sage ich das, kein jüdisches Gesicht. Er war verheiratet, hatte eine Tochter, war sehr wohlhabend, aber der hatte schon eine Wohnung im Ghetto, war schon umgezogen.

Der Name Lederman taucht in der Erinnerungsliteratur und in der Geschichtsschreibung des Ghettos Warschau gelegentlich auf. So erwähnt der Judenratsvorsitzende Adam Czerniaków in seinem Tagebuch einen Rafał Ledermann, Offizier (und Leiter der Ausbildungsabteilung) im jüdischen Ordnungsdienst.[9] Ein Henryk Lederman (Kampfname „Heniek", 1901–1944) wird als Teilnehmer des Ghetto-Aufstands und als Mitglied eines jüdischen Bataillons auch des Warschauer Aufstands von 1944 genannt; mit seinen Kenntnissen des Warschauer Kanalsystems sei er ein wichtiger Guide für die Aufständischen gewesen.[10] Aus der Kulturszene des Ghettos wird u. a. von einem Dawid Lederman und einem Zygmunt Lederman berichtet.[11] Wir vermögen nicht zu entscheiden, ob eine dieser Personen in Leni Zytnickas Geschichte eine Rolle spielte.

Dieser Lederman hatte mit dem Hauswirt verhandelt, dass ich die Wohnung [auf der ul. Alberta I] bekomme. Es war ein großes Zimmer, ein Badezimmer, kleiner Korridor und eine kleine Küche. So, jetzt komme ich durch diese Frau, die uns die Wohnung gegeben hat, mit dem stärker in Verbindung. Und auf unserem Küchentisch hat der Lederman mit einem warmen Bügeleisen die Felle gebügelt. Der hat die alle verkauft, und alle Deutschen waren verliebt in diese Stiefel. Auf Leder, also die Felle von Kühen, Schafen, alles, was Felle ist, steht die Todesstrafe. Und dieser Lederman hatte in Warschau eine Sammelstelle für Felle, also für Rinderfelle.

Wenn ich jetzt die Landkarte hätte, dann wüsste ich auch, wie der Ort hieß. Es war ein Doktor in Warschau, der hieß Holzer, der hatte seine Eltern in …, ich komme nicht auf den Namen, aber ein ziemlich deutsch klingender Name. Sein Vater war Arzt, er selbst war in Warschau Arzt und sein Vater in …, hatte dort ein Haus und seine Praxis. Das hatte alles mit dem Lederman zu tun, und mit Bronja. Bronja war ihr Vorname. Sie sah ein bisschen füllig aus, sie sah aus wie eine Christin.

In anderen Zeitzeugnissen stießen wir auch auf eine Frau namens Bronka Feinmesser (geb. Marysia Warman), eine wichtige Kurierin und Verbindungsfrau der jüdischen Kampforganisation ŻOB[12] zum „arischen" Teil Warschaus und als Mieterin einer als Versteck des Untergrunds geeigneten Wohnung in der Leszno-Straße Nr. 18; ihr wird eine „unschlagbare" physische Ausstrahlung attestiert, womit wohl auch ein (im Zeitjargon) „gutes", d.h. nichtjüdisches Aussehen gemeint war.[13]

Der Holzer war ein berühmter Arzt, und ich sollte dahin Geld bringen von Warschau. Wenn ich die Karte habe, dann sehe ich es sofort. Irgendwie hat das mit Treblinka zu tun, das ist diese Route. Jetzt sollte ich von dem Sohn aus polnisches Geld bringen, der Vater gibt mir dann die Dollar. Und mit der Bronja fahre ich jetzt von Warschau aus mit Geld, und wir müssen da in Treblinka, wo die Vergasung ist, umsteigen und dann in einer Kleinbahn weiter. Das war aber schon im Krieg mit Russland. Und dahin bin ich mehrere Male, habe ich so die Dollar geholt, vom Vater geholt, nach Warschau gebracht, in Warschau eingetauscht. Wir sind dann so ein paar Mal gefahren, das ging ungefähr zwei Jahre so. Der und seine Freundin! Ich weiß nicht, der hatte zu viel Bekannte und sah auch nicht jüdisch, sah polnisch aus. Also wissen Sie, man muss auch im Leben ein bisschen Glück haben, und ich war ein Nervenbündel, und mein Mann hatte schon Angst, mir etwas zu sagen. Durch diesen Handel konnte ich mit meiner Familie überleben.

Wir müssen zugeben, diese Geldgeschäfte nicht ganz verstanden zu haben. Es ist weithin bekannt, dass der Untergrund gelegentlich Zahlungen aus dem Ausland erhielt, z. B. über befreundete politische Parteien und Organisationen sowie das Exil; diese waren dann in Złoty umzutauschen, um sie verwenden zu können.[14] Aber umgekehrt? Marek Edelman, einer der Anführer des späteren Ghettoaufstands, betonte in einem Interview, dass diese Auslandstransfers vor dem Tausch möglichst in kleinere Summen von maximal tausend Dollar aufgeteilt wurden, um das Risiko zu mindern.[15]

Dieser Lederman hat auf dem Dorf, wo Holzer wohnte, Felle von den Bauern gesammelt, die Bauern hatten sechs Felle, sieben Felle oder acht Felle, Kuhfelle, da wurde heimlich geschlachtet, das war den Bauern auch verboten. Die Deutschen hatten alle die Stiefel mit den Nägeln unter den Schuhen, aber die Polen hatten maßgefertigte Lederstiefel, sehr elegant, auch die Frauen. So, jetzt wollten zwei deutsche Soldaten, die er kannte, auch so Stiefel haben. Schärpenmacher heißen die, die solche Stiefel machten. Da wollen zwei deutsche Soldaten diese Stiefel haben. Also sie fahren zur russischen Grenze von Warschau mit Munition, kommen auf dem Rückweg an diesem Ort vorbei, wo ich bei Holzer bin mit den Dollars. Aber das weiß ich alles vorher gar nicht. Ich bin mit der Bahn da, aber ohne meine Tochter, allein. Und der

Lederman ist bei Holzer ... Also beim Hinfahren sehe ich die nicht, die Deutschen mit ihrer Munition, aber auf dem Rückweg wollten sie vorbeikommen und diese Art Leder, gegerbt, mitnehmen. Ganz genau weiß ich es nicht, aber irgendwie musste das bei einem Bauern, der in der Nähe von Holzer wohnte, gelagert werden. Wissen Sie, früher hatte man doch so Waschbottiche, der hatte so einen Bottich. So, jetzt komme ich dahin, wo der gerbte, ein kleines Bauernhaus (…). Jetzt kam ich gerade dahin, wo er ein Fell 'rausgenommen hatte aus dem Wasser, klares Wasser, auf den Tisch legte, einen Holzhammer hatte, und ich habe den Mann so bewundert, dass er die Nerven hatte, so lange zu klopfen. Der hat die Felle glattgeklopft anstatt gegerbt. Und ich sitze da und sehe den Mann. Kurze Zeit später werde ich zu einem Bauern gebracht, jetzt ist aber schon der Lederman dabei, werde ich zu einem Bauern gebracht mit dem Fell, aufgedreht, gerollt. Lederman war dabei, die Bronja war dabei und ich.

„Aus dem Königreich Segeroth"

Erneut spielten Essener Verhältnisse eine nicht unwichtige Rolle auf dieser gefährlichen Rückfahrt nach Warschau:

So, und abends um elf Uhr sollte der deutsche Lkw von der russischen Grenze bei dem Bauern vorbeikommen und das aufgedrehte Leder, das war schön sauber, mitnehmen nach Warschau zu dieser Wohnung. Also das alles ging gut, abends, wo es dunkel ist, sind wir bei dem Bauern, der war sehr nett und hat uns Essen gegeben, […] und der LKW, der deutsche von der Grenze, kam erst mal nicht. Dann kam ein deutscher Soldat, das waren die, um zwei Uhr nachts. Sklorski und Bronja bleiben zurück, nur ich fahre mit, und jetzt sitze ich zwischen den zwei Soldaten. Also jetzt waren die aufgerollten Leder hinter ihrem Sitz, aber im Wagen. Der Wagen hatte so viel Platz, dass ich in der Mitte sitzen kann zwischen den zweien. Der eine war doch der Chauffeur und der andere war der Beifahrer.

Wir fahren so eine Stunde auf der Straße nach Warschau. Nach einer Stunde: deutsche Posten, anhalten! Wir halten an, und die Soldaten, die waren so eiskalt, und ich hab' gezittert. Also jetzt mitten auf der Landstraße zwei deutsche Posten. Da sagt der eine [der beiden Soldaten], ich sollte mich dann da hinter mit dem Leder verstecken. Nein, sage ich, warten Sie mal, lassen Sie mich 'mal mit runtergehen. Und ich komme da runter und sage dem: Ich habe den Zug verpasst und habe die gebeten, mich mitzunehmen nach Warschau. Auf einmal sagt der zu mir, sind Sie Deutsche? Aber jetzt können Sie sich ja ausrechnen, wie wir alle geflattert haben. Sage ich, ja. Sagt er, wo kommen Sie her aus Deutschland? Sage ich, aus Essen. Sagt er, kennen Sie den Segeroth, unser Königreich?[16] War das ein Posten aus Essen, aus dem Segeroth! Und da sagt er, was tun Sie denn hier? Ja, sage ich, ich habe da Verwandte besucht, und der Zug ist ausgefallen, die beiden mit dem LKW sind vorbeigekommen, da haben sie mich mitgenommen. Da sagt er, marsch, rauf auf den Wagen, aber geben Sie mir Ihre

Adresse aus Warschau. Da habe ich ihm die Adresse gegeben, Alberta 2, 3, und da sagt er, ich komme Sie besuchen.

Heimatgefühle und -verbindungen hatten ja für Leni Zytnicka, wie erwähnt, immer wieder eine große Bedeutung, doch die Begegnung mit einem Essener Posten in dieser Situation erscheint nur auf den ersten Blick zufällig oder unwahrscheinlich: Mindestens zwei der sogenannten „Reserve-Polizei-Bataillone" aus dem Ruhrgebiet, die sich der neueren Forschung zufolge am Völkermord in Polen intensiv beteiligten, waren nämlich zeitweise in Warschau u. a. zur Ghettobewachung, bei Transporten nach Treblinka sowie im Ghettogefängnis eingesetzt, diejenigen mit den Nummern 61 (aus Dortmund), 301 (aus Bochum) sowie 308 (aus Duisburg); mehrere andere Einheiten aus der Region (Nr. 65 aus Recklinghausen, Nr. 67 aus Essen und Düsseldorf) beteiligten sich in Ostpolen (Raum Lublin) an Deportation und Mord.[17]

Wir haben an dieser Stelle wieder einmal ungläubig oder skeptisch dazwischen gefragt: „Wenn Sie da übers Land gefahren sind, dazu brauchten Sie ja auch eine Geschichte, warum Sie das machten?"

Ich habe da jemand besucht, mein Mann ist beim Arbeitsamt, wissen Sie, ich habe nicht gelogen. Und glauben Sie, ich brauchte nirgends einen Ausweis. Ich habe nur gesprochen. Aber dieser Soldat vom Kontrollposten ist nicht mehr gekommen, die wurden ja damals immer versetzt. Aber das ist eine Geschichte – da sagt er; aus dem Königreich Segeroth. Ja, sage ich, da am Güterbahnhof, da war früher der Güterbahnhof. Vor dem Winter haben meine Brüder mit Leiterwagen die verfrorenen Kartoffeln – wir hatten ja ein Schwein – geholt. Ach, sagt er, da in der Nähe wohne ich. „Rauf" und wir sind weiter. Aber so ein Glück kann ein Mensch nur einmal haben, so ein Glück kann ein Mensch nicht dauernd haben.

Treblinka

Der Ortsname Treblinka wurde in den Jahrzehnten nach 1945 zu einer eindeutigen Chiffre für die dort begangenen Morde. Doch für die Zeitgenossen – und zumal für eine nach Warschau geratene Deutsche – sah dies natürlich zunächst anders aus. Die im Auftrag von Lederman zurückgelegten Wege aber bringen sie in die Nähe dieser Todesfabrik – wir vermuten, in das Dorf Malkinia Górna, von wo aus eine Bahnlinie auch ins Vernichtungslager abzweigte:

Treblinka – da wurde extra ein Bahnanschluss von diesem Bahnhof gelegt, aber da musste ich immer umsteigen, von diesem Bahnhof war dann, zwei, drei [vier] Kilometer, extra eine Strecke gebaut, und da war die Vergasung. Wenn ich die Karte von Polen sehe, sehe ich, wo Treblinka ist, und dann musste ich umsteigen, dann fahre ich noch zwei oder drei Stationen, und da war meine Schwester mit meiner Tochter einmal. Ich war krank, und da sind die beiden gegangen, also das ging aber um Dollar. [...] Dann ist sie mit meiner Tochter zu diesem Holzer gefahren, sagt, „Leni, gut, dass du nicht dabei warst auf der Rückfahrt. Die Deportierten mussten zu Fuß laufen und der Zug konnte gar nicht schnell fahren", wissen Sie, das war aber mehr auf dem Land, wo der Zug da fuhr, „und wir mussten das ansehen. Die Leute, die nicht mehr laufen konnten, die mussten nach Treblinka sechs Kilometer laufen zum Vergasen."

Und einmal – also das muss die deutsche Bevölkerung auch wissen – die Leute kamen erst mal in den Waggons an, dann rein und mussten sich alle entkleiden, nackend mussten die in die Gaskammer gehen. Und jetzt kommt das Interessante: zwei Juden bleiben zurück, sortieren die Kleider und wieder in den Waggon, rein nach Warschau zurück. Also die mussten sich erst ausziehen, die beiden haben sortiert, und zwar immer zwei andere. In Warschau wurden die Kleider gereinigt, und die Deutschen hier, die bei den Luftangriffen die Häuser und alles verloren haben, die tragen dann die Kleider. Also der Bahnbeamte hatte die versteckt, die zwei Jungen.

In dieser kurzen Schilderung steckt eine komplexe Geschichte darüber, wie die Informationen über das weitere Ergehen der aus Warschau Deportierten sich verbreitet haben. Im Lauf der Zeit gelang es nämlich der illegalen und informellen Infrastruktur des Ghettos, Kundschafter nach Treblinka und zurück zu bringen, um Klarheit über die Realität der „Umsiedlung" zu erlangen. Im Januar 1942 bereits kamen – in Form verschlüsselter Briefe und Postkarten – erste verlässliche Nachrichten aus der Vernichtungsstätte Chełmno (Kulmhof) nach Warschau, im Februar zeichnete Hersz Wasser, ein zentraler Mitarbeiter des Untergrundarchivs, den Bericht eines Rückkehrers auf, der in den Zeitungen des Untergrunds publiziert wurde. Im März 1942 trafen ähnliche Berichte aus Bełżec ein, im Juni aus Sobibór. Über die Errichtung von Treblinka II im Frühjahr 1942 und über seine massenmörderische Funktion wurde die Gruppe um Emanuel Ringelblum bereits im Juni informiert; ab Ende Juli lagen präzise Informationen über die Bahn-Logistik und sogar Fotoaufnahmen aus der Vernichtungsstätte im Ghetto vor.[18]

Und ich hatte da schon gehört, dass die polnischen Bauern sich beschweren, aber jetzt war schon fast Ende, jetzt war schon '42. Die hatten sich schon aufgeregt; sie möchten die Asche, die Menschenasche, nicht in Treblinka auf den Äckern. Das fällt mir gerade so ein, die Erinnerung. Die hat mich dermaßen immer mitgenommen, dass ich heute noch an den Knien zittere.

Die Kermanns

Die Bäckerfamilie Kermann, für die Helene Zytnicka in Essen lange nebenberuflich tätig war und mit der sie auch sonst viel Umgang pflegte, war ebenfalls im Oktober 1938 nach Zbąszyń deportiert worden. Die Eltern – Elias und Ryvka

– schafften es, von dort zu ihrem Sohn Mosche nach Brasilien auszureisen; eine Tochter, Mathilde, rettete sich über Wien nach Palästina. Zwei ihrer Kinder, Hans (Chaim) und Lotte, verschlug es 1939 nach Warschau; sie lebten vor allem vom Verkauf ihres restlichen Besitzes. Auch sie mussten im dortigen Ghetto wohnen.

Da war in Essen eine jüdische Bäckerei, ich habe nebenbei da gearbeitet. Das war die Bäckerei auf der Weberstraße ... – Lotti, die die Brötchen ausgebracht hat, und für deren Eltern ich die Steuersachen gemacht habe, und Hans. Die waren aber mit uns im Transport [nach Zbąszyń] – die zwei Kinder, sie war damals 15 und der Bruder war 18, das waren die jüngsten Kinder, und die Eltern auch. Der eine Sohn war in Argentinien[19], der konnte sich noch um die Einreise für die Eltern von Polen aus kümmern. Die Eltern sind noch weggekommen, da war aber noch kein Ghetto, das war noch '39. Aber der Sohn und die Tochter nicht; ein Bruder in Warschau hatte auch eine Bäckerei, der war aus einer Bäckereifamilie, und die hatten keine Kinder. Die nahmen jetzt in Warschau diese zwei Kinder. So, und jetzt sind die mit uns in Warschau und kommen jeden Tag und wir sehen die. Und die Tochter kam ins KZ [ins Arbeitslager Treblinka und nach Auschwitz] aus Warschau – das war alles nach Paragraphen geregelt in Warschau – kam die Lotti ins KZ, hatte auch ihre Nummer. Nach dem Krieg ist sie dann nach Israel.

Und der Bruder war im Ghetto bei der jüdischen Polizei. Die Juden hatten, sobald das Ghetto abgeschlossen war, eine jüdische Polizei. Und sein Tun und Lassen war, die Toten morgens aufzusammeln, denn die Juden, die jetzt sterben, haben kein Geld und keiner ist da, der sie zum Friedhof bringt. Da haben die Juden ihre Toten vor dem Tor im Hause, wo sie gewohnt haben, hingelegt. Und er war bei der jüdischen Polizei, der musste jeden Morgen durch das ganze Ghetto fahren und die Toten einladen.

Einmal bin ich bei meinem Mann im Arbeitsamt, und dem Arbeitsamt gegenüber war das Krankenhaus.[20] Ich weiß aber nicht, ob das nur ein jüdisches Krankenhaus war, aber ich weiß, da war ein Krankenhaus, und ich bin da bei meinem Mann im Büro und muss warten und gucke aus dem Fenster. Da steht an dem Haus ein Wagen, ein Lastwagen, aber ohne Verdeck, und da sind so Kisten. Jetzt der nächste Wagen, [...] und alles so lange Kisten, und der nächste Wagen. Auf der vierten Reihe steht das Krankenhaus – aber ich weiß nicht, dass das ein Krankenhaus ist – da geht das Fenster auf und die heben ein menschliches Skelett aus dem Fenster. Und da auf dem Wagen steht einer, das ist der Kermann, der mit dabei aufräumen muss, geht der Deckel auf und das war eine menschliche Leiche. Das war das erste Jahr, als das Ghetto eingerichtet war. Ich war so schockiert, ich wusste gar nichts, hat der aus dem Fenster ein Knochenskelett rausgehoben und der ist am Wagen auf der anderen Seite und nimmt die Skelette an, wirft das Skelett in eine Kiste rein ... Mein Mann wollte immer nur, dass ich das alles nicht weiß.

Lotte Baer (geb. Kermann), Hans' überlebende Schwester, berichtete in Interviews der 1980er Jahre und auch uns noch im Jahr 2001 unter anderem ein kaum glaubliches Detail: 1942 reiste Hans illegal nach Deutschland und Österreich. Dies war wohl auch wegen seines „nichtjüdischen" Aussehens möglich. In Essen trieb er Schulden eines Mehllieferanten bei der Familie ein; in Wien besuchte er seine Schwester Mathilde. Den Vorschlag, dort zu bleiben, soll er mit der Begründung „Ich muss zurück zu Lotti, die ist zu schön für die Nazis" abgelehnt haben.

Auch über eine Heirat ihres Bruders in dieser Ghetto-Zeit hat Lotte Baer später gesprochen und diese als „verrückt" bewertet. Doch würde ein solcher Vorgang zu den häufigen Gerüchten passen, dass die Angestellten des Judenrats und ihre Familienangehörigen vor Deportationen geschützt seien, was zu mehreren Wellen hastiger Eheschließungen führte[21] – und sich ebenso häufig als Illusion herausstellte.

Immer wieder wurden im Ghetto willkürliche Verhaftungen vorgenommen, um die „Sollzahlen" für die Transporte zu erreichen. Einmal gelang es Lotte Kermann, mit ihrem restlichen Schmuck – einer goldenen Uhr – ihren Bruder von einem solchen Transport freizukaufen. Es ist unsicher, ob Hans Kermann im Warschauer Ghetto erschossen wurde, nach Treblinka oder Majdanek zur Ermordung abtransportiert wurde oder, wie eine andere Quelle nahelegt, noch im Gefängnis Warschau inhaftiert war – die Aussagen und Spuren dazu sind widersprüchlich. Mit dem Datum des 8. Mai 1945 wurde er für tot erklärt.[22]

Anmerkungen

1. Marengo ist ein gemischter Stoff mit 95–97 % schwarzer und 3–5 % weißer Wolle.
2. Vgl. Sakowska 1999, S. 56 f. und 251 ff.
3. Solche Pläne sind beschrieben bei Curilla 2001, S. 573.
4. S. Sakowska 1999, S. 62 – das entspricht ca. 25 Mio. Reichsmark.
5. Czerniaków 1986, S. 212.
6. S. Jüdisches Historisches Institut 1960, S. 192 – In illegale Geschäfte mit Pelzen war auch der Leiter des jüdischen Ordnungsdienstes Szerynski, verwickelt – vgl. Sakowska 1993, S. 242, und Roth/Löw 2013, S. 48.
7. Sakowska 1999, S. 242.
8. S. Goldstein 1949, S. 108.
9. Czerniaków 1986, S. 255 f., Engelking/Leociak 2009, S.216; Bethke 2015, S. 166 f.
10. S. Paulsson 2002, S. 172; vgl. auch Zimmermann 2017, S. 391 f.
11. S. Engelking/Leociak 2009, S. 553 und 629.
12. Die Jüdische Kampforganisation (polnisch: Żydowska Organizacja Bojowa, kurz ŻOB) war eine jüdische Widerstandsgruppe, die ab Sommer 1942 im Warschauer Ghetto gegen Deportationen und die Ghetto-Liquidierung kämpfte.
13. S. Margolis-Edelman 2000, S. 130, Meed 1999, S. 239 ff., und Chodakiewicz 2004, S. 14. Diese Bronka beteiligte sich auch in der (kommunistischen) Armia Ludowa am Warschauer Aufstand 1944 und überlebte ihn. – Eine auf polnische Kurierinnen gemünzte Beschreibung erscheint uns auch für Leni Zytnicka recht passend: „Die Kurierinnen waren häufig blond, kannten mehrere Sprachen und wichen Unterhaltungen nicht aus. Mutig gingen sie durch die Polizeisperren auf den Bahnhöfen, nicht selten in der Gesellschaft charmanter deutscher Offiziere, die ihnen halfen, das schwere Gepäck mit konspirativer Literatur zu tagen." Selbstbewusstes Auftreten und die Fähigkeit zum Rollenwechsel zwischen ländlicher Bescheidenheit und dickhäutigem Großstadt-Drängeln waren erforderlich. Vgl. Sakowska 1999, S. 210.
14. S. Goldstein, 245 f.
15. S. Assuntino/Goldkorn 2002, S. 75 f.
16. … trotzig-ironische Bezeichnung für ein Essener Stadtviertel nördlich des Güterbahnhofs, gemeinhin als subproletarisch, kommunistisch, von Armut und Prostitution geprägt angesehen, mit vielen jüdischen und Sinti-Einwohnern. S. Bajohr/ Gaigalat 1991.
17. Vgl. Curilla 2011, S. 731 und 881; Nachtwei 1996, S. 3 f. und 13; Klemp 2005.
18. Sakowska 1993, S. 38 ff. sowie Reitlinger 1964, S. 235 – weitere Berichte bei Meed 1999, S. 82 f. und 136 f. – Das Mordgeschehen an diesen Orten stand im Zusammenhang mit der „Aktion Reinhardt", ein Begriff für die Ermordung aller Juden, Sinti und Roma im Generalgouvernement (deutsch besetztes Polen und Ukraine) zwischen Juli 1942 und Oktober 1943; vgl. Lehnstaedt 2017, insbes. S. 123 ff.
19. Tatsächlich handelte es sich wohl um eine Tochter in Montevideo/Uruguay – vgl. das Interview mit Mathilde Sensel, einer der überlebenden Schwestern, 1986 (Archiv Alte Synagoge Essen, Bd.-Nr. 173/174).
20. Das moderne und gut ausgestattete jüdische Krankenhaus war Ende 1940 ins Ghetto verlegt worden, in zwei kleine Gebäude an der Leszno-Straße (vgl. Goldstein 1949, S. 73, und Weinstein 2006, S. 489).

21 S. Margolis-Edelman 2000, S. 73; Weinstein 2006, S. 497; Reich-Ranicki 1999, S. 241 f.
22 ITS-Archiv Bad Arolsen, Dok. 6.3.3.3/104686667. Die Widersprüche könnten darauf zurückgehen, dass das im Sommer 1943 auf den Ruinen des Warschauer Ghettos errichtete „Konzentrationslager Warschau" Ende April 1944 als Außenlager dem KZ Majdanek unterstellt wurde.

Vorläufig geschützt
Im Arbeitsamt für den „jüdischen Wohnbezirk"

Die Verfügung über Arbeitskraft verschiedenster Art wurde nach der Errichtung des Generalgouvernements (GG) und mit der Ghettoisierung seiner jüdischen Bewohnerinnen und Bewohner zu einem, wenn nicht *dem* entscheidenden Herrschaftsinstrument; die zuständigen deutschen Behörden setzten es von Anfang an in demütigender Weise ein. Eine entlohnte Anstellung war aber zugleich für die Einzelnen mit der Hoffnung verbunden, dem Hungertod zu entgehen und ab Sommer 1942 der einzige (begrenzte) Schutz vor einer Deportation. Über die in allen Distrikten eingerichteten deutschen Arbeitsämter lief die Rekrutierung und Ausbeutung der polnischen und der jüdischen Arbeitskräfte. Diese Institutionen spielten wie andere Behörden der Zivilverwaltung eine lange kaum beachtete Rolle im Holocaust.

Wie alle im GG lebenden Juden zwischen dem 14. und dem 60. Lebensjahr war David Zytnicki seit Oktober 1939 einem Arbeitszwang zum Nutzen der Besatzer und der deutschen Kriegswirtschaft unterworfen. Seine Frau erwähnte in den Gesprächen nur eine Beschäftigung, und zwar beim Arbeitsamt des Distrikts Warschau, in der 1940 eröffneten *Nebenstelle für den jüdischen Wohnbezirk*[1], an

Warschau im Sommer 1941 (vermutlich Holztreppe zum Ghettoarbeitsamt)

der Kreuzung ul. Leszno/Zelazna. Die Büros befanden sich hauptsächlich in einer ehemaligen Schule mit zwei Zugängen: dem offiziellen von der Straßenseite und dem von jüdischen Arbeitern genutzten, welcher über eine kleine Holztreppe aus dem Ghetto erreicht wurde, also auch von David Zytnicki, der anfangs mit Frau und Kindern um die Ecke in der ul. Karmelicka wohnte.

Diese Institution sollte zum Kristallisationspunkt für die verbleibenden Warschauer Jahre der Familie werden, und in Leni Zytnickas Rückblick nahmen das Arbeitsamt und sein Leiter, Regierungsinspektor Friedrich Ziegler, einen nicht wegzudenkenden Platz ein. Das Ghettoarbeitsamt wird also hier genauer beschrieben, um die teilweise kaum glaublichen Vorgänge in diesem Überlebensprozess verständlicher zu machen.

David Zytnicki wird Arbeitsvermittler

Da haben die Deutschen am Rande vom Ghetto, da war es aber noch nicht geschlossen, ein Arbeitsamt eingerichtet, und da mussten sich alle Juden melden, die wurden sofort eingeteilt für die Fabriken. Da gab es eine große Fabrik für Militärbekleidung, da mussten die jeden Tag hin und Knöpfe annähen an Uniformen.

Mein Mann war ja jetzt geschützt, wohnte im Ghetto, kam aber nur mit einem Passierschein durch das Tor, denn da stand immer, Gewehr auf, ein Posten. (…) Die jüdischen Frauen hatten sich im Arbeitsamt jeden Morgen zu melden. Mein Mann hatte dafür zu sorgen, dass alle Frauen ordnungsgemäß für jede Fabrik eingeteilt wurden.

Die deutschen Ämter im GG kamen trotz der Anwerbung von Verwaltungsleuten aus dem Reich ohne polnische, Deutsch sprechende Kräfte nicht aus; den Ghettoarbeitsämtern wurden diese meist vom Judenrat empfohlen. Auch David Zytnicki wird wegen seiner Sprachkenntnisse dem Ghetto-Arbeitsamt zugewiesen worden sein. Seine Frau erwähnte im Interview einige weitere Mitarbeiter, also Kollegen ihres Mannes. Das mag auf den engeren Vermittlungsbereich zugetroffen haben, aus der Literatur und aus Vernehmungsprotokollen[2] wissen wir aber, dass in dem mehrstöckigen Gebäude 300 bis 400 jüdische Männer und Frauen beschäftigt waren, unter anderem mit dem Anfertigen und Verwalten von Karteien. Eine größere Zahl von ihnen wohnte ständig in den Gebäuden des Arbeitsamtes.

Für David Zytnicki ergaben sich durch diese Anstellung, seine Zuständigkeit für „Arbeitsbataillone", die außerhalb der Ghettomauern eingesetzt wurden, verschiedenste Handlungsmöglichkeiten, und Helene Zytnicka intensivierte mit Hilfe zuvor erwähnter Personen, auch Kontakten zu Deutschen wie dem Leiter des Arbeitsamtes, den unerlaubten Handel mit Devisen. Auf diese Weise begegneten Zytnickis den von der Besatzungsmacht gezielt herbeigeführten Notlagen, d.h. dem Mangel an Lebensmitteln, Medikamenten und vielem anderen. Schon im Verlauf des Jahres 1940 nämlich waren die Essenszuteilungen dramatisch reduziert worden: „Die offizielle Versorgung reichte für höchstens einige Tage im Monat, die übrigen Tage mussten durch Schmuggel gedeckt werden."[3] In einer anderen Berechnungsweise: Es gab auf legalem Weg täglich nicht mehr als 195 Kalorien pro Person.[4]

Die eingetauschten erheblichen Geldbeträge könnten jedoch über den Bedarf der Familie hinaus dem Judenrat oder auch Widerstandsgruppen zugeflossen sein.

Geschäfte mit Polen und Deutschen

Jetzt werde ich aber eine Botin. Wie das überhaupt zustande kam, weiß ich nicht [mehr], ob das ein Pole war, aber [jedenfalls] kein Jude. Er wohnte an der Weichsel, und man hat mich hingebracht. Ich kann es noch zeichnen, die Straße, alles. Da haben die Juden Dollars gekauft. Auf Dollars und Leder war die Todesstrafe für alle, die dabei erwischt wurden. Aber die Juden hatten ja auch polnische Freunde, Christen.

Und ich musste nur das polnische Geld abholen, und der hat die Dollars verkauft an einen deutschen Offizier. Und ich habe das polnische Geld von dem abgeholt und habe es transportiert ins Ghetto zu meinem Mann. Und der vom Arbeitsamt, der Fritz Ziegler, tat so, als wenn er von nichts wüsste. Da wurde das polnische Geld dann abgeholt. Wer die Dollars hatte und <u>wie</u> die dahin gekommen sind, das weiß ich nicht.

Da habe ich einmal zwei Laufburschen von dem Offizier gesehen. Ich habe das polnische Geld da abgeholt und bin damit ins Ghetto. Die hatten das schon alles verhandelt und dann … Das hat alles mein Mann arrangiert, die Leute, die das kriegten.

Offenkundig haben christliche und jüdische Polen, Mitglieder des „Jüdischen Ordnungsdienstes" auf der einen Seite und Deutsche aus Verwaltung, Wehrmacht und Polizei auf der anderen an solchen Geschäften – Deutsche kaufen Dollars und zahlen in Złoty[5] – erheblich verdient. Woher die US-Währung stammte, ob aus von jüdischen Besitzern nicht abgelieferten Devisenbeständen, z. B. aus Schließfächern in polnischen Banken[6] oder aus amerikanischen Hilfssendungen, vielleicht des *Joint Distribution Committee*, haben wir, wie gesagt, nicht herausfinden können. Die Geldtransaktionen seien „eine ganz geheime Sache" gewesen und überaus gefährlich, erzählte unsere Zeitzeugin, umso mehr habe es sie erstaunt, dass ein deutscher Offizier Untergebene schickte:

Einmal habe ich seinen Adjutanten wiedererkannt. Der lachte und ich lachte. Nicht, dass der Deutsche selbst, der Offizier oder Oberoffizier da gekommen ist und das Geld holte –, nein, der Bursche!

Bereicherung durch verbotenen Handel mit begehrten Waren, auch Erpressung und Schmiergelder wurden in Warschau zu einem alltäglichen Phänomen, es galt als offenes Geheimnis auch im Herrschaftsgefüge der Deutschen: „Sieht man sich den Täter-Apparat im Generalgouvernement genauer an, so zeigen sich hier Strukturen, die so gar nicht in das Bild einer perfekt funktionierenden Über-Bürokratie passen, in der jeder nur wie ein Rädchen in der großen Maschine zu agieren hatte. Eher erinnern die hier zu beobachtenden Verhältnisse an eine ebenso korrupte und kriminelle wie dilettantische Kolonialverwaltung."[7]

Die Zusammensetzung der deutschen Beschäftigten hier wie im gesamten zivilen Verwaltungsapparat war Gegenstand vieler Klagen: Goebbels kritisierte im Frühjahr 1942, dass der Osten ein „Schuttabladeplatz für im Reich gescheiterte Beamte und Offiziere" geworden sei. Dazu ist aber anzumerken, dass abgeordnete Beamte nur eine kleine Minderheit der deutschen Verwaltungsmitarbeiter ausmachten. Mit der Formel „Kriminelle, Drückeberger, Versager, Abenteurer und Glücksritter, strafversetzte und abgehalfterte Beamte, ‚Ostraum-Visionäre' und fanatische Nationalsozialisten" ist die Mischung wohl zutreffender beschrieben.[8]

Bestechung im Amt

Die deutschen Arbeitsämter rekrutierten polnische Arbeitskräfte für das Deutsche Reich, sie organisierten Lager für Zwangsarbeiter, und sie entschieden mit der Vergabe oder Verweigerung der nötigen Papiere für eine Beschäftigung am Ende über Leben und Tod der Ghettobewohner. Die Arbeitsamtsnebenstellen für die „jüdischen Wohnbezirke" im GG stellten unter anderem die „Meldekarten für Juden" aus, eine Konsequenz der Durchführungsvorschrift zur Einführung des Arbeitszwangs.[9] In die ebenso wichtigen „Arbeitskarten" wurden die Beschäftigungsverhältnisse eingetragen; sie verblieben meist beim Arbeitgeber, aber „der Arbeitnehmer erhielt vom Arbeitsamt eine Bescheinigung über die Anstellung".[10] Diese aufwändigen, bis zuletzt nicht abgeschlossenen Registrierungsvorgänge konnten durch Bestechung beeinflusst werden. Die Mitarbeiter der Arbeitsämter waren dafür bekannt, „sich auf alle nur mögliche Art und Weise zu bereichern."[11]

Anfangs kauften sich vermögende oder durch eigene Unternehmen gut verdienende Ghettoisierte vom Arbeitszwang frei. Viele arbeits- und mittellose Juden waren aber darum bemüht, auf den vom Judenrat zusammengestellten Listen der arbeitsfähigen Juden zu stehen. Anhand dieser Listen konnten sie vom Arbeitsamt für eine festgelegte Arbeitsleistung angefordert werden und einen zwar geringen, aber zum Überleben unentbehrlichen Verdienst und zudem Verpflegung erwarten.[12] Manche Firmen zahlten den Lohn an den Judenrat, oder sie entlohnten die Einzelnen (mit Zustimmung des Arbeitsamtes) in Form von Lebensmitteln.[13] Dabei ist zu berücksichtigen, dass der Arbeitszwang für beinahe 500.000 Menschen galt, die tatsächliche Beschäftigung jedoch nicht über 100.000 Arbeitskräfte hinausging.[14] Das lag einmal daran, dass im Ghetto mit großer Im-

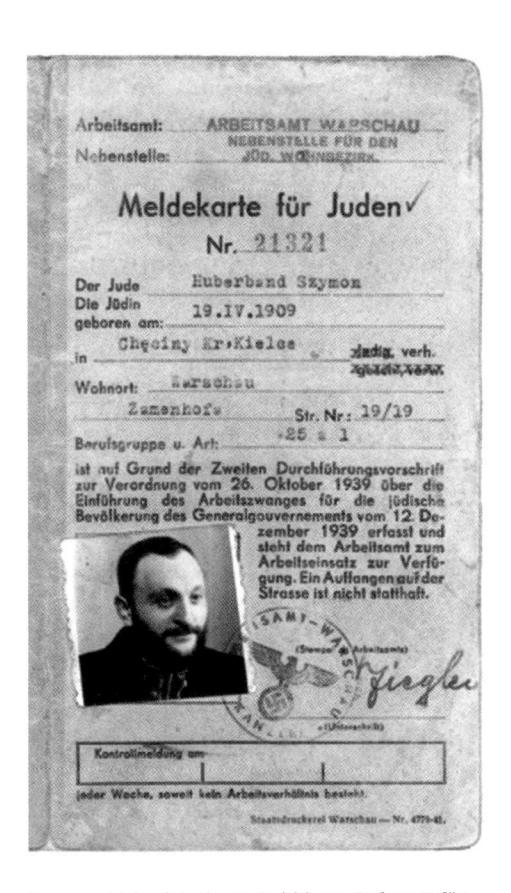

Szymon Huberband war Rabbiner, Referent für religiöse Angelegenheiten in der Jüdischen Sozialen Selbsthilfe und ein wichtiger Mitarbeiter des Untergrund-Archivs „Oneg Shabbat" von Emanuel Ringelblum. Er wurde mit seiner Frau im August 1942 in Treblinka ermordet.

provisationskunst weiterhin illegal für den polnischen Markt produziert wurde[15], zum anderen vermittelten weder die Arbeitsverwaltung noch die sog. Transferstelle[16] genügend Arbeitsstellen und Aufträge. Somit blieb auch die Arbeitslosigkeit hoch. Im Dezember 1941 suchten in Warschau offiziell über 67.000 jüdische Männer eine Arbeit.[17]

Die Arbeitsverwaltung im GG vertrat, wenn es um jüdische Arbeitskräfte ging, im Großen und Ganzen das Prinzip der Freiwilligkeit, weil sie nur so eine optimale Leistung erwarten konnte. Seit Anfang 1941 ging sie dabei folgendermaßen vor: Jüdische Fachleute sollten *im* Ghetto deutsche Aufträge bearbeiteten, während Menschen ohne Ausbildung außerhalb eingesetzt wurden, d.h. im Straßenbau, bei der Wehrmacht und in bestimmten Produktionsstätten.[18]

Als die Deportationen begannen, gaben diejenigen Ghettobewohner, die Wertsachen besaßen (das waren nur noch wenige), diese für die Vermittlung irgendeiner Art von Arbeit her. Insbesondere Frauen und Kinder suchten von sich aus eine Beschäftigung in der Hoffnung auf Geld oder Essen für die Familie.[19] Begehrt waren die – auch von David Zytnicki jeden Morgen zusammengestellten – Arbeitsbataillone, weil sie außer dem Verdienst eine Erlaubnis zum (stets bewachten) Verlassen des Ghettos boten. Man kann sich vorstellen, was ein „Außenkommando" für mögliche Tauschgeschäfte, für das Schmuggeln von Nahrungsmitteln oder für die Suche nach einem Versteck bedeutete – und dass für eine solche Anstellung 500 Złoty und mehr an Arbeitsamtsangestellte gezahlt wurden. Die Augenzeugin Vladka Meed hat sich später erinnert:

Arbeitskarte des Arbeitsamts Warschau

„Jeden Morgen eilte mein Bruder Chaim zum Arbeitsamt, das an den Judenrat angeschlossen war und Arbeiter für die *placowkes*, die deutschen Zwangsarbeitergruppen, die außerhalb des Ghettos arbeiteten, beschaffte. Chaim war begierig, einen Platz in solch einem *placowka* zu bekommen, aber er hatte kein Glück. Solche Stellen erhielt man normalerweise durch Bestechungsgelder – die wir uns nicht leisten konnten."[20]

In diesen Kolonnen, insgesamt umfassten sie bis zu 5.000 Menschen, so hat es Marcel Reich-Ranicki erlebt, sei trotz Bewachung das Schmuggeln zum Beruf geworden: „Sie konnten aus dem Ghetto Verkäufliches mitnehmen, insbesondere Kleidungsstücke, gelegentlich auch Uhren oder Schmuck; alles wurde schnell zu Schleuderpreisen abgesetzt. Für den Erlös kauften sie Lebensmittel, die sie gegen Abend, wenn die jüdischen Kolonnen zurückkehrten, ins Ghetto schmuggelten."[21]

„Freiwillige" und erzwungene Arbeit in Shops und Lagern

Mit einiger Wahrscheinlichkeit ist David Zytnicki 1941 oder 1942, nachdem seine Frau und die Töchter nicht mehr mit ihm im Ghetto lebten, von der ul. Karmelicka in die Arbeitsamtsnebenstelle oder in eine der benachbarten, mit Angestellten und Hilfskräften belegten Wohnungen in der ul. Leszno 71 oder 73 gezogen.²² Diese Straße, die teils im Ghetto, teils außerhalb verlief (siehe die Karte), war zu einem Verwaltungs- und Produktionszentrum geworden.

Zwischen diesem Arbeitsamt, den deutschen Firmen, der Transferstelle und dem Judenrat gab es enge Kontakte: „Der Rat war als Bindeglied zwischen den deutschen Stellen und der jüdischen Bevölkerung für die innere Verwaltung des Ghettos, die Fürsorge für die Ärmsten und für die Durchführung der deutschen Verordnungen verantwortlich (…)."²³

1940/41 hatte die deutsche Besatzung verstärkt auf eine Veränderung hingearbeitet: die Judenräte wurden nicht weiter mit Lebensmittelrationen für den jüdischen Wohnbezirk beliefert, es sei denn, sie zahlten dafür (was mangels Einnahmen nur bedingt oder über Kredite möglich war). Vielmehr sollten Juden und Jüdinnen ihren Lebensunterhalt selbst verdienen, vor allem indem sie im Ghetto in vom Judenrat initiierten Werkstätten²⁴ oder, wie schon seit Herbst 1939, im „christlichen" Teil der Stadt für deutsche Zwecke arbeiteten. Es ging den Machthabern um ein sich selbst tragendes Ghetto, das auf keinerlei Subvention angewiesen war. Eine entsprechende „Erfolgsmeldung" – keine öffentlichen Zuschüsse bei gleichzeitiger Erhebung von Steuern und Abgaben – verbreitete der Leiter der Transferstelle, Bischof, im März 1942.²⁵

Arbeitsämter hatten ab Herbst 1941 mit günstigen Bedingungen für die Ansiedlung reichsdeutscher Firmen in den Ghettos geworben; diese mussten ihre Arbeiter mit nur geringen Beträgen von durchschnittlich fünf Złoty am Tag²⁶ entlohnen und für deren kärgliche Verpflegung sorgen. In einigen Teilen des Ghettos, unter anderem in und um die ulica Leszno, ließen sich Produktionsstätten nieder, sog. Shops oder Schuppen, z. B. die Firma K.G. Schultz in der ul. Leszno und in der nahen ul. Ogrodowa, welche Socken für die deutschen Soldaten anfertigte. Auch der Bremer Textilfabrikant Többens zog (nach der Enteignung ansässiger jüdischer Unternehmer) in die ul. Leszno.

Diese Shops fertigten Bekleidung und Zubehör für die Wehrmacht. Wer dort beschäftigt war, hatte die größte Chance, vorerst nicht deportiert zu werden. Jüdische Menschen seien, so der Chronist Frederick Weinstein, begierig gewesen auf eine Anstellung in den Werkstätten: „Und die Besitzer der ‚Shops' – sowohl Többens als auch Schultz – nutzten diesen Umstand aus und nahmen die ‚billigen Neger' auf, um sie gründlich auszubeuten, solange es noch möglich war."²⁷

Seit Mitte des Jahres 1940 bereits hatten in Warschau Arbeitslager zum System und zur Drohkulisse der NS-Ausbeutungspolitik gehört. Die Arbeitsamtsnebenstelle am Ghetto war auch für die Kontingente jüdischer Arbeiter zuständig, die von den Lagern angefordert wurden. Das enorme Pensum der Mitarbeiter in diesem Amt erhöhte sich Anfang Juli 1942 noch einmal, als der Jüdische Ordnungsdienst angewiesen worden war, die Melde- und die Arbeitskarten der Ghettobewohner zu überprüfen. Wer nicht über korrekte Ausweise verfügte, dem drohte die Verschleppung in ein Arbeitslager. Dabei war wiederum den Arbeitsämtern die Ent-

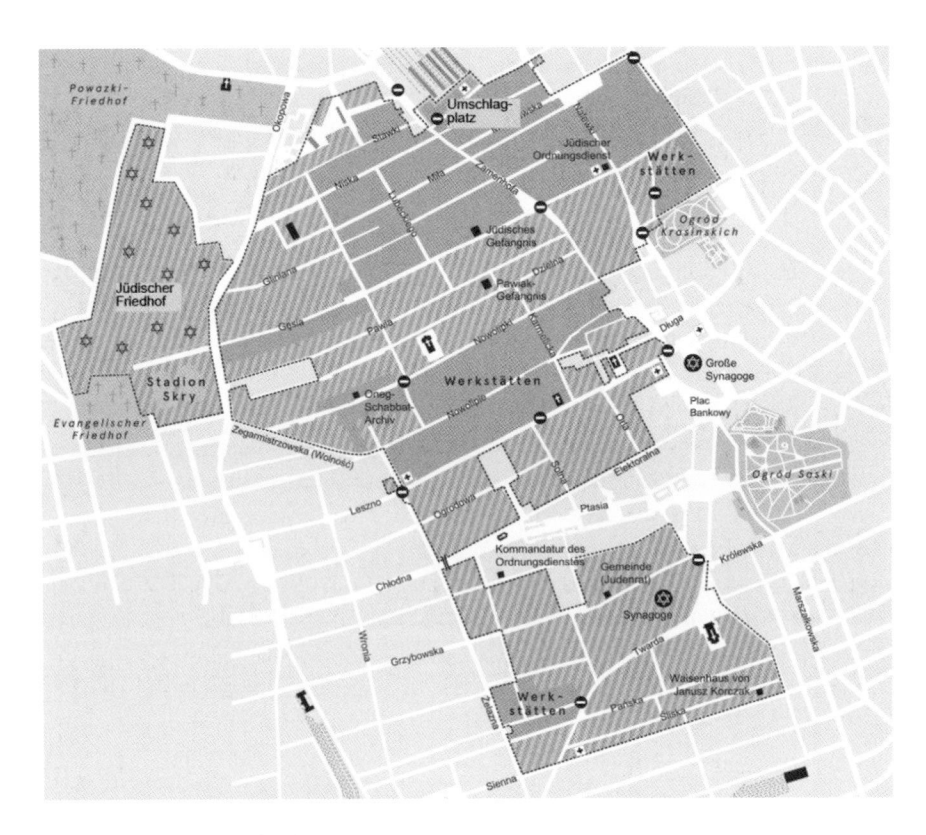

Warschauer Getto 1942

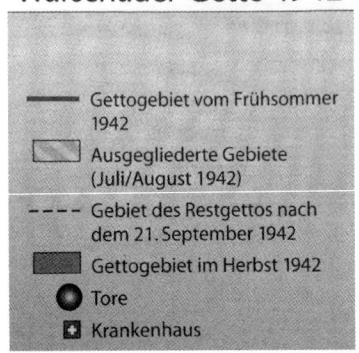

- Gettogebiet vom Frühsommer 1942
- Ausgegliederte Gebiete (Juli/August 1942)
- Gebiet des Restgettos nach dem 21. September 1942
- Gettogebiet im Herbst 1942
- Tore
- Krankenhaus

scheidung über die Anerkennung von „Arbeitsjuden" übertragen worden. „Man stürzte sich auf die Schalter des Arbeitsamtes, jeder wollte seine Papiere auf alle Fälle in Ordnung haben. Das Arbeitsamt war natürlich dem großen Andrang nicht gewachsen. So wartete man tagelang in langen Schlangen. Abends sausten Lastautos der SS durch die Straßen, sie schossen aus ihren Maschinengewehren in die Luft, alles floh in die Häuser (…)."[28] Außer auf diesem regulären Weg erhofften viele Bedrohte, mit gefälschten Karten und Bescheinigungen den Razzien entgehen oder sich auf Firmengelände verstecken zu können.

Die umzäunten deutschen Werkstätten wurden also zunächst zu einer Hoffnung für das Überleben auch der Familienangehörigen, die sich vielfach tagsüber im Umfeld der Arbeitsstätten verbargen. Sie stellten ab Ende Juli 1942 aber mehr und mehr eine Gefahr dar, denn den Razzien dort und in den angeschlossenen Wohnblocks konnte kaum jemand entfliehen. In einem zeitgenössischen Bericht heißt es: „Sie erfahren, die Arbeiter aus der Ogrodowa 27 sind schon in den Hof der Zentrale abgeführt worden, in die Leszno-Straße. Als Ewa und ihre Schwester das Tor der Zentrale erreichen, sehen sie, daß die Leute im Parterre aus den Fenstern springen. Das Haus ist abgeschlossen. Eine Falle."[29]

Als es kaum noch um wirtschaftliche Rationalität ging, sondern in erster Linie um die Vernichtung der Ghettobewohner, wurden im verkleinerten Ghetto zahlreiche Shops geschlossen und die Außenkommandos reduziert. Nicht beschäftigte Ghettobewohner sollten sich unter Drohungen „freiwillig" zum Umschlagplatz begeben.[30]

Im Herbst 1942 blieben nur einige „wehrwirtschaftlich wichtige" Produktionsstätten erhalten; deren Leitungen sollten die Arbeitskräfte vorerst auf Firmengelände unterbringen und später über die Lager der SS ihren Bedarf decken.[31] Anstellungen und entsprechende Ausweise, das waren durch Firmen beglaubigte rote Arbeitskarten, verhinderten unter den Bedingungen extremer Willkür aber nicht die Deportation: „Wenn die Tagesrate nicht erfüllt war, trieben [sie] Menschen von der Straße oder aus nahen Häusern zusammen und kümmerten sich dabei nicht um Arbeitsbescheinigungen."[32] Anfang September begrenzten die Machthaber die Zahl der Ghettobewohner auf 35.000. Leiter von Betrieben und Institutionen hatten nach Listen eine festgelegte Anzahl gelber Zettel oder Abzeichen mit einer handgeschriebenen Ziffer, gestempelt und unterschrieben vom Judenrat, auszugeben. Während dieser Registrierung „herrschten unbeschreibliche Zustände; ein Kampf um Leben und Tod."[33] Die Nummer bot die einzige, auch wieder nur vorläufige Rettung; sie musste sichtbar an der Kleidung getragen werden. Die SS suchte im Ghetto nach Menschen ohne eine solche „Lebensnummer", trieb sie zum „Umschlagplatz" oder erschoss sie an Ort und Stelle. Als die SS wahrnahm, dass Nummern mehrfach vergeben worden waren und tausende Ghettobewohner ohne Beschäftigung der Anordnung, sich am Umschlagplatz einzufinden, nicht folgten, trieb sie Anfang September 1942 80.000 bis 100.000 Jüdinnen und Juden aus Arbeitsstellen und Wohnungen zu einer mehrere Tage dauernden „Registrierung" in der Milastraße zusammen. Nur 30.000 Menschen und solche, die für die Ghettoverwaltung arbeiteten, sollten nach dem Willen der Machthaber ohne ihre Angehörigen als Arbeitskräfte zurückbleiben (es verbargen sich aber ungefähr doppelt so viele). Zugleich zog die SS die Ghetto-Grenzen wiederum enger und raubte das Hab und Gut aus den leeren Wohnungen. „Jedem Betrieb wurde eine bestimmte Zahl von Arbeitern zugebilligt, die nach strenger Kontrolle den ‚Kessel' unter Führung ihres Betriebsleiters wieder verlassen und zum Betrieb zurückkehren durften."[34] Diejenigen, die zurückblieben, wurden zum „Umschlagplatz" getrieben und in Treblinka ermordet. Dieses an Brutalität kaum zu beschreibende Vorgehen ist als „Kessel an der Mila" in die Geschichte der Shoa eingegangen.[35]

Kein gewöhnliches Verwaltungshandeln

David Zytnickis Tätigkeit war Teil eines in der Arbeitsverwaltung entwickelten Ablaufs: „Firmen, die jüdische Arbeiter suchten, mussten eine sogenannte Anforderung an das Arbeitsamt/Nebenstelle für den jüdischen Wohnbezirk (Neb.Ju.) in der ul. Leszno 84 richten. Nach der Genehmigung durch das Arbeitsamt erfolgte die Gestellung der Arbeiter durch den Judenrat, das Arbeitsamt wies sie wiederum den Betrieben zu. Nur auf diesem Wege erhielten der Arbeitsplatz und damit der Stempel in der Meldekarte des jeweiligen Arbeiters die formale Gültigkeit."[36] Der Judenrat traf die Auswahl der Pflichtarbeiter, und bei „Zurückstellungen" gab es Absprachen zwischen diesem und der Nebenstelle des Arbeitsamts.[37]

Zwar orientierten sich die Arbeitsämter im GG an der Struktur der Arbeitsverwaltung des Reiches (formal waren sie dem Reichsarbeitsministerium unterstellt), wurden aber zu willigen Instrumenten der im Reichssicherheitshauptamt und von Generalgouverneur Hans Frank gefassten Pläne zur Unterwerfung der polnischen und zur Ghettoisierung und „Umsiedlung" der jüdischen Bevölkerung. Anders als in Deutschland gaben sich Funktionsträger in den Arbeitsämtern durch Uniformen, Armbinden und Abzeichen einen militärischen Anstrich, was die Hierarchie oder genauer gesagt: die nationalsozialistische Herrenmenschenideologie auch an dieser Stelle verdeutlichte.

Die Nebenstelle des Warschauer Arbeitsamtes empfing Weisungen vom Leiter des Hauptamtes, Hoffmann, sowie, eine Rangstufe höher, vom Kreis- bzw. Stadthauptmann, d.h. die Hans Frank in Krakau unterstellte Ebene der Zivilverwaltung und war dieser gegenüber rechenschaftspflichtig. SS- und Polizeiführer hatten eigene, von der Dynamik des Krieges und ab 1941/42 vor allem von der Vernichtungspolitik abhängige Zielsetzungen und wirkten auf die deutschen Ämter ein, etwa indem sie bestimmte, ihnen 1940 entzogene Zuständigkeiten beanspruchten, wie jene für die Organisation von Zwangsarbeit, was im Sommer 1942 gelang.

Die deutschen Betriebe machten ihr Interesse an kundigen und nicht zu schlecht ernährten Arbeitskräften deutlich – zunehmend im Widerspruch zu dem von SS und Polizei – und wirkten vielfach außer mit Argumenten zum Erhalt der Arbeitskräfte durch Bestechung auf die leitenden Arbeitsamtsmitarbeiter ein. Spannungen gab es auch zwischen dem Arbeitsamt und dem Judenrat, der unter anderem die Verantwortung für die „Erfüllung des Arbeitszwangsdienstes" trug und somit beschäftigungslose Juden bürokratisch zu erfassen hatte. Dessen Obmann, Adam Czerniaków, sah beispielsweise seine wie die Autorität des gesamten Rates untergraben, als die Besetzung von Angestellten-Stellen weitgehend in der Arbeitsamtsnebenstelle entschieden wurde.[38] Ihr Leiter, Friedrich Ziegler, scheint solche Angelegenheiten seinen vom Judenrat entsandten Angestellten überlassen zu haben, hauptsächlich Rechtsanwalt Norbert Goldfeil und Dr. Witold Aronson.[39]

Bis Mitte 1942 die Sicherheitspolizei den Bereich der Organisation jüdischer Arbeitskräfte ganz übernahm und von den Arbeitsämtern lediglich Unterstützung erwartete[40], gab es in der von Ziegler geleiteten „Nebenstelle am jüdischen Wohnbezirk" jedoch durchaus Handlungsspielräume. Seine Funktion sah vor, Firmenansiedlungen zu bestätigen oder sie abzulehnen; er befand über Erweiterungen und bestimmte die Arbeitskräftekontingente. Auch mit Fusionen von Unternehmen war die Arbeitsamtsnebenstelle befasst, einem wiederum von Korruption stark durchdrungenen Bereich.[41]

Dass diese Institution wie alle Arbeitsämter im GG über die Beschäftigung oder Nichtbeschäftigung bedrohter Menschen entschied, machte sie zu gefürchteten bis verhassten Institutionen und schließlich zu Anschlagszielen des polnischen und jüdischen Widerstands. Während der Zeit der deutschen Okkupation sind mindestens 25 deutsche Mitarbeiter der Arbeitsverwaltung getötet worden.[42] In einem Bericht zur „politischen Lage" des Distriktgouverneurs Warschau ist auch von einem Sprengstoffanschlag auf die Zentrale des Arbeitsamts Warschau im Februar 1943 die Rede.[43]

Ein „guter Nazi"? Der Leiter der Arbeitsamtsnebenstelle

David Zytnickis Vorgesetzter, Amtsleiter Ziegler, war nach Frau Zytnickas Aussagen schon seit Einrichtung der Nebenstelle über die Geldgeschäfte – Dollars gegen Złoty – informiert. Es ist allerdings undeutlich geblieben, ob sie, wenn sie mit diesem oder mit ihrem Mann solchen Handel vereinbarte und die illegal getauschte polnische Währung ablieferte, mit einem Passierschein im Arbeitsamt ein- und ausging. Zumindest eine Zeitlang nutzte sie ja das Gerichtsgebäude in der ul. Leszno, das, wie zuvor beschrieben, über zwei Eingänge erreicht werden konnte.

Schon vor Beginn gemeinsamer oder von Friedrich Ziegler manchmal vielleicht nur geduldeter illegaler Aktivitäten hatte sich allem Anschein nach ein Vertrauensverhältnis zwischen dem Ehepaar Zytnicki/Zytnicka und dem Leiter des Ghettoarbeitsamtes entwickelt. Zum einen wird dieser hinsichtlich der Organisation von Arbeitseinsätzen auf David Zytnickis Kontakte, vor allem zum Judenrat, auf seine Ortskenntnis und schon in Deutschland gesammelten Erfahrungen in der Gemeinde- und Verbandsarbeit angewiesen gewesen sein. Zum anderen fand er in den beiden erfinderisch Handelnde für den Schwarzmarkt diesseits, aber mehr noch jenseits der Ghettomauer. Zytnickis könnten Ziegler (und seine Frau) sogar in ihr kompliziertes Familienleben mit den falschen Identitäten und zwei Wohnungen eingeweiht haben.

Ich war jeden Tag in diesem Arbeitsamt, so Helene Zytnicka, *besuchte den deutschen Chef und eine Treppe höher meinen Mann*. Auf unsere erstaunte Nachfrage bekräftigte sie: *Ich bin jeden Abend zu meinem Mann gegangen an der Treppe*. Auch sprach sie von Nachrichten zum Kriegsverlauf, die sie zusammen mit Ziegler an dessen Radio angehört habe.

Aus der NSDAP-Mitglieder-Kartei

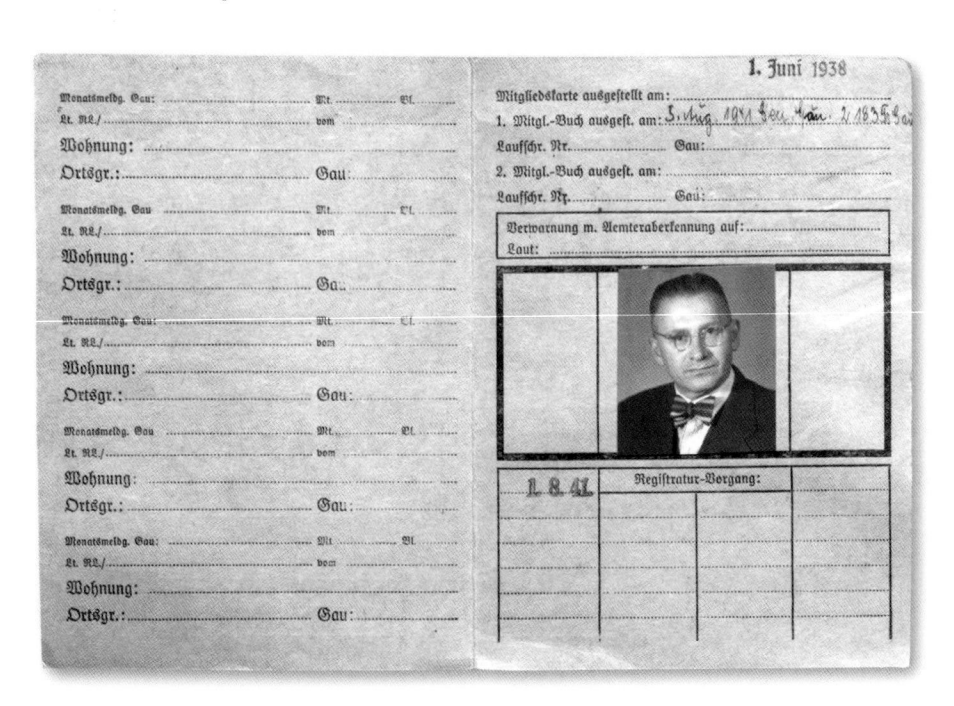

Wer war dieser politisch und moralisch äußerst schillernde, von Mannheim nach Warschau gewechselte Friedrich Ziegler? In seiner Entnazifizierungsakte lesen wir, dass er 1891 in Wien geboren und katholischer Konfession war. 1926 wurde er eingebürgert und arbeitete seit 1932 als Angestellter beim Arbeitsamt Mannheim, hatte dort 1938 den Beamtenstatus (gehobener Dienst) erlangt und stieg zum Regierungsinspektor auf; 1937 trat er der NSDAP bei.[44] Ziegler gab nach dem Krieg an, 1933 zunächst wegen seiner Nähe zum katholischen Milieu berufliche Probleme gehabt zu haben, eine Kündigung sei aber zurückgenommen worden. Außer einer „Blockwalter"-Funktion in der Nationalsozialistischen Volkswohlfahrt[45] von 1936 bis 1938 und Mitgliedschaften in der Deutschen Arbeitsfront sowie im Reichsbund der Deutschen Beamten vermerkte er in einem Fragebogen weder weitere Zugehörigkeiten noch Parteiauszeichnungen. Er klassifizierte sich entsprechend dem Entnazifizierungsgesetz, das fünf Kategorien vorsah, als „Mitläufer" (Kategorie IV), und so wurde er 1947, nachdem er zunächst wegen besagter Funktion als „Belasteter" (Kategorie II) gegolten hatte und dagegen Widerspruch einlegte, schließlich von der Spruchkammer Mannheim-Freudenheim auch eingestuft.[46] Das Leumundszeugnis eines Vikars bescheinigte ihm, er sei „alles andere" gewesen, „nur kein Nationalsozialist". Allerdings hatte Ziegler seine Dienstjahre im GG, um die es hier geht, im Entnazifizierungsformular verschwiegen und allein Mannheim als Dienstort genannt. Es mag sein, dass er seinerzeit an die Arbeitsämter in Warschau und anschließend im südpolnischen Rzeszów (Reichshof) abgeordnet oder „ausgeliehen" wurde, so dass er nach dem Krieg so ungeniert wie unauffällig die Spruchkammer täuschen konnte. Die Spuren, welche Ziegler in Warschau hinterlassen hat, sind jedoch vielschichtig.

Er war mit diesem beruflichen Weg zweifellos das, was in der Rückschau „Schreibtischtäter" genannt werden muss. Diese Zuordnung schließt andere Perspektiven, wie diejenige von Leni Zytnicka, aber nicht aus.

Im Jahr 1940 hatte man ihm, nachdem er bereits in leitender Stellung in der Zentrale des Warschauer Arbeitsamtes, Abteilung „Arbeitseinsatz Juden", angestellt gewesen war, die Leitung der neu geschaffenen Nebenstelle am „jüdischen Wohnbezirk" übertragen. Überliefert ist unter anderem eine von Ziegler unterschriebene Anordnung aus dem Sommer 1942, also während der großen Deportationen: „Im Auftrag des Arbeitsamtes Warschau" und, wie üblich, durch den Judenrat bekanntgegeben, hieß es darin, Juden dürften ihren Arbeitsplatz nur noch mit Genehmigung der Arbeitsamtsnebenstelle wechseln, und weiter: „Wer seine Arbeitsstelle verläßt, wird sofort ausgesiedelt".[47] Während einer Vernehmung im Jahr 1964 hat Ziegler seine Autorschaft allerdings bestritten: „Ich halte es für möglich, daß der Judenrat den letzten Satz (…) von sich aus hinzugefügt hat, um dem Erlaß eine größere Wirksamkeit zu verleihen. Auf die Umsiedlung hatte ich selbst überhaupt nicht den geringsten Einfluss. Deshalb kann ich mir nicht vorstellen, daß ich von mir aus diesen Satz eingefügt hätte. Jedenfalls kann ich mich nicht an einen derar-

VORLÄUFIG GESCHÜTZT | 149

> **Der Judenrat in Warschau**   Warschau, den 25. August 1942
>
> Im Auftrage des Arbeitsamtes – Warschau
> gibt der Judenrat folgendes bekannt:
>
> **ARBEITSAMT WARSCHAU**
> Nebenstelle für den Jüd. Wohnbezirk
>
> # ANORDNUNG.
>
> „Ein Wechsel des Arbeitsplatzes darf nur mit vorheriger Genehmigung des Arbeitsamtes Warschau, Nebenstelle für den Jüd. Wohnbezirk erfolgen.
> Wer seine Arbeitsstelle verlässt wird sofort ausgesiedelt".
>
>   Arbeitsamt Warschau
>   gez. ZIEGLER, Regierungsinspektor

Anordnung des Ghetto-Arbeitsamts 1942

tigen Erlaß, insbesondere nicht an den Zusatz, erinnern."[48] Ziegler bekräftigte auch ein Jahr später, diesmal als Zeuge in einem Ermittlungsverfahren gegen den damaligen Chef der Sicherheitspolizei und des Sicherheitsdienstes in Warschau, Ludwig Hahn[49], er, Ziegler, habe die Deportationen in keiner Weise beeinflussen können.[50] In den jüngeren Forschungen zum GG wird aber nicht mehr bezweifelt, dass die Mitarbeiter der Arbeitsverwaltung indirekt, aber auch „direkt an den Deportationen von Juden und damit an der Vernichtung beteiligt"[51] gewesen sind.

Über die Person Ziegler gibt es auch Anderes, Gegenteiliges zu sagen. Er hat die Rettung einiger bedrohter Juden geschehen lassen bzw. ostentativ nicht verhindert. Beispielsweise sah er sich, da selbst Käfersammler, die riesige Sammlung eines seiner Angestellten, des prominenten Insektenkundlers Dr. Szymon Tenenbaum (1892–1941) im Sommer 1941 in der Wohnung des Warschauer Zoodirektors Jan Żabiński an und – so wird überliefert – nahm diesen anschließend im Dienstwagen ins Arbeitsamt mit. Zum Zweck der Rettung der wertvollen Sammlung ermöglichte er ihm mehrere Gespräche mit Tenenbaum, auch außerhalb des Gebäudes, d.h. er benutzte den Hintereingang, um ins Ghetto zu gelangen. Ziegler muss geahnt haben, dass Żabiński in den darauffolgenden Wochen die Bekanntschaft mit ihm (und die Ahnungslosigkeit des Pförtners) zu nutzen wusste: Mehrere Menschen gelangten in Żabińskis Begleitung aus dem Arbeitsamt in den „christlichen" Teil der Stadt; sie fanden ein Versteck in den Katakomben des zerbombten Zoos.[52] Ein Zeitzeugenbericht über das Warschauer Ghetto charakterisiert Ziegler so: „… ein Mann, der sich korrekt benommen hat und der bei der SS nichts zu sagen hatte."[53] Dies bestätigt die These, dass die handelnden Behördenmitarbeiter in der Umsetzung der allgemeinen Judenmordpolitik durchaus über einige Optionen der Beschleunigung, Verlangsamung und Behinderung verfügten.[54]

Während seiner Befragung im Jahr 1964 gab Ziegler an, sich bei einem SS-Untersturmführer beschwert zu haben, als seine 300 bis 400 jüdischen Arbeitskräfte gleich zu Beginn der Deportationen im Juli 1942 „weggeholt worden" seien; er habe 150 von ihnen zurückfordern können. In einem ähnlichen Zusammenhang sprach Ziegler als Zeuge im Jahr 1965 von einem seinerzeit „sehr guten Verhältnis" zu seinen jüdischen Mitarbeitern.[55] Auch habe es nach der „großen Ghettoaussiedlung" in seiner Nebenstelle kaum noch Arbeit gegeben: „Wir hielten die Juden nur noch, um ihnen das Leben zu erhalten."[56]

Im November 1942 sei die Arbeitsamtsnebenstelle erneut und vollkommen geräumt worden, und er fährt fort: „Über das Schicksal der Bediensteten des Arbeitsamtes kann ich keinerlei Angaben machen."[57] Ziegler war nach eigener Aussage anschließend bis zum Ghettoaufstand im Frühjahr 1943 beim Arbeitsamt Warschau in einer „Werbestelle" für den Arbeitskräfteeinsatz in Deutschland beschäftigt.[58] 1943 nennt ihn ein Jahrbuch für Beamte und Angestellte der Arbeitsverwaltung als Zuständigen für die Nebenstelle Nisko am Arbeitsamt Rzeszów (Reichshof) im Distrikt Galizien, dort könnte er Zuarbeiten geleistet haben für die von der SS beaufsichtigten, oft mit Firmen verbundenen Arbeitslager.[59] Ihm wird also die letzte Phase der Deportationen, der „barbarische ‚Schlusssturm'" (Christopher Browning), nicht entgangen sein: Zwischen April und Juni 1943 wurden dort die „Arbeitsghettos" geräumt und mehr als 400.000 jüdische Frauen und Männer in Treblinka und Sobibór ermordet. Aber damit nicht genug: „Und im östlichen Teil des Distrikts Krakau (Przemysl, Tarnow, Bochnia und Rzeszów) wurden an den ersten drei Septembertagen [1943] vier Restghettos, die inzwischen in Arbeitslager umgewandelt worden waren, aufgelöst; nur ein Teil der Belegschaft wurde auf andere Arbeitslager verteilt."[60]

David Zytnicki flieht aus dem Arbeitsamt

Wenn auch Helene Zytnickas Erinnerungen an das Ghettoarbeitsamt und seinen Leiter ausgeprägt waren, verschwammen im Gespräch einzelne Daten, insbesondere jenes in vielfacher Hinsicht wichtige, an dem ihr Mann in Begleitung seines Vorgesetzten den Ghettobezirk endgültig verlassen hat. So sprach sie uns gegenüber davon, Friedrich Ziegler habe ihren Mann im Frühjahr 1943, unmittelbar vor dem Ghettoaufstand, zu ihr in die Wohnung gebracht; David sei *„bis zuletzt, bis der letzte Zug ging",* in Zieglers Arbeitsamtsnebenstelle beschäftigt gewesen.

Aber es werden auch andere Daten überliefert: In den nach dem Krieg angelegten Wiedergutmachungsakten ist, worauf wir erst nach Helene Zytnickas Tod aufmerksam wurden, von Bekannten aus Łódź beglaubigt und von ihrem Rechtsanwalt in Schriftwechseln wiederholt, der 20. *Juni* 1942 als Fluchtdatum ihres Mannes vermerkt. Aber in den Akten heißt es auch: „Als die Liquidierung des Ghettos begann, ist den [sic] Verfolgten am 20.6.1942 die Flucht gelungen."[61] Die sog. Ghetto-Räumung begann aber erst einen Monat später, am 22. Juli 1942. Zwei Tage vorher, an einem Montag, an dem deutsche „Ordnungskräfte" bereits durch das Tor an der Lesznostraße ins Ghetto eingerückt waren und Gerüchte über eine bevorstehende „Aussiedlung" Panik unter den Bewohnern ausgelöst hatten, könnte sich Friedrich Ziegler entschlossen haben, David Zytnicki zu retten. Über den Beginn der systematischen Deportationen wird er eingeweiht gewesen sein. Unter Umständen gab aber David Zytnicki selbst den Anstoß dazu, auch er verfügte über weitreichende Informationen.[62] Für Ziegler bedeutete der Schritt zu jenem Zeitpunkt ein überschaubares Risiko, denn er hätte sich, auch wenn die Kennzeichnung, die Binde am rechten Arm, nicht zu übersehen war, durchaus vor der Sperrstunde – Ziegler trug Uniform und David Zytnicki hatte mutmaßlich einen Passierschein – aus dienstlichen Gründen mit einem seiner Angestellten in Warschau bewegen können.

Leni Zytnicka lebte, nicht weit entfernt von Zieglers Adresse, in der Wohnung ihrer Schwester Erna Oppenberg, in der Blumenstraße/ul. Mazowiecka. Ihre Erinnerung an das unerwartete Auftauchen ihres Mannes fügt sich in diesen Ablauf:

Meine Tochter war dabei, morgens in der deutschen Wohnung, es klingelt um acht Uhr morgens, und der Ziegler hatte meinen Mann nachts zu sich in die Wohnung genommen und brachte ihn morgens früh in die deutsche Wohnung. Ich mach die Tür auf, steht der Ziegler da mit meinem Mann, sagt er zu mir: „Es wird unruhig. Es gibt was, jetzt ist irgendwas im Busch. Ich bringe Ihnen Ihren Mann."

Es ist allerdings nicht ganz ausgeschlossen, dass David Zytnicki zu den 150 im Sommer vom „Umschlagplatz" ins Arbeitsamt „zurückgeholten" Mitarbeitern gehört hat und dort noch bis zum Herbst angestellt war, d.h. bis zur Auflösung der Nebenstelle des Arbeitsamtes. Ziegler sagte dazu bei einer Vernehmung 1964 aus:

„Etwa im November 1942 suchten mich eines Abends 2 weitere Mitglieder des Judenrates auf namens Aronson und Goldfeil, die Verbindungsleute zum Arbeitsamt waren und auch im Gebäude des Arbeitsamtes ihre Wohnung hatten. Sie sagten, es stehe offenbar irgendein Ereignis vor der Tür. Als ich am nächsten Morgen das Arbeitsamt aufsuchte, war das ganze Gebäude menschenleer und die Räume, besonders mein Arbeitsraum, waren völlig demoliert. Offensichtlich hatte man die gesamte Belegschaft des Arbeitsamtes weggeholt. Weder ich noch der Regierungsdirektor Hoffmann haben bei diesem Anlaß mit SS-Dienststellen Kontakt aufgenommen. Es war uns klar, daß das ganze Arbeitsamt praktisch keine Daseinsberechtigung mehr hatte, was auch die SS schließlich wußte."[63]

In jener Phase wäre es für Ziegler viel riskanter gewesen, mit David Zytnicki in den von Deutschen bewohnten Vierteln gesehen zu werden: Der SS- und Polizeiführer im Distrikt Warschau, von Sammern-Frankenegg, hatte am 8. September 1942 eine Anordnung herausgegeben, wonach „Juden, die einzeln ohne meine ausdrückliche Genehmigung in den Straßen außerhalb ihrer Wohnblocks oder Arbeitsstätten angetroffen werden", zu erschießen seien.[64] Mit dem Tod sollte auch bestraft werden – so der in Warschau in erster Linie an Polen adressierte Aushang – wer Juden versteckte, sie übernachten ließ, mit Essen versorgte oder beförderte.[65]

Die Widersprüche zwischen Aussagen in den Akten und Helene Zytnickas Erzählungen konnten wir angesichts von Erinnerungsverschiebungen und Ungenauigkeiten, auch in den schriftlichen Hinterlassenschaften, nicht auflösen. Was Friedrich Ziegler in den 1960er Jahren über die Verhältnisse in Warschau, seine Tätigkeiten und Wahrnehmungen in der Arbeitsamtsnebenstelle, zu Protokoll gegeben hat, vermehrt noch die Unklarheiten. Er blieb unglaubwürdig vage und gebrauchte Ausflüchte wie: „Ich selbst habe von den Aktionen im Ghetto so gut wie gar nichts gesehen, da ich das Ghetto nicht betreten habe."[66] Obwohl er sich seit 1940 in seinem Dienstsitz täglich an der Grenze zum Ghetto aufgehalten hat – die ul. Leszno war, wie gesagt, eine Straße mit deutschen Behörden, es gab zahlreiche Firmen, ein Ghettotor, gegenüber lag das Jüdische Krankenhaus –, schwieg Ziegler zu den von Augenzeugen überlieferten Menschenjagden und der ständigen Willkür. Auch die Selektionen in den Werkstätten und die bei der Verkleinerung des Ghettos gezeigte Unmenschlichkeit, die mit der Deportation von mehr als 400.000 Jüdinnen und Juden nach Treblinka noch nicht endete, kann er nicht übersehen haben.[67] Er will nur einmal „für einen kurzen Augenblick" Zeuge von Misshandlungen geworden sein: Als jüdische Menschen vom kleinen Ghetto durch die ul. Leszno in das große getrieben wurden, hätten Letten und Ukrainern zu seinem Entsetzen auf sie eingeschlagen. Die Kolonne habe sich allerdings an der nächsten Ecke seinem Blick entzogen.[68]

Ziegler lag nach dem Krieg daran, so vermitteln es die Befragungen 1964/65, zum einen seine damalige Position als Mitwisser, Akteur und Entscheider gegenüber uninformierten (oder komplizenhaften) Vernehmern herunterzuspielen, zum anderen aber auch diejenigen, gegen die ermittelt wurde, nicht zu belasten.

Helene Zytnicka hat Friedrich Ziegler gut gekannt, sie wird vieles über seine weit reichende Zuständigkeit und Verantwortung gewusst haben. Sie setzte aber im Interview einen anderen Schlusspunkt. Was er ihr sagte, als er David in die illegale Wohnung in der Blumenstraße führte, hat sich ihr bis ans Lebensende eingeprägt:

„*Wenn der Krieg zu Ende ist, müssen wir uns schämen, Deutsche zu sein*", das beschwöre ich, Fritz Ziegler, der Chef vom Arbeitsamt.

Anmerkungen

1 Leiter war bis zu seiner Ermordung durch den polnischen Widerstand im April 1943 Kurt Hoffmann; anfangs gab es im Distrikt Warschau mehr als 20 Nebenstellen, am Ende 11. Als Sitz des Ghettoarbeitsamtes wird die ul. Leszno 77 genannt, so in VEJ, Bd. 4, S. 608; Bd. 9, S. 259, Anm. 11. Bei Weinstein (2006) wie auch in einem deutschen Warschau-Führer aus dem Jahr 1942 findet sich die Hausnummer 84 (S. 491, Anm. 25), in anderem Zusammenhang die Hausnummern 71 und 73 (S. 498, Anm. 56), bei Ackerman (2016) die Nr. 80. Die Nebenstelle hatte seinerzeit mehrere Gebäude in der Leszno belegt, u. a. mit Wohnungen für Angestellte.

2 Zeugenaussage Friedrich Ziegler am 25.4.1964 beim Polizeipräsidium Mannheim für die Staatsanwaltschaft beim Landgericht Hamburg; Zentrale Stelle der Landesjustizverwaltungen zur Aufklärung nationalsozialistischer Verbrechen Ludwigsburg, AZ 208 AR-Z 74/60 (Bundesarchiv, Außenstelle Ludwigsburg).

3 Ringelblum 1967, S. 64; Roth/Löw 2013, S. 91 ff.

4 Vgl. Musial 2002, S. 194. – Deutsche hatten einen Anspruch auf 2.613, Polen auf 699 Kalorien; vgl. Kassow 2015, S. 330; Roth/Löw 2013, S. 75 ff.

5 „Oft kauften Deutsche aus Furcht vor dem Verfall der Mark Dollars oder Schmuck", schreibt Emanuel Ringelblum. Die „Ghettobörse" habe eine große Rolle gespielt als Landesbörse. „Von Warschau aus gingen ausländische Zahlungsmittel nicht nur über das ganze Land, sondern auch über die Landesgrenzen" (1967, S. 73); siehe zum Umtausch von Dollar in Złoty auf dem Schwarzmarkt durch Mitglieder des polnischen Untergrunds Assuntino/Goldkorn 2002, S. 75 f.; der Wert des Złoty gegenüber dem Dollar lag im Herbst 1939 bei 5:1, im Frühjahr 1940 schon bei 10:1, der Schwarzmarktkurs habe um ein Mehrfaches höher gelegen, vgl. Weinstein 2006, S. 425, Anm. 11.

6 Noch vor Ende der Kampfhandlungen suchten die deutschen „Devisenschutzkommandos" bzw. ab 1940 die „Zollfahndungsstellen" (aufgrund einer die jüdische und die polnische Bevölkerung betreffenden Ablieferungspflicht) nach Devisen, Gold und Wertgegenständen. Schließfächer von Kreditinstituten wurden systematisch geöffnet, Devisen und anderes konfisziert und der Reichshauptkasse, später einer Treuhandstelle übereignet; siehe Banken 2010, S. 382 ff.

7 Pohl 42001, S. 107; zu Korruption auch Szarota 1985, S. 241 ff.; Ringelblum 1967, S. 68 f.

8 So formuliert es Musial 2002, S. 188 f.

9 Alle männlichen Juden wurden zum Zweck der Erfüllung der Arbeitspflicht in einer Kartei erfasst, siehe Curilla 2011, S. 61 f.; zur Handhabung und zu den Fristen auch Weinstein 2006, S. 252 f.; S. 475 f., Anm. 21. – Der auf zwei Jahre angesetzte Arbeitszwang galt nach und nach auch für den weiblichen Teil der jüdischen Bevölkerung, vgl. Spoerer 2001, S. 51.

10 Szarota 1985, S. 27; 1940 hatten 113.000 Personen eine Arbeitskarte, siehe zur Bedeutung auch Roth/Löw 2013, S. 66 f.; Weinstein 2006, S. 136.

11 Linne 2013, S. 191; Friedländer 2006, S. 181.

12 VEJ, Bd. 4, Dok. 315, S. 682, spricht von einem Durchschnittslohn von 8 Złoty am Tag, Lehnstaedt für Warschau 1939/40 von 3 bis 4 Złoty sowie Suppe und Brot (2012, S. 428); der seit 1939 gültige Wechselkurs war 1:2, also zwei Złoty entsprachen einer Reichsmark, der aufgeblähte Geldumlauf führte aber zu einer steten Abwertung des Złoty, dazu Weinstein 2006, S. 424 f., Anm. 11.

13 Wildt 2017, S. 442; nachdem auf Betreiben der SS ab September 1942 Juden kaum noch Geldzahlungen als Entlohnung erhielten, gab auch der „Judenrat" für geleistete Arbeit nur noch Nahrungsmittel aus.

14 Reitlinger 1964, S. 66 f.; Czerniaków 1986, S. 278; Zahlen auch bei Bennett 2013, S. 103 f.

15 „Es gab Werkstätten, in denen man alte Laken und Bettbezüge färbte, mit Mustern bedruckte und daraus die modernsten Herrenhemden, schöne geblümte Kopftücher und Schnupftücher nähte. Aus Zucker, ohne Kakao und ohne Nüsse, fabrizierte man Schokolade mit Mandeln. Es arbeiteten Gerbereien, Drechselwerkstätten, man fabrizierte massenweise und zahlte der Miliz, den Geheimen und den Deutschen riesige Schmiergelder", so wird Emanuel Ringelblum zitiert in: Warschauer Ghetto. Die Augenzeugen, in: Der Spiegel Nr. 39 vom 21.9.1960, S. 79, siehe auch Plieninger 1996, S. 20.

16 Die deutsche Transferstelle sollte den direkten Kontakt zwischen dem Ghetto und der „arischen" Geschäftswelt verhindern, vgl. Bennett 2013, S. 94. Diese Behörde regelte und kontrollierte als Anstalt öffentlichen Rechts seit 1940 den Wirtschaftsverkehr auf beiden Seiten. Leiter war 1940/41 Alexander Palfinger, anschließend Max Bischof. Die Transferstelle residierte am nördlichen Rand des Sächsischen Gartens, in der Königstraße 23 (polnisch ulica Królewska), nicht weit vom Palais Brühl, Sitz des Distriktgouverneurs, Ludwig Fischer; sie existierte bis Oktober 1942; zur Transferstelle auch Roth/Löw 2013, S. 45 f.; S. 66 f.

17 Vgl. Lehnstaedt 2012, S. 426; Reitlinger 1964, S. 67 ff.

18 Vgl. Roth/Löw 2013, S. 67.

19 Vgl. Lehnstaedt 2012, S. 439.

20 Meed 1999, S. 28; auch Weinstein nennt einen Betrag von 500 Złoty für den Platz in einer außerhalb des Ghettos gelegenen Arbeitsstätte, zu zahlen an den zuständigen Arbeitsamtsangestellten, vgl. Weinstein 2006, S. 263; zu diesen begehrten Arbeitsplätzen, zu Bestechung, Tauschgeschäften und Hilfen von polnischer Seite auch Birenbaum 2002, S. 39.

21 Reich-Ranicki 1999, S. 209.

22 Vgl. Weinstein 2006, S. 498, Anm. 56. – Eine „Hausordnung" in polnischer Sprache betraf Übernachtung, Wäschewaschen, Kochen, Nachtruhe, Stromverbrauch u.a. – vermutlich aus dem Oktober 1942 – legt nahe, dass die Arbeitsamtsnebenstelle am „Restghetto" bis dahin noch mit jüdischen Arbeitskräften belegt war, siehe VEJ, Bd. 9, Dok. 170, S. 506 f.

23 https://www.dhm.de/lemo/kapitel/der-zweite-weltkrieg/voelkermord/ghetto-warschau.html [20.06.2018].

24 Lehnstaedt (2012) spricht von einem „System der jüdischen Werkstätten" (S. 426).

25 Vgl. Bennett 2013, S. 105.

26 Weinstein 2006, S. 266.

27 Weinstein 2006, S. 266; es wurden für den Bedarf der Deutschen auch Besen, Körbe, Matratzen, Holzschuhe, Spielzeug und vieles andere produziert, siehe Hilberg 1982, Bd. 1, S. 271.

28 Die Judenausrottung in Polen XI, Genf 1945, S. 10, online: http://library.fes.de/pdf-files/netzquelle/c-01652/2-teil1.pdf [20.06.2018]; siehe zu den Entscheidungsbefugnissen der Arbeitsämter bzw. zur Anerkennung der „Arbeitsjuden" auch Aly/Heim 1991, S. 451 sowie Pohl 2009, S. 181 f.

29 Szajn-Lewin 1994, S. 26.

30 Bekanntmachung des „Judenrates" nach der Verordnung des „Umsiedlungsbeauftragten" Hermann Höfle vom 16. August 1942, siehe das Dokument beim Herder-Institut: https://www.herder-institut.de/no_cache/bestaende-digitale-angebote/e-publikationen/dokumente-und-materialien/themenmodule/quelle/1631/details.html [20.06.2018] – Mit „Umschlagplatz" war der Teil eines vorhandenen Güterbahnhofes gemeint, an dem die jüdischen Menschen

zusammengetrieben und in das 100 km nordöstlich gelegene Vernichtungslager Treblinka deportiert wurden.

31 Vgl. Weinstein 2006, S. 508, Anm. 85; VEJ, Bd. 4, S. 608; Lehnstaedt 2012, S. 419; zu den Lagern der SS und den Abgaben der Betriebe an diese Organisation auch Browning 2001, S. 116 ff.
32 Curilla 2011, S. 571; S. 575 f.; Reich-Ranicki 1999, S. 255; zu den „Arbeitskarten" auch Pohl 2000, S. 68 ff. – Neben diesen zugelassenen 35.000 Arbeitskräften ist von ca. 20.000 Versteckten auszugehen; vgl. Bethke 2015, S. 75.
33 Roth/Löw 2013, S. 176; Goldstein 1965, S. 125 ff; Pohl 2009, S. 181 f.
34 Grabitz/Justizbehörde Hamburg 1999, S. 102.
35 Curilla 2011, S. 577; Reitlinger 1964, S. 236 f.; VEJ, Bd. 9, Dok. 160, S. 481; Weinstein 2006, S. 507 f., Anm. 83; Reich-Ranicki 1999, S. 258 ff.
36 Lehnstaedt 2012, S. 490, Anm. 18.
37 Lehnstaedt 2012, S. 418.
38 Vgl. Czerniaków 1986, S. 227.
39 Über sie heißt es: „Sie schufteten Tag und Nacht, um die gewaltige Arbeit, die sie durch immer neue Verordnungen zu bewältigen hatten, zu meistern, bis alle eines schönen Tages von der SS aus ihren Bureaus herausgeholt und zum Umschlagplatz gebracht wurden. Den Leitern gelang es zu entkommen", siehe Silberschein 1944, S. 9, online http://library.fes.de/pdf-files/netzquelle/c-01652/2-teil1.pdf.
40 Linne 2013, S. 291; Weinstein 2006, S. 491, Anm. 25.
41 Vgl. Engelking/Leociak 2009, S. 730 f.; zur Erpressung von Geschenken auch mit Beteiligung der "blauen", polnischen Polizei und Beschäftigten in den Arbeitsämtern Lehnstaedt 2010, S. 230.
42 Vgl. Linne 2013, S. 310; 316; siehe auch VEJ, Bd. 9, Dok. 255: Eine Deutsche in Warschau beschreibt Mitte Juli 1943 zahlreiche Überfälle auf deutsche Besatzer (…): „Erschießung des Leiters des Arbeitsamtes während der Dienstzeit im Büro, Erschießung des Nachfolgers auf der Straße, am 15.3. hat man den *dritten* Leiter des Arbeitsamtes beerdigt" (S. 712).
43 Zweimonatsbericht des Gouverneurs des Distrikts Warschau an die Regierung des Generalgouvernements vom 10.2.1943, ITS Archives, Bad Arolsen, Archivnr. 7675.
44 Ziegler wurde Parteimitglied also gleich nach der Lockerung der am 1. Mai 1933 (wegen des Masseneintritts nach der Machtübertragung und dem Wahlausgang im März d.J.) in Kraft getretenen Aufnahmesperre und zwar über seine Mitgliedschaft und Funktion in der NSV seit dem Jahr 1936.
45 „Blockwalter" und Blockleiter war die unterste Funktionärsebene. Allerdings musste, wer diese erreichen wollte, dafür vorgeschlagen werden und „arischer" Abstammung sein. Zudem hatten Blockleiter einen Eid auf Adolf Hitler zu leisten. 1935 gab es ungefähr 200.000 Blockleiter.
46 Spruchkammer Mannheim, AZ 5702, Lfd. Nr. 56/13 9211 (Generallandesarchiv Karlsruhe).
47 Siehe die Anordnung, abgedruckt u. a. in Schwarberg 1995, S. 104; Grabitz/Scheffler 1988, S. 167.
48 Vernehmungsprotokoll des Leitenden Oberstaatsanwalts beim Landgericht Hamburg im Polizeipräsidium Mannheim am 25.4.1964, 208 AR-Z 74/60, S. 26 (Bundesarchiv, Außenstelle Ludwigsburg).
49 Der Jurist Ludwig Hahn (1908–1986) ist mitverantwortlich für die Deportation der Warschauer Juden nach Treblinka; er befehligte 1941/42 mehrere Hundert SS-Leute. Nach zögerlichen

Ermittlungen In den 1960er kam es in Hamburg zu zwei Verfahren: Hahn wurde 1973 zunächst zu 12 Jahren wegen Beihilfe zum Mord an 100 Polen, 1975 wegen gemeinschaftlichen Mordes an mindestens 230.000 Ghettobewohnern zu lebenslanger Haftstrafe verurteilt (nach acht Jahren entlassen), dazu Młynarczyk 2009, S. 136-150. Siehe auch die Nachbemerkungen in diesem Band.

50 Zeugenaussage beim Amtsgericht Mannheim im Ermittlungsverfahren gegen Dr. Hahn u.a. wg. Mordes am 25.5.1965, Geschäftsnr. 7 Ars 319/65, S. 9 (Bundesarchiv, Außenstelle Ludwigsburg).

51 Linne 2013, S. 287; Pohl 19972, S., 290 f; Pohl 2001, S. 109; Lehnstaedt 2012, S. 438; Wildt 2017, S. 444 f.

52 Bieber, Friedemann: Das Haus am Zoo, in: FAZ vom 2.3.2017; die Geschichte des Warschauer Zoos in der Zeit der Okkupation und insbesondere die Rettungsgeschichten wurden zu einem inzwischen verfilmten Romanstoff, siehe Ackerman 2016, S. 150-166; S. 169 ff.; zu Żabińskis und anderen, die auch drei Wissenschaftler der Universität Warschau aus dem Ghetto gerettet haben, Ringelblum 1967, S. 230 f. – Szymon Tenenbaum gehörte nicht zu den Untergetauchten. Er lehnte Fluchthilfe ab und starb 1941 an Erschöpfung. Seine Frau, eine Zahnärztin, die Ziegler kostenlos behandelt haben soll, konnte gerettet werden, sie fand ein Versteck in den Verliesen und leeren Tierhäusern des Zoos.

53 Silberschein 1944, S. 9.

54 Vgl. Wildt 2017, S. 424 und 454.

55 Vgl. Zeugenaussage beim Amtsgericht Mannheim 1965 (siehe Anm. 50), S. 2.

56 Vernehmungsprotokoll, Zeugenaussage Ziegler auf Veranlassung der Staatsanwaltschaft beim Landgericht Hamburg im Polizeipräsidium Mannheim am 25.4.1964, Zentrale Stelle der Landesjustizverwaltungen zur Aufklärung nationalsozialistischer Verbrechen Ludwigsburg, AZ 208 AR-Z 74/60, S. 8. – Wildt (2017) schreibt über den Leiter der Arbeitsamtsnebenstelle Krakau, Adalbert Szepessy, er habe am Beginn der Deportationen fiktive Arbeitszuteilungen ausgegeben, änderte auch Berufe auf den Kennkarten. Szepessy wurde, als das auffIog, im KZ Sachsenhausen festgehalten, auf Weisung Himmlers aber Ende 1942 entlassen (vgl. S. 445).

57 Vernehmungsprotokoll 1964 (Anm. 56).

58 Vernehmungsprotokoll 1964; „Werbestelle" ist ein verhüllender Begriff für die (Freiwilligkeit einschließenden) Zwangsmaßnahmen und Razzien, mit denen Kontingente polnischer Arbeiter und Arbeiterinnen nach Deutschland verbracht wurden, siehe Herbert 1985, S. 186 f.; S. 257 sowie Harvey 2017, S. 370 f.; S. 385.

59 Abschrift aus dem Verwaltungsjahrbuch für Beamte und Angestellte der Arbeitsverwaltung 1942/43, Zweiter Band, S. 511; Kopien zu Ziegler übermittelt vom Bundesarchiv Berlin am 30.6.2003, AZ. R2 - 0306 0206/03/S - 208; lt. Meldekarte der Stadt Mannheim, Zieglers Wohnort vor der Versetzung nach Polen, meldete er sich am 16.8.1944 aus Jaroslau/Jarosław (Galizien) zurück; Schreiben des StA Mannheim vom 28.6.2017, Az. 16.74.30. Ziegler selbst hat auch diese Station seiner Berufsbiografie nicht erwähnt, in der Vernehmung 1964 spricht er nur von jener „Werbestelle" für polnische Arbeiter. Zu den katastrophalen Lebensbedingungen in den SS-Arbeitslagern in Galizien (und zur Rolle der Arbeitsämter) siehe Wenzel 2013, S. 365 f.; Wenzel 2017, S. 160; S. 223; S, 342; S. 347, siehe auch Roth 2009, S. 206 ff.; S. 222 f.

60 Browning 2001, S. 121.

61 Schreiben der Stadt Essen, Amt für Wiedergutmachung, an den RP Düsseldorf vom Jan. 1962; HdEG/StA, Bestand 50-8/Z 88, o.S.

62 Im Zeitraum Ende 1941 bis Frühjahr 1942 nämlich gab es Nachrichten über die Vernichtungslager Chelmno bei Posen und Bełżec an der Grenze zur Sowjetunion, in denen mehr als 40.000 Juden und Jüdinnen ermordet worden waren, dazu etwa Plieninger 1996, S. 32.
63 Vernehmungsprotokoll Ziegler 1964, S. 7.
64 Grabitz/Scheffler 1988, S. 173.
65 VEJ, Bd. 9, Dok. 160, S. 482.
66 Ebd., S. 5.
67 Dies wird auch durch Zeugenaussagen von Beamten in vergleichbaren Positionen erhärtet; vgl. Wildt 2017, S. 453.
68 Vernehmung 1964, S. 5. Gegen Ziegler wie gegen das Personal der Arbeitsämter im GG wurde u. W. nach 1945 nie strafrechtlich ermittelt. Friedrich Ziegler verstarb 1978 in Lorsch.

Wir sind aus dem Warschauer Ghetto
Die Überlebenden kehren über Mühlberg und Berlin nach Essen zurück

Mit dem Ghettoaufstand und seiner brutalen Niederschlagung im Frühjahr 1943 waren die Zustände in Warschau noch einmal eskaliert. Versuche des Überlebens durch irgendeine Art entlohnter Beschäftigung gab es innerhalb des Ghettobezirks nicht mehr, denn im Gefolge der Kämpfe waren auch die letzten deutschen Werkstätten geschlossen und die dort Beschäftigten in Arbeits- oder Vernichtungslager deportiert worden. Die SS rühmte sich, den „jüdischen Wohnbezirk" zerstört und nach dem Ende der Kampfhandlungen, am 16. Mai, die Große Synagoge gesprengt zu haben.[1] Unterirdische Verstecke, Bunker und Fluchtwege in der Kanalisation, hatte sie systematisch aufgespürt; nur einige hundert Juden und Jüdinnen konnten sich in den Ruinen verstecken und hofften auf ihre Befreiung durch die Alliierten. In den Überresten der Wohnungen mussten Häftlinge aus dem Reichsgebiet nach Verwertbarem suchen. Zu diesem Zweck errichtete die SS im Sommer 1943 ein Konzentrationslager.[2]

Der Besatzungsalltag im „arischen" Teil litt unter immer neuen, äußerst repressiven Verordnungen, vor allem aber war er gekennzeichnet durch Verhaftungen und durch öffentliche, auf Einschüchterung zielende Hinrichtungen. Dass die SS viele Funktionen der Zivilverwaltung übernommen hatte, erhöhte noch die Gefahr für Polinnen und Polen, ein Opfer der vorherrschenden Willkür zu werden. Und die etwa 17.000 aus dem Ghetto geflohenen versteckten oder mit falschen Papieren in Warschau lebenden jüdischen Menschen und ihre Helfer und Helferinnen mussten mit Entdeckung oder Denunziation rechnen.[3]

In dieser Phase intensivierte sich der polnische Widerstand, der als Untergrundstaat mit eigenen Strukturen und verdeckten Aktivitäten in die Geschichtsschreibung eingegangen ist; Sabotage-Akte und Anschläge nahmen zu. Dieser „heimliche Staat" war verbunden mit der nationalpolnischen Exil-Regierung (seit Juni 1940 in London); diese befehligte die Heimatarmee, die Armia Krajowa (AK). Ziel der AK war es, die deutsche Okkupation zunächst in Ostpolen, dann in Warschau militärisch zu bekämpfen; sie stellte sich aber zugleich dem mit dem Kriegsverlauf näher rückenden Herrschaftsanspruch der Sowjets entgegen.[4]

Versteckt auf der „anderen Seite"

Trotz vieler Recherchen ist es unklar geblieben, wann genau David Zytnicki im Jahr 1942 mit Hilfe seines Chefs, Friedrich Ziegler, aus dem Ghettoarbeitsamt zu Frau und Töchtern in den christlichen Teil der Stadt flüchten konnte. In jedem Fall muss er sich aber mehrere Monate teils in der Blumenstraße (früher ulica Mazowiecka), teils in der kleineren Wohnung in der ul. Alberta I verborgen haben. Diese beiden Straßen waren durch eine Parkanlage, den Sächsischen Garten, getrennt. Wie konnte David Zytnicki als illegal Lebender, falls er den kürzesten Weg nahm, mehrfach die repräsentative Königstraße überqueren, in der deutsche Dienststellen ihre Büros hatten? Und am Rand des Sächsischen Gartens residierte im gut bewachten barocken Brühlschen Palais Ludwig Fischer, der Gouverneur des Distrikts Warschau. Auch gab es an der „Sächsischen Achse", am Piłsudski-Platz (seit 1940 Adolf-Hitler-Platz), eine von 7 bis 22 Uhr geöffnete Gaststätte für deutsche Soldaten. Die beiden Wohnungen befanden sich also in einem stark kontrollierten, für jüdische Verfolgte im wohl gefährlichsten Bezirk der Stadt. Blumenstraße und Alberta I waren jeweils nur ein bis zwei Kilometer vom Ghettobezirk entfernt. Zytnickis müssen daher den Aufstand im April und Mai 1943 fast aus nächster Nähe wahrgenommen haben.

Ein Freund aus Essen, der Wehrmachtsangehörige Albert Breilmann, beglaubigte 1947, er habe die ganze Familie Zytnicki Weihnachten 1943 und bei einem weiteren Besuch im Januar 1944 angetroffen.[5] Eine Adresse nennt Breilmann nicht, aber unsere Zeitzeugin erinnerte sich an seinen Besuch in der Blumenstraße. Zuletzt gesehen wurde David Zytnicki dort, daran lassen Helenes Schilderungen keinen Zweifel, Ende Juli 1944, kurz vor Beginn des Warschauer Aufstandes am 1. August.

Helene Zytnicka nutzte, soweit sie kontrolliert wurde, hauptsächlich den Pass oder die Kennkarte ihrer Schwester Erna Oppenberg (diese hatte 1944 Warschau verlassen und war in die Kleinstadt Mühlberg[6], damals Sachsen, gezogen, dort lebten auch die Ehefrau und die Schwiegereltern ihres Bruders Heinrich), aber sie verfügte über einen weiteren, gefälschten Ausweis.[7] Das illegale Leben in der von „Volksdeutschen"[8] bewohnten Blumenstraße, offiziell noch immer die Adresse der Familie Oppenberg, wie auch in der zweiten Wohnung in der Alberta I, stand sicherlich wegen der Gefahr von Durchsuchungen oder des Verrats für alle unter enormer Anspannung. In der Blumenstraße gab es ein Versteck im Keller und eines hinter einem Schrank. Aber wie sicher waren diese Räume, wie oft mag David Zytnicki dort um sein Leben gebangt haben? Wer wusste von seinem Untertauchen? Die jüngere Tochter Henny gab 1955 während einer amtlichen Befragung in Essen zu Protokoll, ihr Vater habe keinerlei Ausweis besessen und sich daher auf der Straße nicht sehen lassen dürfen: „Er hatte ein typisch jüdisches Aussehen."[9] Dennoch habe er aus Angst vor Durchsuchungen teils in der

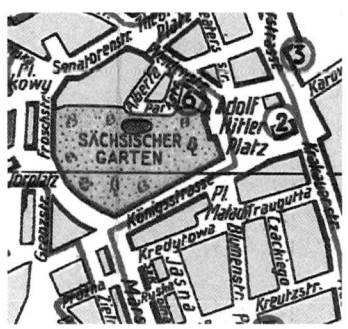

Aus einem deutschen Plan der Stadt Warschau 1942

Ausschnitt mit Sächsischem Garten, Blumenstraße (früher ulica Mazowiecka) und ul. Alberta I

WIR SIND AUS DEM WARSCHAUER GHETTO | 161

einen, teils in der anderen Wohnung leben müssen (die größere Wohnung in der Blumenstraße verfügte über zwei Ausgänge). Auf seinen vermutlich teilweise unterirdischen Wegen begleiteten ihren Mann, wie sich Helene Zytnicka erinnerte, manches Mal christliche Freunde:

„*Wissen Sie, jetzt sind wir ja in Polen, und die Polen halten zu den Juden. Dann bringt ihn ein Pole, holt ihn ab und bringt ihn.*"

An den Konsequenzen einer Entdeckung bestand kein Zweifel: Jeder auf der „arischen" Seite Untergetauchte wurde erschossen. Auch wer Verfolgte aufnahm, selbst wenn es die eigene Familie war, hatte die Todesstrafe zu erwarten.

Wovon lebten die vier Personen fast zwei Jahre lang? Wie brachte Frau Zytnicka die Mieten für beide Wohnungen auf? Wie verschaffte sie sich Lebensmittelkarten? Falls sie den illegalen Handel nicht weiter betrieb, gab sie vielleicht das zuvor eingetauschte Złoty-Vermögen nach und nach aus, und sie erhielt möglicherweise mit Hilfe des Ausweises ihrer Schwester oder anderer gefälschter Papiere eine gewisse finanzielle Unterstützung für „Reichsdeutsche". Helene Zytnicka gebrauchte in den Gesprächen gelegentlich Wendungen wie „*wir mussten ja von irgendetwas leben*", als hätte es einer Rechtfertigung bedurft, in der damaligen Zwangslage von legalen Wegen – sofern es sie überhaupt noch gab – abgewichen zu sein. Manche Camouflage oder ungesetzliche Handlung blieb aber vielleicht auch deswegen unerzählt, weil Helene Zytnicka im hohen Alter nur schwer darstellen konnte, wie sie lebensgefährliche Konstellationen über mehrere Jahre durchzustehen vermochte.

Judith Sonja wird ins Reichsgebiet verschleppt

Die Situation verschärfte sich, als die ältere Tochter Judith Sonja im Juli 1944 in eine der gefürchteten Razzien (durch Polizei und Arbeitsamtsmitarbeiter) geriet. Vermutlich besaß sie einen gefälschten polnischen Pass oder eine Kennkarte auf den Namen Zofia Zytnicka. Bei solchen Menschenjagden aufgegriffene Frauen und Männer wurden zunächst in einem Durchgangslager in der Skaryszewska-Straße konzentriert, von wo die Transporte zur Zwangsarbeit ins Reichsgebiet abgingen. „Ganz Warschau wusste, dass diejenigen, die bei Straßenrazzien festgenommen wurden, entweder nach Pawiak [ins Gestapo-Gefängnis] oder in die Skaryszewska-Straße gebracht wurden. Deshalb kamen dort ständig sehr viele Menschen hin. Die Festgehaltenen verständigten sich mit ihnen durch offene Fenster und riefen ihnen ihre Namen und Adressen zu, mit dem Ziel, die Angehörigen darüber zu informieren, wo sie sich befanden."[10] Helene Zytnicka könnte auf diese Weise erfahren haben, was ihrer Tochter geschehen war und dass sie zusammen mit 60 anderen jungen Frauen ins Reichsgebiet verbracht werden sollte. Oder sie hörte erst viel später etwas über die Umstände und Folgen des plötzlichen Verschwindens.

Meine große Tochter ist um vier Uhr Brot kaufen gegangen und nicht mehr zurückgekommen. Sie wurde gefangengenommen als Polin – nicht als Jüdin, als Polin. Und da haben sie dann sortiert, und sie kam in ein Gefangenenlager nach Berlin. Die waren 60 junge Mädchen, die kamen alle nach Berlin und mussten nachts – da waren jede Nacht die Fliegerangriffe – die Straßen aufräumen, die [Bomben]schäden, da war sie ungefähr zwei Monate.

Bis zur Einweisung in das Zwangsarbeiterlager in der Reichshauptstadt vergingen aber einige Wochen, denn Judith Sonja erlebte in Warschau den Aufstand der polnischen Heimatarmee (vom 1. August bis zum 2. Oktober) noch bis in den September hinein; es verschlug sie sogar, wie sie bei einer Befragung nach dem Krieg angab, vor dem Transport ins Frontgebiet. In Berlin-Weißensee hielt man sie nach eigener Aussage vom 2.10.1944 bis zum 10.1.1945 gefangen.[11]

Die Situation in den Lagern für Zwangsarbeiterinnen aus Polen lässt sich nur als katastrophal beschreiben: schwerste körperliche Tätigkeiten, lange Arbeitszeiten, geringe Lebensmittelrationen, so gut wie keine hygienische und medizinische Versorgung, stetige Überwachung und Bestrafung für die kleinsten Vergehen. Während der Bombenangriffe herrschte Todesangst, denn Schutzräume waren für die Frauen nicht vorgesehen. Sie trugen auf der rechten Brustseite ihrer Arbeits- oder sonstigen Kleidung ein auffälliges, fest vernähtes „P"[12], und viele mussten in Holzschuhen laufen. Allein wegen dieser äußerlichen Zeichen stellte eine Flucht ein großes Wagnis dar. Und wo konnten Zwangsarbeiter_innen ein Versteck finden? Dennoch sind etliche Frauen und Männer entwichen, zunehmend gegen Ende des Krieges. Wurden sie von der Gestapo gefasst, drohte ihnen die Einweisung in ein Arbeitserziehungs- oder in ein Konzentrationslager. Vielfach bestrafte man sie unmittelbar mit dem Tod.[13]

Helene verliert David Zytnicki aus den Augen

Seit die Rote Armee Ende Juli 1944 jenseits der Weichsel stand, nur wenige Kilometer von Warschau entfernt, erwartete die polnische Heimatarmee den Befehl zum Aufstand, und die Besatzungsmacht drängte Reichs- und Volksdeutsche zum Verlassen der Stadt.

Über die damalige Situation schrieb der Chronist Wilm Hosenfeld, als Wehrmachtsoffizier in Warschau stationiert, am 24. Juli an seine Familie in Deutschland: „Was hier in Warschau vor sich geht, könnt Ihr Euch schwer vorstellen. Seit gestern wird evakuiert. Zuerst Frauen und Kinder, natürlich nur die deutsche Zivilbevölkerung. Auf allen Straßen jagen die Lastautos, in den deutschen Vierteln stehn die Möbelwagen. Die Leute dürfen nur die notwendigsten Sachen mitnehmen."[14] Es hätten geradezu panikartige Fluchtbewegungen eingesetzt; deutsche Sicherheitskräfte kontrollierten einzelne Wohnungen und forderten am

29. Juli die verbliebenen Reichs- und Volksdeutschen dringlich zum Verlassen der Stadt auf. Diese Entwicklung leitete eine tragische Wendung ein: Frontverlauf, Aufstandsgerüchte und Räumung beendeten jäh den ohnehin seit langem gefährdeten Familienzusammenhalt:

Da kommt [eine Streife], mein Mann schnell hinter den Schrank. Wir hatten einen Schrank stehen, aber erst einen langen Korridor, war eine vornehme Wohnung, ein Korridor, und dann eine Tür zur Küche, eine Tür zum Wohnzimmer, und da hatten wir einen Schrank stehen, den man abrücken konnte, so in der Ecke schräg stehend. Und dahinter stellte sich mein Mann, und wir beide schieben den Schrank soweit an, dass man nichts vermuten kann. (…) Und ich nehm' meine Tochter an die Hand und guck, wer da an der Tür ist. Steht ein deutscher Soldat. Er meint, ich wäre meine Schwester, hatte genau den Namen und sagte, „Sie müssen die Wohnung räumen, weil ganz Warschau von den Deutschen geräumt wird." So, und mein Mann hört [mit]. Da sage ich zu ihm, zu dem Deutschen, „wie kommen Sie denn darauf?" – „Ja", sagt er, „wir suchen alle Häuser ab, die von Deutschen bewohnt sind." Da sagt er zu mir und meiner Tochter, „Sie müssen aber mitgehen." Mein Mann bleibt hinter dem Schrank. Sage ich: „Darf ich denn abschließen?" – „Wir gehen jetzt", und er bringt uns allein von dieser Straße ins deutsche Viertel, in ein Haus im Parterre und sagt: „So, hier müssen Sie bleiben." Und da stehen nur zwei Couchen, „hier müssen Sie bleiben. Ich muss noch nachsehen, ob Deutsche im Viertel sind." Er lässt uns beide sitzen und lässt sich den ganzen Tag nicht mehr sehen. Uns beiden bleibt gar nichts übrig, als die Nacht auf der Couch zu schlafen. Als wir den anderen Morgen aufwachen, war kein deutscher Soldat und kein Mensch da, aber ich will gucken, was da bei uns in der Wohnung war. Jetzt kommt er und bringt eine alte Frau, da war noch ein Zimmer, und ich frage, ob er mir erlaubt, nach Hause zu gehen, wenigstens einen Mantel oder etwas zu holen. „Ja", sagt der, „ich weiß schon, gehen Sie ruhig nach Haus und bringen Sie ein kleines Köfferchen mit, ich muss noch anderswo hin." (…) Ich wollte ja sehen, was los war. Ich nach [Haus], menschenleer die Straßen, habe nur hier in einer Ecke, denn diese deutsche Straße, das war der Rest von Warschau, aber vornehm. Und hier um die Ecke ist meine Straße, wo meine Schwester ihre Wohnung hatte. Ich schließe auf, gucke hinter den Schrank. Mein Mann ist nicht da, aber irgendetwas fehlte in der Küche. Ich mit dem Schlüssel runter in den Keller. Da denke ich, mein Mann war während der Ruhe runter in den Keller, hatte sich eine große Schüssel Wasser hingestellt und etwas zu essen. Tatsächlich, da steht die Schüssel Wasser da und liegt auch noch ein Brot. Aber da war ein Durchgang, neu geschlagen im Keller zum anderen Keller. Ich komme so in meinen Keller rein und sehe das alles da. Da müssen die Polen das gemacht haben, denn mein Mann wäre gar nicht in der Nacht fähig gewesen, so einen Durchgang zu schlagen, so dass der Durchgang zum anderen Keller und wieder ein Durchgang, also in der ganzen Straße – waren ungefähr sechs Häuser – war ein Durchgang geschlagen. Ich habe [mir] gesagt, „mein Mann lebt und das hier waren die Ur-Polen, die Ur-Warschauer, die diese Gänge gemacht haben."[15] Und dann, *mein Mann nicht da, ich habe wieder abgeschlossen, bin zurück mit meinem kleinen Köfferchen, paar Sachen für die Tochter, und dann werden wir rausgefahren mit 26 Frauen.*

Als „Flüchtling" nach Deutschland

Am 11. August 1944 erhielt Helene Zytnicka, wie aus den Nachkriegsakten hervorgeht, in der 50 km nordwestlich von Warschau nahe der Frontlinie gelegenen ehemals polnischen Festung Modlin, in der sie seit ihrer Evakuierung aus Warschau untergebracht war, einen Flüchtlingsausweis. Diesem lag eine „Bescheinigung zur Benutzung der Eisenbahn" bei, und zwar „von Modlin bis Mühlberg an der Elbe und weiter".[16] Ausgestellt war das Dokument auf den Namen Helene Mantwill mit Tochter Henny und hatte Gültigkeit bis zum 15. November 1944. Es sollte bei Kontrollen zusammen mit einem „Lichtbildausweis" vorgezeigt werden, jeder Missbrauch, so hieß es darin, werde strafrechtlich verfolgt. War das Vorzeigen Frau Zytnicka ohne weiteres möglich, ohne den Argwohn der deutschen Kontrolleure zu wecken? In einem drei Jahre nach dem Krieg verfassten Bericht im Rahmen der Wiedergutmachung schrieb sie, außer dem Pass ihrer Schwester habe sie in der Zeit der Verfolgung noch ein anderes (in den Interviews nicht zur Sprache gekommenes) Ausweispapier benutzt: „Durch die Bemühungen meines Mannes erhielten wir von dem polnischen Hilfskomitee der illegalen Untergrundbewegung die Ausweise, für mich als Helene Mantwill mit Tochter Henny und Zofia Zytnicka."[17] Es spricht vieles dafür, dass sie sich von Warschau nach Mühlberg mit dem Flüchtlingsausweis und diesem falschen Pass bewegte, der auch für die jüngere Tochter galt, obwohl sie gelegentlich vom Pass oder der Kennkarte ihrer Schwester gesprochen hat. In den überaus angespannten Jahren nach 1938 und schließlich auf der Rückreise in das Reichsgebiet überstand Helene Zytnicka viele lebensgefährliche Kontrollen mit falschen Papieren. Wann und wo sie welchen Ausweis vorzeigte oder aber versteckte, ließ sich in der Zeit der Interviews nicht mehr herausfinden.

Wir sind auf alle Fälle mit dem Auto, und da waren noch mehr Frauen, eine war sogar eine Jüdin, die hatte aber einen amerikanischen Pass, und die hat in unserem Auto geweint, dass sie ihren Papagei allein lassen musste und ihre Katze. Sonst nur ältere Frauen, entweder waren die mit einem Ausländer verheiratet, der nicht gegen Deutschland war, eine hatte aber einen amerikanischen Mann. Und so waren wir mit zwei Reihen in einem Auto, aber mit je einer Bank, so ein Ausflugsauto. Wir waren aber nur Frauen. Da sind wir dann morgens, zwei Stunden sind wir bestimmt gefahren, hatten die gerade die Gulaschkanone und es gab Erbsensuppe, und dann sehe ich die stehen, Kisten, aber bestimmt 20 Kisten mit italienischem Wein. Und ich habe einen gefragt, ‚wie kommt ihr denn an so viel Wein?' ‚Ja, wir haben den aus Italien mitgebracht.' Und ich hatte so einen Durst und kein Wasser, die Erbsensuppe war so gewürzt, und die tranken nur Wein dabei.

In diesem Fahrzeug beförderte man die Frauen und Kinder von Modlin zunächst in nordöstliche, dann in nordwestliche Richtung ins annektierte Reichsgebiet, bis nach Thorn, das seit 1939 zum „Gau Danzig-Westpreußen" gehörte, wo sie wiederum wie viele andere auf dem Bahnhof wartende oder gestrandete Menschen von deutschen Soldaten oder der NS-Volkswohlfahrt versorgt wurden.

Da wurde der Zug eingesetzt, und da fuhren auch die Deutschen. Die Russen hatten noch nicht Ostpreußen, aber von der polnischen Seite waren die Russen schon ziemlich weit Richtung Deutschland.[18]

„Als in Dresden der Angriff war"

Und dann sind wir gefahren mit dem Zug, jetzt sind wir schon auf der deutschen Seite. Der ganze Bahnhof war voll, dann war das so nachmittags halb vier, und dann sage ich zu meiner Tochter, ‚bleib Du hier stehen, ich laufe mal schnell, gucke mal, ob ich auf die Bank kann', ich hatte kein deutsches Geld. Die Bahn war frei, aber irgendwie musste ich doch deutsches Geld haben. Jetzt haben sie mir an der Bank 100 Mark gewechselt. Da hatte ich meinen Pass, das wurde im Pass eingetragen, nee, nicht meinen, den von meiner Schwester.[19]

Eine Schwester von meiner Schwägerin hatte einen Sachsen geheiratet und die war [mit zwei Kindern] zu ihren Schwiegereltern … Und ich wusste, die Post ging ja, dass meine Schwester und meine Schwägerin bei denen [in Mühlberg] waren.

Die Zugfahrt von Thorn in das mehr als 500 Kilometer entfernte Mühlberg an der Elbe kann nur in Etappen vor sich gegangen sein. Denn Schülerinnen und Schüler aus der „Kinderlandverschickung" strömten nach Haus oder an andere, sichere Orte; Militärtransporte waren unterwegs, Lager wurden aufgelöst, und die ersten deutschen Flüchtlinge warteten auf Transporte Richtung Westen. Auch waren nicht selten Bahnanlagen durch die Luftangriffe beschädigt. In den Wiedergutmachungsakten fanden wir zur Rückreise von Mutter und Tochter Zytnicka die Information, beide hätten eine Weile in Zbąszyń[20], dem Deportationsort 1938/39 und Haltepunkt auf der wichtigen Bahnstrecke nach Berlin, bei einer befreundeten polnischen Familie Zuflucht gesucht, „die sie selbstlos vor weiteren Verfolgungen einige Zeit schützen konnte". Helene Zytnicka gab in einem Antrag auf „Soforthilfe für Rückwanderer" im Jahr 1957 ohne weitere Erläuterungen „1944/45 Zbaszyn" an.[21] Vielleicht zwang Helene Zytnicka die Angst vor Entdeckung ihrer falschen Ausweise und des jüdischen Familienhintergrunds zu diesem Zwischenaufenthalt im „Reichsgau Wartheland" unmittelbar vor dem Gebiet des „Altreichs". Lediglich in Andeutungen sprach unsere Interviewpartnerin von Umwegen und „dazwischenliegenden Zeiträumen" bis zu ihrer vorläufigen Ankunft in Riesa, westlich der Elbe, wo auch Schwester Erna eine erste Bleibe für sich und ihren dreijährigen Sohn gefunden hatte. Ende des Jahres 1944 könnte sie ihr Ziel Mühlberg erreicht haben, das östlich der Elbe liegt; der erwähnte Flüchtlingsausweis mit Freifahrtschein galt bis Mitte November. Einmal brachte Frau Zytnicka im Interview ihre Fahrt nach Sachsen mit dem erwarteten sowjetischen Angriff auf Königsberg zusammen („*da stand der Russe schon vor Königsberg*"), das wäre im Dezember 1944 gewesen, und der militärische Vorstoß auf Ostpreußen wie auch die Evakuierung der Zivilbevölkerung begannen im Januar 1945. Die zeitliche Zuordnung blieb unübersichtlich, so dass der Weg nur grob nachzuzeichnen ist.

Im Gedächtnis geblieben ist Helene Zytnicka, nachdem sie schon eine Weile in Mühlberg gelebt hatte, der Angriff auf Dresden am 13. und 14. Februar 1945; durch die vielen über der Barockstadt zunächst in der Höhe gesetzten hellen Markierungen, die sog. „Christbäume", und die nach den Sprengbomben abgeworfenen 650.000 Brandbomben soll ein Feuerschein nicht nur in Riesa und Mühlberg, rund 80 km von Dresden entfernt, sondern auch aus noch größerer Entfernung sichtbar gewesen sein:

Glauben Sie, das werde ich nie vergessen. Manchmal gibt es etwas, ja, das ist im Gehirn eingegraben. Wir konnten aus dem Dachfenster, da konnten wir rausschauen, aber wir wussten, es war schon Alarm gegeben, da haben wir aufgepasst. Die Alliierten sind im Karree geflogen, der Himmel war, als wenn Heiliger Abend ist, so blau, und die Bomben fielen.

„Jetzt waren alle an einem Ort"

Seit Judith Sonja Zytnicki im Sommer 1944 festgenommen und Wochen später nach Berlin verschleppt worden war, hielt man sie in jenem Lager in Berlin-Weißensee gefangen. Sie wurde zu ebenso harter wie gefährlicher Arbeit gezwungen, vor allem zur Beseitigung von Trümmern nach Bombenangriffen. Von Beginn an lebte sie in der Furcht vor Entdeckung ihrer jüdischen Herkunft, zumal ihr akzentfreies Deutsch, wie Frau Zytnicka später erfuhr, im Lager bereits aufgefallen war. Während der nächtlichen Räumarbeit lernte sie den durch Verwundung „kriegsuntauglichen" deutschen Offizier Erwin Sch. kennen:

Das war ein netter junger Mann, sehr hübsch – und dann haben sie ihn eingesetzt nachts im Kasino, die Offiziere, war ja auch die SS, die da zu sagen hatte, und da musste er also als Kellner [arbeiten] bei diesen Offizieren. Und die hatten nachts um zwei Uhr Feierabend, dann konnte er nach Hause. Und bei der Gelegenheit hat er meine Tochter getroffen, wie sie die Steine von den Bombenangriffen wegräumte, und das blieb eine Liebe … Der Verwalterin für diese ganzen Mädchen, der war ihr Deutsch aufgefallen, sie [Judith Sonja] konnte inzwischen Polnisch und hatte den polnischen Mädchen also mit der Sprache geholfen. Da wollte die wissen, woher sie das gute Deutsch konnte. Das fiel der Leiterin vom Lager auf, und dann ist sie geflüchtet[22]*, und da hat er sie eine Nacht [aufgenommen].*

Unbekannt ist, wie diese Flucht aus dem Lager mitten im Winter, im Januar 1945, glücken konnte. Um von Berlin-Weißensee zu Erwin Sch. in den Stadtteil Wilmersdorf zu gelangen, mussten mehr als 13 km zurückgelegt werden. Vermutlich ist Judith Sonja während der nächtlichen Arbeiten geflohen. Hatte sie diesen Moment vorbereitet? Verfügte sie über zivile, warme Kleidung ohne das verräterische aufgenähte „P"? Konnte ihr Freund sie in einem Dienstwagen zu seinen Eltern in die Düsseldorfer Straße fahren oder sind die beiden mit öffentlichen Verkehrsmitteln weit länger als eine Stunde in der Stadt unterwegs gewesen? Dies werden offene Fragen bleiben. Aber sicher ist, dass die Unterstützung durch den Berliner Freund noch weiterging.

Der [Erwin] hat dann später meine Tochter auch hingebracht nach Sachsen zu meiner Schwester. Jetzt waren die an einem Ort, meine Schwester, meine Schwägerin, zwei Kinder, und wir kamen jetzt mit drei an. Wir waren dann mit sieben Personen auf einem Zimmer und haben auf der Erde geschlafen, das war schon eine Aufregung.

Die Aufregung mag auch dadurch verursacht worden sein, dass Judith Sonja als geflüchtete Zwangsarbeiterin zu dieser Schicksalsgemeinschaft stieß und eine für alle gefährliche Situation entstand. In der Endphase des Krieges könnte sie sich als „ausgebombte Verwandte" aus Berlin oder dem Ruhrgebiet ausgegeben haben, so dass sie sich nicht ausweisen musste. Von Verdächtigungen oder Nachforschungen hat unsere Zeitzeugin in keinem Interview gesprochen, aber Auslassungen gehörten, wie wir lernen mussten, auch zu ihrer rückblickenden Erzählung.

In Mühlberg erlebten Helene Zytnicka, ihre Töchter und die dorthin evakuierte Verwandtschaft am 23. April 1945 die kampflose Einnahme des Ortes durch die Rote Armee. In der Nacht zuvor schon waren 25.000 Kriegsgefangene aus Polen, der Sowjetunion und vielen weiteren Nationen aus dem 5 km entfernten Stammlager IV B befreit worden[23] und am selben Tag auch das südlich von Mühlberg gelegene Kriegsgefangenen-Reservelazarett, das frühere Stalag 304 (IV H) Zeithain.

Und als die Russen einmarschierten, das war nicht so wie unsere [Soldaten] nach Warschau mit Pferden. (…) Die Nazis waren vorher aus diesem Ort weg, und der Bürgermeister und der Doktor waren geblieben und noch eine Ärztin. Die wussten, dass die Russen morgens um vier oder fünf hierher kamen, aber es war schon hell, es war sechs oder sieben Uhr. Und einer hatte dann schon meiner Schwägerin erzählt, dass der Bürgermeister da ist und wir keine Angst haben sollten.

Anders als die eingeschüchterte einheimische Bevölkerung[24], zeigten sich die drei Überlebenden, Mutter Zytnicka und ihre Töchter, furchtlos. Ihnen war in dieser Situation und nach allem, was sie seit der Ausweisung aus Essen erlebt hatten, daran gelegen, von der Roten Armee mit ihrer besonderen Erfahrung und nicht als Teil der „Volksgemeinschaft" wahrgenommen zu werden.

Die Russen sind tatsächlich reingekommen, elegant, von wegen Nägel unter den Schuhen, die hatten alle Stiefel, und die hatten alle Mützen auf mit Bömmeln, um sie im Winter runterzuklappen. Ich sehe sie noch. Die Einwohner von Mühlberg, die standen schon mit 'ner weißen Fahne da. Die Russen marschierten rein, die hatten alle ihr Gewehr auf. So, wir waren darauf vorbereitet, auf einen Schuss. Da sind die noch so zwei Häuser weiter, da sagt meine große Tochter auf Polnisch „Wir sind aus dem Warschauer Ghetto." Meine Hände zittern noch. „Aus dem Warschauer Ghetto", aber alles auf Polnisch. Wissen Sie, die Russen in ihrem Marschieren wurden auf einmal ganz langsam. „Der Bürgermeister hat den Schlüssel vom Stalag und erwartet Sie. Und hier ist keine Gegenwehr." Steht meine Tochter da, war ja so groß wie ich und meine Schwägerin, und sagt denen das.

Einer blieb bei uns stehen, und die sind dann ins Dorf. So, und das war der Einmarsch der Russen. Als die einmarschiert waren, es war nicht so weit, da blieb ein Wagen stehen, war keine große Kolonne, die waren immer zu vieren, waren so 40, 50 [Mann], so zehn Reihen. Und der begleitete uns nach Hause, [notierte] die Adresse, und ging dann zu seiner Kommandantur und sagte, wir sollen im Haus bleiben, wir hörten weiter.

Jetzt hatte jemand von den Russen die Adresse, da kamen die direkt rein, sahen, wie wir alle in einem Zimmer hausten, ja, und hat gefragt, „wieso Ghetto"? „Ja, wir sind …", meine Tochter erzählte, und der konnte fließend Deutsch, und den nächsten Tag werde ich dann abgeholt mit einem Auto von einem russischen Unteroffizier und werde hingefahren zum russischen Stab nach Riesa, nich. Da ist das Haus, eine kleine Villa mit einem Vorgarten, und ich in der russischen Begleitung durch den Vorgarten, macht die Tür von der Villa auf, ja, was meinen Sie, empfängt uns da ein Russe in Uniform, aber ein Mongole. Ich war so erstaunt, dass ich noch auf der Treppe stehen bleibe, und der mit mir Deutsch spricht und so, als hätte er in Essen gewohnt. Ja, sagt er auf Deutsch, „guten Tag, Frau Zytnicka", aber auf Polnisch, auf Polnisch heiße ich ja nicht Zytnicka, sondern Shitnitzka. Spricht mich direkt mit meinem polnischen Namen an, sagt er, „kommen Sie bitte rein". Der war nicht viel größer als ich, der erinnerte mich in Warschau an den Schwarzgelockten da, und amüsiert sich über mich, nich, aber eins musste ich ihn fragen, „woher können Sie so gut Deutsch?" Komme ich in ein Zimmer, so ein langer Raum, vielleicht war das ein Bürgermeisterhaus, ich weiß es nicht, und da ist ein Tisch, aber ganz lang mit einer roten Tischdecke drauf, und ich war immer noch sprachlos. Er sagte, ich soll um den Tisch herum eine Tür weiter gehen, komm in einen Korridor, und da ist eine Tür mit einem Büro. So, und was meinen Sie, wer da sitzt? Ein russischer Offizier und etwas Ele-

gantes, ich war immer noch erstaunt, kommt zu mir, begrüßt mich auf Deutsch. „Ja", sagt er, „Sie sind erstaunt, ich bin nämlich aus Nürnberg". Ja, jetzt weiß ich schon nicht mehr, was ich denken soll. Sagt er, 1933 ist er nach Russland, als es hier anfing, hat da Russisch gelernt, war beim Militär und war ein hoher Offizier, und dann wollte er gerne wissen, wie das Letzte hier, so kurz so vor dem Krieg [war], da hat noch sein Vater gelebt und seine Schwester. Da habe ich dann alles erzählt. Ja, und dann war der Krieg für mich zu Ende!

Angehörige der Roten Armee wiesen Frau Zytnicka als „Soforthilfe" die Wohnung eines geflüchteten Mühlbergers zu. Sie trug nun wieder ihren durch die Heirat erworbenen Namen, nutzte ein polnisches Ausweispapier und stellte bei einem örtlichen Ausschuss für NS-Opfer einen Antrag auf Unterstützung. Von einem Versuch, aus der SBZ in die Westzonen zu wechseln, hat sie nicht gesprochen, und eine Rückkehr nach Essen schloss sie in der Anfangszeit wegen ihrer angegriffenen Gesundheit aus. Auch war ihre frühere Essener Wohnung am Gänsemarkt nach einem Luftangriff völlig zerstört worden.

Auf die Frage der Interviewerin, ob sie sich in jenen Monaten unter den Nachkriegsbedingungen in Mühlberg eingelebt und vielleicht sogar wohlgefühlt habe, antwortete Helene Zytnicka: *„Wohlgefühlt? Ich war viel zu aufgeregt. Ich war immer aufgeregt. Ich wusste nicht, wo mein Mann war. Ich wusste nicht, was mit ihm los war. Ich war vier Jahre aufgeregt."*

Aufenthalt in Berlin – und ein Lebenszeichen von David Zytnicki

Mit einem sowjetischen Militärtransport reisten Leni Zytnicka und Tochter Henny 1947 zu ihren Verwandten nach Berlin weiter. Dort hatte Judith Sonja inzwischen Erwin Sch. geheiratet.

Ich war ja jetzt keine Deutsche, ich war ja 'ne Polnische, ich hatte einen polnischen Pass. Ich war körperlich und seelisch am Ende. Und irgendwie habe ich ja gehofft, dass mein Mann ... Ich wusste ja noch nicht, dass mein Mann nicht mehr lebte. Ich bin jeden Tag in Berlin zur russischen Kommandantur gegangen.

In dieser Behörde bemühte man sich mit Hilfe von Warschauer Verbindungen um Informationen über das weitere Schicksal ihres Mannes David seit dem Warschauer Aufstand – aber ohne Erfolg.

Und dann bekomme ich ... Unser Ernst [ihr Bruder], der hat eine Karte bekommen. Mein Mann hatte einen [Kose]Namen, sein Zweitname war Mina[25]. *Und da schreibt jemand in Deutsch, aber nicht in so gutem Deutsch, an die Adresse von meinem Bruder in Altenessen, dass Mina lebt, irgendwie drückt er sich so aus, ‚und die jüngste Tochter ist mit der Mutter mit und von der großen weiß man nichts'. Das hat*

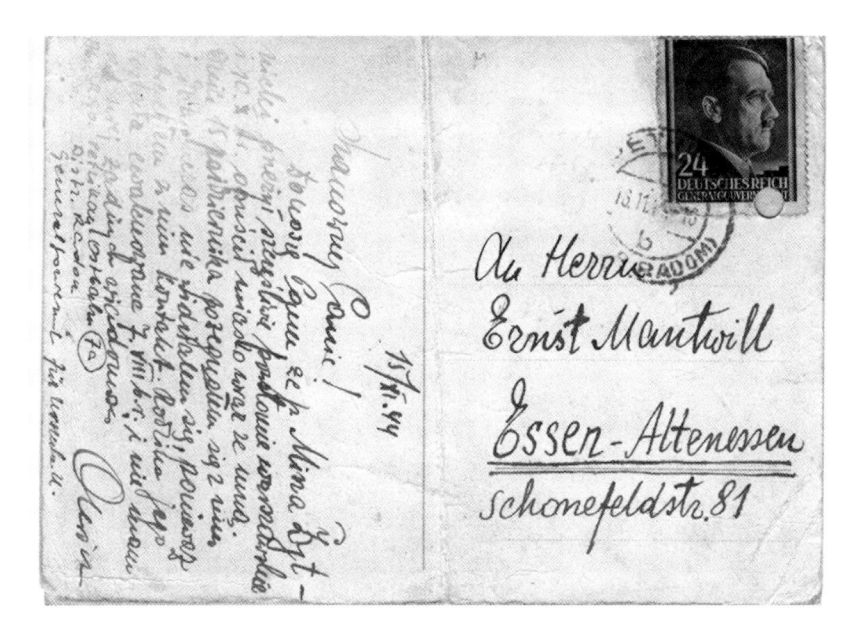

Postkarte an Leni Zytnickas Bruder vom 15.11.1944

mein Bruder im Januar [1945] mit der Post bekommen, hier in Essen. Und die Karte war auch noch etwas in Polnisch, dann hatte einer von den Polen [polnischen Zwangsarbeitern] ihm die Karte vorgelesen, und die Karte lag jetzt noch bei meiner Einbürgerungsakte.[26] Die ist ja abgestempelt, und man kann den Stempel noch sehen, war irgendwo aus Warschaus Nähe, irgendwo vom Land. Und da waren ja die Widerstandskämpfer, die polnischen.

[Mein Mann] hat sie nicht geschrieben, das hatte jemand anders geschrieben, mein Mann, der schrieb und sprach perfekt Deutsch. (...) Und mein Bruder hatte die Karte.

Wie schon einige andere Äußerungen Helene Zytnickas zum Freundeskreis ihres Mannes in den Warschauer Jahren legt auch diese Postkarte eine Nähe zum polnischen Widerstand nahe.[27]

Sieben Jahre nach ihrer Ausweisung aus Deutschland ist zuerst Judith Sonja im Oktober 1945 nach Essen zurückgekehrt: Sie suchte mehrere Ämter auf, einmal, um bei einem Sonderhilfsausschuss für politische Verfolgte eine Wiedergutmachung zu beantragen. Sie bereitete zugleich die Heimkehr von Mutter und Schwester Henny vor. Einige Zeit wohnte sie bei einem Freund der Familie, dem Cafébesitzer und ehemaligen Wehrmachtssoldaten Breilmann in der Innenstadt, später bei ihrer Tante Erna in Essen-Werden. Sie hielt sich in den folgenden Monaten mehr-

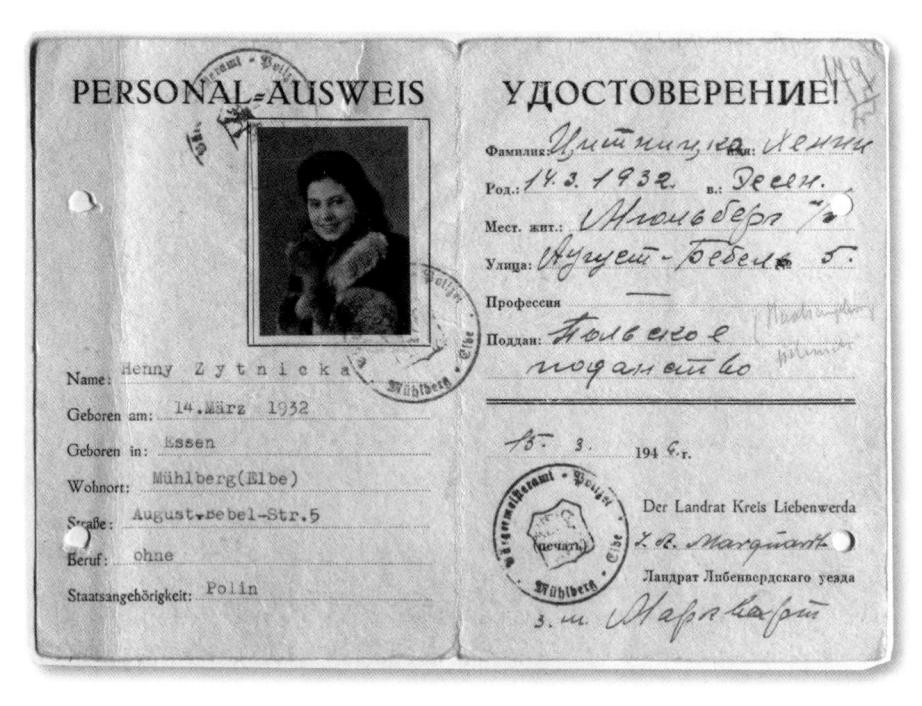

Ausweis von Tochter Henny, 1946

mals längere Zeit bei ihren Schwiegereltern in Berlin auf, bis im Jahr 1948 auch ihr Ehemann nach Essen zog. Dem Paar war ein Raum im südlichen Stadtteil Rüttenscheid zugewiesen worden.

Helene Zytnicka und ihre jüngere Tochter Henny wagten im Dezember 1947, begleitet von einem Essener Bekannten aus Essen-Werden, eine Reise im Pkw – mit illegalem Grenzübertritt – von Berlin in die Westzonen, vermutlich zunächst in das Durchgangslager Friedland.[28] Anschließend fanden beide eine erste Bleibe in Dorsten, bei Anni Niecke, der ehemaligen Kellnerin im Essener „ostjüdischen" Café Margulies. Hier wollten sie ursprünglich bleiben, bis eine passende Wohnung in Essen gefunden und die polizeiliche Abmeldung aus Mühlberg eingetroffen war[29], aber schon Anfang Januar 1948 zogen Mutter und Tochter in ihre Heimatstadt und wohnten wiederum eine Weile, wie seinerzeit am Gänsemarkt, in Warschau und in Mühlberg, in einer Wohnung mit Schwester Erna Oppenberg zusammen, nun auch mit deren Sohn Hans.

Dann schreibt meine Schwester, sie hat hier in Werden eine Wohnung. Ihr Mann war auf dem Rückweg aus Italien; auf seinem Geburtstag am 24. September 1944 kam ein Alliiertenanflug, die haben bombardiert, und er war sofort tot. Da war er noch gefallen, und meine Schwester wohnte dann schon in der Dachwohnung in Essen.

Anmerkungen

1. Es gibt keinen jüdischen Wohnbezirk in Warschau mehr! Nachdruck des „Stroop-Berichts" aus dem Jahr 1943 mit einem Vorwort von Andrzej Wirth, Neuwied u. a. 1960.

2. Das KZ nahm ca. 5.000 Gefangene auf. Diese waren u. a. im ehemaligen Militärgefängnis in der Gesia-Straße untergebracht, im Herbst 1943 wurden zudem Baracken errichtet. Das KZ war ab dem Frühjahr 1944 als Nebenlager dem KZ Majdanek zugeordnet, siehe http://www.deathcamps.org/occupation/kzwarsaw_de.html [5.11.2017].

3. Paulsson geht von zeitweise 28.000 illegal Lebenden aus. Allein während der ersten großen Deportation seien 6.000 Jüdinnen und Juden auf die „arische" Seite geflüchtet, für 1944 errechnet er eine Zahl von 17.000 Versteckten (vgl. 2002, S. 2; S. 20; S. 57).

4. Museum des Warschauer Aufstands o.J. (2014).

5. HdEG/StA, Anerkennungsakte Helene Zytnicka, 158 Z 53, Bl. 13; S. 18; Anna Streifler aus Essen, die auch in Warschau gelebt hatte, gab 1948 eine eidesstattliche Erklärung ab, in der sie versicherte, die vierköpfige Familie öfter besucht und sie zuletzt im Juni 1944 „in der Wohnung" angetroffen zu haben (a.a.O., S. 17).

6. Bis 1944 gehörte Mühlberg zur Provinz Sachsen, danach zunächst zu Halle-Merseburg und 1947 zu Sachsen-Anhalt. In der DDR war Mühlberg Teil des Bezirks Cottbus, heute gehört es zum Land Brandenburg.

7. Zur (fraglichen) Namensänderung Genaueres im Abschnitt „Eine Art Kriegerwitwe".

8. „Volksdeutsche" war in der Zeit des Nationalsozialismus eine Bezeichnung für außerhalb des Deutschen Reichs in den Grenzen von 1937 und Österreichs lebende Personen deutscher Volkszugehörigkeit und nichtdeutscher Staatsangehörigkeit, vor allem in Ost- und Südosteuropa, siehe https://de.wikipedia.org/wiki/Volksdeutsche [26.07.2018].

9. Władysław Bartoszewski (1922-2015), Widerstandskämpfer, Auschwitz-Häftling und 1990 bis 1995 sowie Anfang der Jahrtausends Außenminister Polens, hat berichtet, dass jeder im Versteck lebende Mensch wenigstens über eine Geburtsurkunde, eine Arbeitskarte und eine Kennkarte verfügen musste. Pfarrer hätten Geburtsurkunden fingieren können, und nicht wenige polnische Beamte hätten in Blankoformulare von Kenn- und Arbeitskarten „arische" Namen eingetragen, um Jüdinnen und Juden zu retten, siehe Bartoszewski 1983.

10. Bericht von Stanislaw Masny, im Mai 1944 als 16-Jähriger nach Bremen verschleppt, schrieb 2005 seine Erinnerungen auf, siehe: Zwangsarbeit. Die Deutschen, die Zwangsarbeiter und der Krieg 2010, S. 79.

11. HdEG/StA, Bestand 158 Sch 330, S. 40. – Unmittelbar nach dem Warschauer Aufstand wurden etwa 160.000 Männer und Frauen aus Warschau zur Zwangsarbeit nach Deutschland deportiert.

12. Lt. Polizeiverordnung über die „Kenntlichmachung" der polnischen Arbeiter, veröff. durch den Reichsminister des Innern am 8.3.1940 musste das Kennzeichen bestehen „aus einem auf der Spitze stehenden Quadrat mit 5 cm langen Seiten und zeigt bei ½ cm breiter violetter Umrandung auf gelbem Grund ein 2 ½ cm hohes violettes P."

13. Zwangsarbeit. Die Deutschen, die Zwangsarbeiter und der Krieg 2010, S. 113, vgl. auch Herbert 1985, S. 312 f. Im letzten Kriegsjahr boten die Unübersichtlichkeit nach Luftangriffen und die vielfach improvisierten Bedingungen in den einzelnen Lagern mehr Fluchtmöglichkeiten für Zivilarbeiter/innen.

14 Hosenfeld 2004, S. 818; zu dieser Zeit der Auflösung nach dem Teilräumungsbefehl der deutschen Kommandantur am 23.7.44 in Warschau auch Weinstein 2006, S. 335 f.; S. 338; S. 535.

15 In einer jüngeren Veröffentlichung wird Helene Zytnickas Beobachtung bestätigt: „So bildeten sich folgende Widerstandsnester heraus: Gegend Blumenstraße, Drei Kreuzplatz und nörd[lich] des Schloß- und Theaterplatzes", siehe Christoforow/Makarow/Uhl 2015, S. 222; S. 226.

16 „Die Reise soll im Auftrage des Amtskommissars – Ortspolizeibehörde durchgeführt werden und dient kriegswichtigen Zwecken. Reisegrund: Rückreise nach dem Wohnort wegen Räumung der Quartiere im Standort." Abschrift vom 20.7.1948, HdEG/StA, Bestand 158 Z 53, Bl. 22.

17 HdEG/StA, Bestand 158 Z 53, Bl. 19. Auf gefälschten polnischen Papieren trug Tochter Judith Sonja den Vornamen Zofia.

18 Die ersten Bewohner Ostpreußens machten sich nach der sowjetischen Offensive an der Ostgrenze und der Rückeroberung durch die Wehrmacht im Oktober und November 1944 auf den Weg. „Volksdeutsche" wurden ins Generalgouvernement oder ins Reichsgebiet gebracht bzw. begaben sich selbst dorthin, z. B. Siedler aus dem Banat oder Siebenbürger Schwaben. Ein Räumungsbefehl für das Memelgebiet erging (mit Rücknahmen) Anfang August und im Oktober 1944.

19 In Helene Zytnickas privaten Unterlagen fand sich eine Kennkarte Ihrer Schwester Erna, ausgestellt vom Polizeipräsidenten in Essen am 5. März 1942. Auf der Rückseite wird ein Umtausch von 1.200 Złoty in RM bescheinigt, und zwar am 14.11.1944.

20 Zwischen *Neu Bentschen* und Zbąszyń (jeweils mit einem Bahnhof) verlief von 1920 bis 1939 die deutsch-polnische Grenze, mit dem Angriff auf Polen gehörten beide Orte zum Deutschen Reich. In Neu Bentschen wurden Reisende auf dem Weg in den „Warthegau" bis zum Rückzug der Wehrmacht kontrolliert; Neu Bentschen, nach 1945 polnisch, erhielt den Namen *Zbąszynek*, eine Verkleinerungsform des Namens Zbąszyń, siehe https://de.wikipedia.org/wiki/Zbaszynek [26.07.2018].

21 Aussage von Anna Streifler, die auch dort Station machte, in HdEG/StA, Bestand 158 Sch 330, Bl. 28 sowie die Angabe von Helene Zytnicka im Jahr 1957 in Bundeszentralkartei beim RP Düsseldorf Nr. 7256, Bl. 44; siehe zu A. Streifler auch Anm. 5.

22 In einem Lebenslauf schrieb Judith Sonja im Juli 1946: „Da ich als Jüdin verdächtigt wurde, bin ich getürmt. Ich lebte dann bis zur russischen Befreiung in Mühlberg/Elbe versteckt" (HdEG/StA, Bestand 158 Z 330, Bl. 40). Über die Wochen nach der Flucht ihrer Tochter aus dem Lager in Berlin haben wir von Helene Zytnicka nichts erfahren. In den Nachkriegsakten lasen wir aber, dass sie sich nicht nur eine Nacht, sondern eine Zeitlang in Berlin (vermutlich bei ihrem Verlobten) verborgen hielt. Judith Sonja konnten wir nicht mehr befragen, sie starb 1956.

23 Das Stalag IV B der Wehrmacht bestand von 1939 bis 1945; etwa 300.000 Kriegsgefangene verschiedener Nationalität durchliefen es, mehr als 3.000 starben, vor allem Soldaten der Roten Armee, siehe https://www.memorialmuseums.org/denkmaeler/view/236 [26.07.2018]. Das Lagergelände diente zunächst der Kommandantur der Roten Armee für die Registrierung und Überprüfung von Sowjetbürgern, die „repatriiert" werden sollten, von September 1945 bis 1948 dem NKWD der UdSSR als „Speziallager Nr. 1" mit mehr als 20.000 unter NS-Verdacht geratenen deutschen Gefangenen. Zu den Lagern in Mühlberg Kilian 2001.

24 In der Tat ging der Einmarsch trotz des Rückzugs der deutschen Truppen wie des „Volkssturms" vielfach gewaltförmig vor sich, es gab Plünderungen, Vergewaltigungen und Morde. Auch in dieser Gegend lösten solche Erfahrungen eine Selbstmordwelle in der Bevölkerung aus, siehe Rick 2016, S. 260 ff.

25 Möglicherweise eine Verballhornung seines zweiten Vornamens *Elimejlech*, hebräisch: „mein Gott ist König".

26 Diese Postkarte an Ernst Mantwill in Essen (und offenbar zeitgleich an Erna Oppenberg in Mühlberg) trägt das Datum 15.11.1944 und den Absender R.G.O. Petrikau Ostbahn, Distrikt Radom Generalgouvernement. In einer Übersetzung wird die RGO als „Polnisches Hilfskomitee" bezeichnet, und auch Helene Zytnicka nannte es weiter vorn im Zusammenhang mit der Beschaffung von falschen Ausweisen.

27 Inzwischen ist bekannt, dass überlebende Juden in erheblicher Zahl am „polnischen Aufstand" 1944 teilgenommen haben: ein kleiner, als jüdische Gruppe sichtbarer Kampfverband der Widerstandsorganisation ŻOB sowie einige hundert Mitkämpfer der Heimatarmee (AK) und der kommunistischen Volksarmee (AL), wenngleich viele von ihnen mit Kollaborations- und Spionageverdacht belegt wurden. Dieses Kapitel ist als „dunkle Seite" des Warschauer Aufstands bis heute heftig umstritten in den polnischen Debatten, weil die Führung der AK trotz klarer Positionierung unfähig blieb, einzelne antijüdische Gewaltausbrüche zu verhindern, siehe dazu Edelman 1986, S. 102; Marszalec 2011, S. 123 f. – Ausmaß und Folgen judenfeindlicher Haltungen u.a. in der AK wurden in Polen bereits seit den 1980er Jahren erregt debattiert, dazu Engelking/Hirsch 2008, S. 54 ff.; Röhr 2004, S. 35 f. und S. 61 f.; Grupinska 1991, S. 224; Golczewski 2011, S. 159; Zimmermann 2017, S. 404 ff.

28 Erwähnt wurde dieser, vielleicht nur kurze Aufenthalt auf dem Weg nach Westen nicht, aber auf der Rückseite des am 15.3.1946 vom Bürgermeisteramt in Mühlberg ausgestellten Personalausweises der 14-jährigen Tochter Henny findet sich ein weitgehend unleserlicher Eintrag mit einem Stempel des Flüchtlingslagers Friedland/Leine (HdEG/StA, Hilfsakte Helene Zytnicka, Bl. 177).

29 Eidesstattliche Erklärung Anni Niecke vom 9.3.1950 in Hilfsakte Zytnicka, Helene, HdEG/StA, Bestand 158 Z 53, Bl. 96.

... *eine Art Kriegerwitwe*
Der Kampf um das Dazugehören: Behörden, Gerichte, Freundschaften nach 1945

„Die Antragstellerin hat bis jetzt in keiner Weise dargetan, dass ein Entziehungsvorgang im Sinne des Rückerstattungsgesetzes vorliegt" – so eines von vielen Dokumenten aus der Nachkriegsgeschichte Leni Zytnickas (in diesem Fall vom Oktober 1951).

Man darf sich – das ist heute in Umrissen bekannt – die Rückkehr von Überlebenden der NS-Verbrechen in ihre alte Heimat nicht beglückend oder auch nur problemlos vorstellen; zu schwierig waren die aktuellen Lebensumstände der Mehrheitsbevölkerung, zu groß vor allem die Erfahrungsunterschiede während der „tausend Jahre", zu gegenwärtig die Reste antisemitischer Ressentiments. Freudensbekundungen über ein Wiedersehen und das Überleben des „Rests der Geretteten" – so eine damalige Selbstbezeichnung in jüdischer Tradition – werden nur selten berichtet.

Auch die Geschichte der politisch bald in Gang gesetzten „Entschädigung" und „Wiedergutmachung" ist kein Ruhmesblatt der politischen Kultur, weil Härte und Dauer der begleitenden Auseinandersetzungen von den Zurückgekehrten mit gutem Recht als erneute Ausgrenzung und Herabsetzung verstanden wurden. Für Leni Zytnicka währten diese Kämpfe, und das ist in keiner Weise untypisch[1], von 1948 bis 1979. Zähigkeit und „Einfallsreichtum" der (west-)deutschen Bürokratie und Justiz in der Abwehr von Opfer-Ansprüchen waren bemerkenswert. Insofern ist es nur angemessen, in diesem Zusammenhang von einer „zweiten Schuld" (Ralph Giordano) und vom „Kleinkrieg gegen die Opfer" (Christian Pross) zu sprechen.

Auch im Fall von Leni Zytnicka berührten diese jahrzehntelangen Auseinandersetzungen – die erhaltenen Akten umfassen etwa 900 Blatt – viele Facetten der erlittenen Schädigungen – vom Vermögensschaden über berufliche Einbußen, „Freiheitsschaden" sowie Rentenansprüche bis hin zu den gesundheitlichen (körperlichen wie psychischen) Folgen der Verfolgungsjahre. Die lange Dauer der Verhandlungen mag in diesem Fall auch damit zusammenhängen, dass Frau Zytnicka angesichts ihrer ‚unübersichtlichen' Biographie in den ersten Jahren nach 1948 nicht als deutsche Staatsangehörige angesehen und behandelt wurde.[2]

Die folgenden Schilderungen ihrer Kämpfe beruhen im Wesentlichen auf staatlichen Akten und sind darum vielfach auf die Darstellung von Notlagen konzentriert; damit kann also nicht der Anspruch erhoben werden, alles Wesentliche aus ihrer langen Lebenszeit nach 1945 zu berichten.

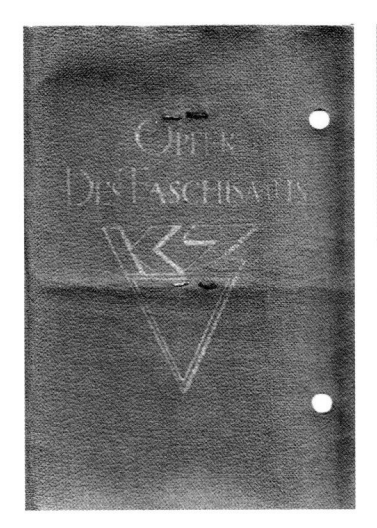

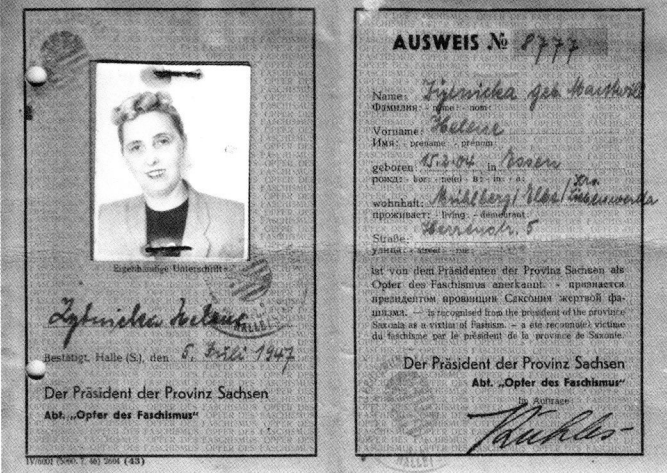

O.d.F.-Ausweis, ausgestellt in Mühlberg am 5.7.1947

„Ich musste doch von etwas leben"

Schon im Juni 1947, also während des Aufenthalts in Mühlberg in der SBZ, hatte Helene Zytnicka den Antrag gestellt, als „Opfer des Faschismus" (O.d.F.) anerkannt zu werden, was ihr sehr schnell gelang. Vor jeder Befassung mit den vom Nazi-Regime zugefügten Schäden standen aber seit ihrer Rückkehr nach Essen zunächst die Fragen des alltäglichen Überlebens, etwa des Wohnens:

Im Deutschlandhaus war das Wohnungsamt. Da hörte ich: Ach, eine Wohnung suchen Sie, wir haben hier noch nicht mal eine Wohnung für die hiesigen Bewohner, die ausgebombt sind. Ja, sage ich, ich habe aber hier gewohnt vor dem Krieg bis '38. Wo denn? Ja, hier am Gänsemarkt, und dann sind wir ausgewiesen worden. Ich bin eine Essenerin. Ach, du lieber Gott, die waren nett, und sagten: Wir tun alles. Meine Schwester war dabei, die hat hinterher gesagt: Das waren jetzt Essener Beamte und keine Nazis mehr. Dann sagte mir der Beamte, er kommt persönlich. Er kam auch, und in der Wohnung meiner Schwester unterhielten wir uns. Ein paar Tage später bekamen wir hier in dieser Straße zwei Zimmer, da hatten wir schon mal eine Wohnung. Das war 1948.

Ich musste doch von etwas leben. Hier war ich zu Hause. Ja, ich war noch vor den Ausgebombten, hier am Gänsemarkt habe ich gewohnt, Nummer 18! Ich wäre 1948 noch nicht zum Wohnungsamt gekommen, ich musste mich aber durchquälen, weil die Währungsreform kam. Meine Schwester, die Erna, war auch ausgebombt, der Mann gefallen, sie mit dem kleinen Sohn ...

Jetzt hatte ich ja kein Geld. Bei mir hat man bei der Angestelltenversicherung in Berlin festgestellt, dass ich bis dahin geklebt hatte, und dann sollte ich zum Wohlfahrtsamt gehen. Da hat man mir jeden Monat einen Vorschuss gegeben, auch für meine Tochter, bis meine Rente durch war. Also liegen hier überall von mir Akten, aber erst ab 1948.

Offenbar galt es auch zu rechtfertigen, warum Anträge auf Hilfe erst jetzt gestellt wurden; im Juni 1948 schrieb Leni Zytnicka dazu:

„Anträge betreffs einer Unterstützung für mich und meine Kinder habe ich bisher noch nicht gestellt, da ich bis heute gehofft habe, mein Mann wird sich noch irgendwie gerettet haben und die letzten drei Monate ohne meine Hilfe überstanden haben. Nun muss ich diesen Antrag in meinem Heimatort und Deportationsort Essen nachholen."[3]

Wiedergutmachung und Entschädigung – ein Fall für Spezialisten

Ohne dass sie ahnen konnte, wie viele Jahre und wie viel Kraft sie der Kampf um Entschädigung und „Wiedergutmachung"[4] kosten würde, stieß Frau Zytnicka schon unmittelbar nach ihrer Rückkehr auf einen, wie sich zeigen sollte, notwendigen Beistand:

Den Rechtsanwalt Grundmann[5] *habe ich im Deutschlandhaus kennen gelernt. Jetzt ist 1948 und es kommen auch ein paar Juden zurück, unter ihnen bin ich. Also ich wusste nur, dass das Arbeitsamt meine Akten hat und mein Mann – was ist mein Mann, Kriegsopfer? Wissen Sie, die waren alle auf den Ämtern ungewiss, was ich bin. Bei der jüdischen Gemeinde hole ich das Carepaket ab, und da haben sie zu mir gesagt, Frau Zytnicka, gehen Sie mal ins Deutschlandhaus, da tagt ein Nachkriegsgericht für die Ausgebombten oder für so was wie Sie.*[6] *Die haben mich da angemeldet. So, jetzt war im Deutschlandhaus eine Gerichtsverhandlung. Jetzt reiche ich da Unterlagen ein und, wissen Sie, das war für alle etwas Seltenes. Ich war eine Christin, habe einen Juden geheiratet, war im Ghetto und hatte keine Unterlagen, nur meinen Geburtsschein und meine Heiratsurkunde, und die eine Tochter war ja schon 21. Da waren sechs Herren, auch drei Juden darunter, und die anderen waren von der Regierung. Das war eigentlich nur ein seltsamer Fall. Und da ist dieser Rechtsanwalt Grundmann, er vertritt jemand anders, eine Deutsche. Ich bin rausgegangen und er geht mit. Und dann hat er sich vorgestellt, er wäre in diesen Sachen bewandert. Sage ich, ich hab aber kein Geld, ein Rechtsanwalt kostet Geld. ‚Nein', sagt er, ‚ich brauche kein Geld.' Und der Grundmann hat alle meine Sachen vertreten. Ich war beim Gericht in Düsseldorf, in Köln und in Dortmund. Da sind überall meine Akten, ich hab die Durchschläge.*

Die ersten Schritte zur Wiedergutmachung – nämlich für die Zeit ab 1940 im Ghetto – erfolgten noch auf der Grundlage eines (später aufgehobenen) nordrhein-westfälischen Landesgesetzes von 1949. Allein die bundeseinheitliche Entschädigungsgesetzgebung – eine von mehreren hier relevanten Normen, 1953 zunächst als Bundesergänzungsgesetz (BErG) und 1956 als Bundesentschädigungsgesetz (BEG) in Kraft gesetzt – wandte 241 Paragraphen auf, um der komplizierten Lage der Überlebenden Herr zu werden. Von den mehr als 4 Mio. Anträgen wurde im Geltungszeitraum die knappe Hälfte positiv beschieden. Die Zahl der Schadens-Kategorien deutet die Komplexität ebenfalls an: es ging in diesen Verfahren um Schaden an Körper und Gesundheit, Leben, an Freiheit, an Eigentum, an Vermögen, durch Sonderabgaben, Schaden im beruflichen und im wirtschaftlichen Fortkommen. Mit dem BEG-Schlussgesetz legte man im Jahr 1965 die letzte Frist für Anträge Geschädigter auf den 31.12.1969 fest. Allerdings waren „Verschlimmerungsanträge" oder die Meldung von Spätschäden weiterhin möglich.[7] Die Bundesregierung beziffert die Summe der Wiedergutmachungsleistungen (einschl. der sog. Globalverträge mit Staaten) insgesamt auf 74,5 Mrd. € bis Ende 2017.[8]

„Mensch, ärgere Dich nicht" (Karikatur, 1951)

Letzten Endes erfolgte die „entschädigungsfähige" Anerkennung der Verfolgungsjahre lediglich für die Zeit im Warschauer Ghetto und die Phase des illegalen Lebens in Warschau; die zehnmonatige Internierung in Zbąszyń „bis zum 1. September 1939 (deutscher Einmarsch in Polen)" sei, so wurden die Erben der Tochter Judith beschieden, schließlich nicht von einer deutschen Dienststelle, sondern von polnischer Seite veranlasst gewesen und daher nicht zu berücksichtigen.[9]

„Warum sind sie denn mitgegangen?"

Einen lebendigen Eindruck von der Art, wie zuständige Stellen und Personen auf die nicht alltägliche Geschichte der Familie Zytnicka im Nachhinein blickten, vermittelt die Schilderung einer Gerichtsverhandlung:

Da sagte die eine Richterin – das war in Duisburg, da war eine Verhandlung, der Richter, sehr hübscher, junger Richter, sie, so eine Dicke danebenv – aber Grundmann war dabei. Ja, sagte sie zu mir: ‚Sie waren doch keine Jüdin, Sie konnten doch zurückbleiben.' Glauben Sie, ich habe jetzt noch Bauchschmerzen. Ich hatte die Klage eingereicht wegen des Geldes, das sie uns hier im Zug nach Zbąszyń abgenommen hatten. Da sagte die zu mir ‚Sie brauchten doch nicht mit. Warum sind Sie denn mitgegangen?'

Ich wollte ihr erst nicht lange erklären, dass ich zum Judentum übergetreten bin, da sage ich ‚Ja, Frau Richter, ich war aber eine Mutter und hatte zwei Mädchen, eine von 12 Jahren und eine von sechs.' Aber ich wollte nicht noch lange erklären, dass meine Kinder staatenlos wären, wenn ich nicht die Religion von Polen gehabt hätte.[10] Da sagt der Richter: ‚Schluss, Feierabend', da wurde nicht mehr verhandelt, zugeklappt, die Sache war erledigt. Der Richter wollte nicht weiter verhandeln. Ich musste damals mit, und fertig, und jetzt bin ich hier. Denn ich war ja eine Art Kriegerwitwe.

Natürlich war der hier zu verhandelnde Fall dieser Familie eine komplizierte Angelegenheit, vermischt aus Fragen von polizeilichen „Maßnahmen", Staatsangehörigkeit, Familienrecht, Sozialversicherungsrecht, Kriegsschäden und mehr; dass aber ein auf dieses Thema konzentriertes Spezialgericht diese Konstellation so kenntnisarm erörtert, muss doch als Teil des oben benannten Skandals im Umgang mit den Opfern bewertet werden.

In einem Schreiben an das „Amt für politisch und rassisch Geschädigte" der Stadt Essen, dessen Argumentationsweise offenbar anwaltlich geprägt ist, geht Leni Zytnicka im Juni 1948 auf diese Problematik ein:

„Mein vor 8 Wochen eingereichter Antrag, betreffs Anerkennung als O.d.F., blieb trotz mehrmaliger persönlicher Anfrage bisher unbeantwortet. Den einzigen entschuldbaren Grund sehe ich darin, dass man sich an maßgeblicher Stelle nicht genügend über meinen Antrag informieren kann.

Da nur wenige Überlebende die furchtbaren Jahre im Warschauer Ghetto überstanden haben, ist es schwer, glaubhafte Beweise meiner Anwesenheit in Warschau zu bringen. Trotzdem ist es mir möglich zwei Zeugen namhaft zu machen, deren eidesstattliche Erklärungen ich beifüge."[11]

Diese beiden recht präzisen Zeugen vom Juni 1948 sind ein ehemaliger Wehrmachtssoldat aus Essen, der 1943/1944 in Warschau stationiert war, und eine gleichzeitig nach Zbąszyń Deportierte aus Essen, Anni Streifler, die ebenfalls nach Warschau gelangte und das Ghetto überlebte. Aus deren Aussagen geht hervor, dass die gesamte Familie Zytnicki an Weihnachten 1943, im Januar 1944 und im Juni 1944 illegal in Warschau zusammenlebte. Einige Monate später gelang es (trotz der immer noch chaotischen Verhältnisse in ganz Europa), zusätzlich die Aussagen zweier polnischer Zeuginnen beizubringen, die dies bekräftigten.

Schäden an Körper und Gesundheit

1948, ja, da war ich krank. Da bin ich zur Jüdischen Gemeinde hin, ich war jetzt schon, wissen Sie, in meinem Inneren mit der ganzen Welt fertig.

Frau Zytnicka bemühte sich nach ihrer Rückkehr um eine Entschädigung auch für die seit ihrer Deportation nach Zbąszyń erlittenen und fortdauernden gesundheitlichen Beeinträchtigungen. In einer sog. Anerkennungsakte im Essener Stadtarchiv ist vermerkt, dass sie im Sommer 1949 für vier Wochen in ein Erholungsheim in Brackwede bei Bielefeld „eingewiesen"[12] wurde, und im selben Jahr bescheinigte ihr ein Rentengutachten durch das Innenministerium, Abt. für Wiedergutmachung, „wirklich schwere Lebensjahre"[13]. Sie hatte im September 1948 bereits ein „Überbrückungsdarlehen" beantragt und begründete dies so:

„Da meine 16jährige Tochter durch das Ghetto- und Lagerleben bisher eine eigentliche Heimstätte nicht kannte und ich krank bin, brauchen wir diese Wohnungseinrichtung dringend zur Wiederherstellung unseres seelischen Gleichgewichts."

Im selben Jahr stellte Helene Zytnickas Rechtsanwalt, Paul Grundmann, einen Antrag auf Rente und Kapitalentschädigung wegen, wie es im Gesetzestext hieß, „Schadens an Körper oder Gesundheit". Gegenüber der Essener Wiedergutmachungsbehörde legte Frau Zytnicka in diesem Verfahren, auch um über eine monatliche Unterstützung hinaus bestimmte medizinische Versorgungen zu erhalten, die Vorgeschichte ihrer Leiden dar, indem sie einen Arzt ihres Vertrauens, den Überlebenden Walter Hurwitz[14], aufsuchte, der ihr Symptome wie „nervöser Erschöpfungszustand" und eine 70-prozentige Erwerbsminderung bescheinigte. Dieser attestierte auch einen Zusammenhang zwischen Frau Zytnickas Leiden und „schwersten Belastungen" in der Zeit der Verfolgung.[15]

Das Arbeitsministerium von NRW beurteilte den Fall Zytnicka ganz anders: Seine *Sonderabteilung für die Opfer des nat.-soz. Terrors* lehnte im Bescheid vom

31. Oktober 1950 eine „Beschädigtenrente" mit der Begründung ab, bei ihr bestehe eine „allgemeine psychopathische Erlebnisverarbeitung", „die kausal von den schweren Erlebnissen während der Zeit der Deportierung unabhängig ist. Eine auf die erlittene Verfolgung zurückführbare Erwerbsminderung liegt auch von neurologisch-psychiatrischer Seite nicht vor."[16]

Über Jahre bemühte sich unsere Zeitzeugin beharrlich um die Anerkennung ihrer gesundheitlichen Schäden, unterstützt von ihrem Anwalt, der wiederholt Beschwerde einlegte gegen solche Zurückweisungen. Ein Beschwerdeausschuss lehnte Anfang 1952 aufgrund einer amtsärztlichen Untersuchung Rentenansprüche ab und charakterisiert Frau Zytnicka folgendermaßen:

„Psychisch ist die Patientin wehleidig und klagebetont, zeitlich und örtlich gut orientiert. Abgesehen von während der Untersuchung zeitweilig auftretenden demonstrativen Hustenstößen zeigt die Untersuchte in ihrem Verhalten keinerlei Abweichung von der Norm. Über die während der Haft durchgemachten Erlebnisse spricht Frau Zytnicka jetzt ohne irgendwelche Affektreaktionen, wobei sie die Schwere der durchgemachten Erlebnisse durch eine Fotografie von Erhängten, die sie mit sich führt, unterstreicht […]." Der Beschwerdeausschuss unterstellte der Antragstellerin ganz unverhohlen, die Hustenanfälle lediglich zu simulieren; diese legten sich, „wenn man dieselben einfach überhört". [17]

Noch im Frühjahr 1959 stellte ein Essener Arzt, der sie seit zehn Jahren kannte – vermutlich erneut Dr. Hurwitz –, ein weiteres Mal eine „schwere reaktive Psychoneurose mit fast dauerndem nervösen Reizhusten" und weitere Krankheiten fest. Bis zu ihrem 34. Lebensjahr, also bis zum Jahr 1938, so schreibt dieser, sei sie weitgehend gesund gewesen. In Warschau habe sie 1942 aber eine Typhuserkrankung durchgemacht. Und weiter: „Im Winter 1942 sei sie bei verbotenem Durchgang des Ghettos abgefangen worden und plötzlich im Dunklen von 3 großen Scheinwerfern angeblendet worden. Danach habe sie einen Nervenzusammenbruch gehabt und 14 Tage nicht sehen können […]. Einige Zeit später erlitt sie noch einen Nervenzusammenbruch und seit dieser Zeit bestehen die singultus[schluckauf]-artigen Krampfzustände im ganzen Oberkörper und Krampfhusten."[18]

Es finden sich in dem Gutachten neben der Charakterisierung „früh gealtert" Bemerkungen, die von geringer Einfühlung zeugen wie „unsicher, schwer zugänglich, weinerlich!!! Lebensunlustig" und zusammenfassend: „Die Pat. ist ein psychitischer [!] Krüppel und 100% arbeitsunfähig" sowie: „Der Zustand des Herzens verschlechtert sich laufend trotz ununterbrochener Behandlung." [19]

Frau Zytnicka wird um 1959/60 auch von Amtsärzten medizinisch und psychologisch untersucht worden sein. Ab dem 1.10.1960 sprach man ihr nach dem Bundesentschädigungsgesetz nun doch einen Betrag von monatlich 224 DM zu und erkannte einen Schaden aufgrund folgender Diagnose an: „Psychasthenie und Versagenszustand mit fehlerhafter Erlebnisverarbeitung im Sinne abgrenzbarer Verschlimmerung."[20] Rechtsanwalt Grundmann klagte unverzüglich gegen diesen Bescheid und setzte sich für eine angemessene Entschädigung ein. Obwohl die Klage 1961 abgewiesen wurde, stritt Grundmann weiter für die Belange seiner Klientin und ging in Berufung. In einem Verfahren vor dem Oberlandesgericht Düsseldorf erreichte er ein Vergleichsangebot der Behörde, und Helene Zytnicka erhielt 1964 einen geänderter Bescheid, in dem ihr für ihre gesundheitlichen Schäden nun monatlich 99 DM zusätzlich zugesprochen wurden. Den zugrundeliegenden Befund gab das Gericht wie in früheren Schreiben mit „Psychasthenie und Versagenszustand" an, diesmal allerdings mit dem Zusatz „fehlerhafte Erlebnisverarbeitung im Sinne wesentlicher Mitverursachung."[21]

Über diese Fachbegriffe mag Helene Zytnicka gegrübelt haben. Bezog sich die Formulierung „wesentliche Mitverursachung" auf ihren aktiven, oft waghalsigen Einsatz für ihre Familie innerhalb und außerhalb des Warschauer Ghettos? Oder sind damit die Schuldgefühle gemeint, welche sie noch im hohen Alter heimgesucht haben? Und was ist unter „fehlerhafter Erlebnisverarbeitung" zu verstehen? Auch in vielen vergleichbaren Verfahren wird von der amtlichen Neigung berichtet, den Überlebenden eine selbstverschuldete Fixierung auf das Erlebte zu bescheinigen. Eine „unangemessene", abnorme oder neurotische Erlebnisverarbeitung gehört offenbar bis heute zum gängigen Jargon psychologischer Begutachtung. In der Begriffsnutzung des Jahres 1964 aber mischten sich die mehrheitsgesellschaftliche Ignoranz gegenüber den NS-Verfolgten und die professionelle Unfähigkeit, eine neue gesundheitliche Konstellation von verfolgungsbedingten traumatischen und posttraumatischen Lasten zu erfassen – und vermutlich auch eine professionelle Kontinuität von Medizinern und Psychiatern, die zu einem Bruch mit menschenverachtenden Ansätzen erst seit den späten 1970er Jahren Veranlassung sahen. „Die deutschen Gutachter ignorierten bis in die 1960er Jahre hinein selbst bei KZ-Überlebenden Krankheitsbilder, die später unter dem Begriff ‚KZ-Syndrom' zusammengefaßt wurden", resümiert Beate Meyer.[22] In der neueren Literatur ist anerkannt, dass ein längeres Anhalten dieser Reaktion wohl auch als „posttraumatische Belastungsstörung" bewertet werden kann.[23]

Mit medizinischen Begründungen wie „Psychasthenie"[24] oder „Neurozirkulatorische Dystonie"[25] wurden Frau Zytnicka im Zeitraum 1961 bis 1979 zehn Heilbehandlungen bzw. Kuraufenthalte von jeweils vier Wochen bewilligt, beispielsweise in einer psychosomatischen Klinik in Bad Berleburg, in Bad Salzuflen, Bad Pyrmont und Bad Reichenhall. Für eine Besserung ihres Zustandes fanden wir keine Belege.

In den Interviews erwähnte sie uns gegenüber die Phase der Antragstellung um 1949, nicht aber die Jahrzehnte während Bemühung um Kuren und Einzelbehandlungen, deren Etikettierungen und Begründungen sie mit Sicherheit stets aufs Neue belasteten. Auch das ihrem Essener Arzt anvertraute einschneidendtraumatische Erlebnis an einem Ghettodurchgang entnahmen wir lediglich den amtlichen Akten. Sie erzählte aber bei fast allen Treffen, dass sie des Nachts an ihre in Treblinka ermordeten Neffen denken müsse und seit Kriegsende nur mit Schlaftabletten Ruhe finde. In einer Zeitung habe sie später einmal ein Foto vom „Umschlagplatz" in Warschau gesehen:

Und die Zeitung hat mir jemand weggenommen, damit ich nicht immer das Bild sehe. Da waren drei oder vier Güterzüge, und in einem guckte mein Neffe aus dem Zug, die Augen, und ich werde die nie vergessen.

Die Korrespondenz zu den gesundheitlichen Verfolgungsleiden endet, zumindest in den im Archiv verwahrten Akten, nach einer (vielleicht letzten) Kur in Bad Berleburg im Jahr 1979, d.h. mehr als 30 Jahre nach Frau Zytnickas Rückkehr nach Essen. Die Veranlassung lautete ähnlich wie kurz nach dem Krieg: „Psychovegetatives Überlastungssyndrom".

„Heimatlose Ausländerin"!

Nichts war für Leni Zytnicka selbstverständlicher, als nach dem überstandenen Terror und Aufenthalten in Mühlberg und an anderen Orten nach Essen zurückzukehren. Doch zu den bitteren und aus der Distanz schwer fassbaren Erfahrungen der Nachkriegsjahre gehörte für die preußische Patriotin Leni Zytnicka und ihre Töchter auch eine mehrjährige Auseinandersetzung über ihre Staatsangehörigkeit: Die zweifellos mit der Heirat 1926 erworbene polnische Staatsangehörigkeit konnte nämlich nicht durch aktuelle Dokumente nachgewiesen werden. Sie bemühten sich um einen sog. „Registrierschein", des polnischen Konsulats, was aber anscheinend nicht gelang, und um eine Klärung ihres Status durch die IRO, die *International Refugee Organisation*.[26] Deren Nachfolge-Institution, der *UN High Commissioner for Refugees*, bestätigte mit Schreiben vom 14. August 1952 gegenüber der Essener Stadtverwaltung, dass die Familie unter seinem Schutz stehe.

Im Juni 1952 erfasste das Einwohnermeldeamt Essen sie mit dem Zusatz: „Staatsangehörigkeit z.Zt. ungeklärt, früher Polen"; diese Einstufung wurde (wie auch für ihre Tochter Henny) mit Vermerk von 11.11.1952 verändert zu „Staatsangehörigkeit: ‚Heimat-

Passbild Helene Zytnicka aus einer Akte, Ende der 1950er Jahre

lose Ausländerin'". In dieser rechtlichen Lage – gleichgesetzt mit den verschleppten ehemaligen ost- und westeuropäischen Zwangsarbeiter/innen und Kriegsgefangenen in den Westzonen – bedurften Helene und ihre Tochter sogar einer besonderen „Ausländeraufenthaltserlaubnis", die ungeachtet eines 1951 speziell für diese Gruppe erlassenen Gesetzes eine individuelle Prüfung voraussetzte.[27] Ihre Tochter verlor diesen Status auch nicht durch die Heirat mit einem deutschen Staatsangehörigen im Jahr 1954; erst als sie 1958 einen Antrag auf Einbürgerung stellte und die deutsche Abstammung ihres Mannes – bis hin zu seinen Großeltern – belegen konnte, wurde sie (rückwirkend) eingebürgert.

Die jüdischen „displaced persons" (DPs) in Deutschland waren in der Regel in andere Vorgeschichten und Gegenwartslagen verwickelt: Es handelte sich teils um ehemalige Zwangsarbeiter/innen, teils aus Lagern befreite Osteuropäer/innen, die in ihre Herkunftsländern nicht zurückkehren konnten oder wollten. Die meisten von ihnen lebten – zwangsweise – in Lagern unter der Aufsicht der Vereinten Nationen und strebten eine Emigration nach Palästina-Israel oder Nordamerika an.[28] Juden deutscher Herkunft stellten eine winzige Minderheit von ca. 1 Prozent – ca. 6.100 – der gesamten DPs auf deutschem Boden dar; wegen ihrer deutschen Prägung wurden sie von den Besatzungsmächten oftmals als unzuverlässig eingestuft.[29] „Frei lebende" DPs (diese waren eine Ausnahme!) wurden aber teilweise auch – gerade im amerikanischen Sektor – mit Wohnraum bevorzugt ausgestattet, und zwar gegen den Willen lokaler Behörden. Dies und die Versorgung mit Einkaufsrationen lösten nicht selten Neid und Misstrauen in der Bevölkerung aus.[30] – Auch in diesem Zusammenhang also erweist sich die geschilderte Situation von Helene Zytnicka als „ein seltener Fall".

Im Juni 1958 stellte sie einen Antrag auf „Rückeinbürgerung". In einem achtseitigen Formular wurden noch einmal viele seit langem bekannte Lebensdaten abgefragt. Das Einwohnermeldeamt verlangte auch einen handschriftlichen Lebenslauf – Frau Zytnicka sprach darin der Etikettierung zum Trotz von ihrer Heimat Essen – sowie Nachweise über ihr Einkommen, ihr Vermögen und anderes. Sie erfüllte akkurat alle Formalitäten und bat am Schluss, „meinem Antrag stattgeben zu wollen, zumal ich schon wieder zehn Jahre zurück bin" (in Essen). Wie sehr sie diese weitere bürokratische Hürde in ihrem ohnehin komplexen, von amtlichen Schreiben und Anträgen bestimmten Leben beschäftigt hat, gab sie nicht zu erkennen. Erst am 18.9.1959 fand die Angelegenheit mit der Überreichung der Einbürgerungsurkunde an die Essenerin Helene Zytnicka ihr Ende, nachdem diese 50 DM Verwaltungsgebühr gezahlt hatte.[31]

Spielten im Hintergrund dieses mehrjährigen Streits um eine Wiedereinbürgerung nicht nur, wie eingangs erwähnt, Unübersichtlichkeiten, sondern auch finanzielle Erwägungen der staatlichen Seite eine Rolle? Dies ist nicht auszuschließen, denn Deutschen und als dem „deutschen Sprach- und Kulturraum zugehörig" Anerkannten standen höhere Entschädigungen zu.[32]

Aus einem Entschädigungsantrag: Wohnungseinrichtung am Gänsemarkt 18 (im Oktober 1938)

Rückerstattung: „.... weiß die Antragstellerin offenbar selbst nicht"

Man könnte vermuten, dass die Frage einer Rückerstattung verlorenen Eigentums noch zu den unkomplizierteren in diesem Zusammenhang gehört. Aber auch darum musste Leni Zytnicka – wie die meisten ihrer Leidensgenossinnen – langwierig, akribisch und teilweise erfolglos kämpfen. Sie versuchte ab 1953 zunächst und in erster Linie zwei verlorene Wohnungseinrichtungen geltend zu machen – die der 1938 zurückgelassenen Essener Wohnung und die der Warschauer Wohnung von 1944 in einem Gesamtwert von 25.000 Mark am Tag der Wegnahme, außerdem eine große Summe polnischen Geldes (30.000 Złoty, also rund

15.000 RM), die nach der deutschen Besetzung Polens ausschließlich für Juden nicht mehr umtauschbar gewesen sei.

Dass es für das in Warschau verlorene Eigentum keine Entschädigung von deutscher Seite geben kann, wird der Antragstellerin recht schnell und drastisch im Herbst 1951 mitgeteilt und „bedarf keiner Begründung". Lakonisch – um nicht zu sagen: zynisch – wird angemerkt, dass die Aussicht auf eine Entschädigung aus Polen recht niedrig sei. Auf Leni Zytnickas Rückfrage, an wen oder wohin sie sich in dieser Angelegenheit wenden könne, ist keine Antwort überliefert.

Eine detaillierte Aufstellung zu Hausrat und Möbeln der Essener Wohnung am Gänsemarkt 18 gehörte zu den nächsten Schritten im August 1951: in 70 Positionen finden wir dort vom Bügeleisen bis zum Bücherschrank die Ausstattung des damaligen Drei-Zimmer-Haushalts. Die Frage, was daraus geworden ist, wird vom Wiedergutmachungsamt 1952 umgehend an die Geschädigte zurückgegeben. Der deutsche Staat könne nur dann in Anspruch genommen werden, wenn er „durch seine Organe" über diese Einrichtung verfügt habe. Dazu habe Frau Zytnicka jedoch ungenügende Angaben gemacht, das städtische Rechtsamt erklärt im Oktober 1951, darüber nichts zu wissen. Ein jeden Anspruch ablehnendes Urteil vom Januar 1952 hält dann fest, dass sie hätte erläutern müssen, „in wessen Hände die Wohnungseinrichtung gelangt ist, und was sie in der Folgezeit für ein Schicksal gehabt habe"; es bleibe aber offen, ob die Stadt, die Reichsfinanzverwaltung, die NSDAP oder Privatpersonen sich diese angeeignet oder ob sie durch Kriegseinwirkungen verloren oder teilweise zerstört worden sei. Auch spätere Zeugenaussagen der Schwester, dass die Einrichtung zwischen Mitte 1942 und Anfang 1943 verschwunden sei, und einer ehemaligen Nachbarin, dass es sich um eine „besonders gut eingerichtete Wohnung gehandelt hat, die wertvolle Gegenstände enthielt", änderten daran nichts mehr.

Stationen der Wiedergutmachung und Retraumatisierung

Wir können (und wollen aus Gründen der Diskretion) nicht sämtliche weiteren Details dieser unerfreulichen bis skandalösen Wiedergutmachungsgeschichte ausbreiten; vielmehr seien hier nur einige weitere für die Familie wichtige Stationen in Stichworten und Schlaglichtern benannt.[33] Dass jeder dieser Schritte, jeder Brief und jeder Gerichtstermin – und wir konnten uns vom beinahe alltäglichen Charakter dieser Vorgänge überzeugen – für Leni Zytnicka eine Wiederbelebung des erfahrenen Grauens bedeutete, muss kaum betont werden.

Es gab beispielsweise eine elfjährige Auseinandersetzung um das Ausmaß der Erwerbsminderung von Frau Zytnicka: 1948 wurde für sie eine Erwerbsminderung um 33-50 Prozent festgestellt, 1951 um 0 Prozent, 1964 um 40 Prozent, 1959 um 100 Prozent.

Die Anerkennung als „politisch Geschädigte" erfolgt durch den „Kreissonderhilfsausschuss" am 27.1.1951; dieser hatte zuvor schon ab 1948 eigene Untersuchungen angestellt, weil der Ghettoaufenthalt von Frau Zytnicka noch zweifelhaft erschien. Ein „Freiheitsschaden" wird für sie erst im Jahre 1955 und nur teilweise festgestellt: Noch 1956 wird der Antragstellerin amtlicherseits vorgehalten, dass sie sich laut eigener Aussage nach dem 26.8.1939 – seit der Auflösung des Lagers Zbąszyń also – frei in Polen bewegen konnte und somit bis zur Ghettobildung 1940 kein Schaden an Freiheit vorliege. (Ganz ähnlich ergeht es auch ihrer Zeugin Anni Streifler, der eine Haftentschädigung verweigert wird, da keine „totale Freiheitsentziehung" vorgelegen habe.[34]) Ob David Zytnicki einen Schaden erlitt durch die „Unterbringung" in Zbąszyń, durch das erzwungene Sterntragen und den Ghetto-Aufenthalt, war 1962 noch nicht amtlich geklärt.

1961 – also 16 Jahre nach dem Datum der amtlichen Toderklärung – erging ein Rentenbescheid wegen „Schadens an Leben" für David Zytnicki. Gleichzeitig wurde Leni Zytnicka eine Witwenrente zuerkannt – eine Waisenrente für die beiden Töchter konnte jedoch 1961 und 1964 nur in einem Vergleichsverfahren erreicht werden. Für ihren „Schaden im beruflichen Fortkommen" erhielt Leni Zytnicka 1964 eine Entschädigung.

Es muss im Kontext dieses Wiedergutmachungsverfahrens veranlasst worden sein, die Familie noch einmal (vermutlich heimlich) politisch zu überprüfen: Das Innenministerium von Nordrhein-Westfalen fragte im Februar 1961 beim Berliner Document Center (dem alliierten Verwalter des NSDAP-Parteiarchivs) nach Erkenntnissen über Helene Zytnicka und ihre Töchter – beschieden mit dem knappen Resultat „negativ".[35] Das Bundesamt wie auch das Landesamt für Verfassungsschutz NRW teilten dem Essener Amt für Wiedergutmachung im Mai 1961 mit, es lägen keine Erkenntnisse im Sinne des Bundesentschädigungsgesetztes vor.[36] Diese Maßnahmen lassen erkennen, dass seitens der Administration keine noch so widersprüchliche Mühe gescheut wurde, Entschädigungszahlungen zu verhindern. Die Nachforschungen stützten sich auf das BEG in der Fassung vom 29.6.1956: In § 6 Abs. 1 Nr. 1-3 wurden von Wiedergutmachung ausgeschlossene Personengruppen aufgelistet: Ehemalige Mitglieder des NSDAP und ihrer Gliederungen, Feinde der freiheitlich demokratischen Grundordnung, damit waren in erster Linie politisch aktive Kommunisten gemeint[37], sowie nach dem 8. Mai 1949 rechtskräftig verurteilte Verbrecher.[38] Ein Auszug aus dem Strafregister gehörte insofern auch zur Überprüfungsroutine. Insbesondere die Anfrage, ob unsere Zeitzeugin einer NS-Organisation angehört habe, erscheint im Rückblick überaus abwegig.

Ungeachtet der letztlich festgestellten erheblichen Erwerbsminderung hat Leni Zytnicka gemeinsam mit ihrer jüngeren Tochter und ihrem Schwiegersohn – *„der hatte sieben Mercedesse laufen, beide sind mitgefahren"* – ab 1950 ein Taxi-Unternehmen aufgebaut und mehrere Jahre lang (mit-) betrieben – wie sie selber dazu sagt: „20 Jahre Telefon und Funk gemacht", mindestens in den Anfangsjahren allerdings mit einem äußerst bescheidenen Umsatz und Ertrag.

Geschieden? – Randvermerke im Heiratsregister

Mitte der 1950er Jahre stellte sich aber zunächst noch eine gänzlich unerwartete Komplikation ein:

Dann sagt der Beamte, ich sollte meinen Mann für tot erklären lassen, ich war ja noch immer eine Polin, eine polnische Witwe. Ich bin zum Gericht gegangen, habe die deutsche Staatsbürgerschaft beantragt, und zum 9. Mai '45 ist mein Mann amtlich für tot erklärt worden. Jetzt sagt der Beamte, ich soll meinen polnischen Namen ablegen. Mein Mädchenname ist Mantwill, sage ich, dann heiße ich Mantwill und meine Tochter heißt Zytnicka, das geht nicht. Dann sage ich, meine Tochter ist doch keine 21[39], und ich wollte nicht und meine Tochter konnte nicht meinen Mädchennamen annehmen. Nur ich konnte das, und ich sage, dann warten wir mal, bis meine Tochter heiratet [...] – ach, mir war das auch so egal.

In den Wiedergutmachungsakten der Familie stießen wir dann auf ein für uns überraschendes Datum: die Ehescheidung von Helene und David Elimejlech Zytnicki im Mai 1941. Nicht nur weil unsere Interviews 2003 im Großen und Ganzen beendet waren, scheuten wir uns, Frau Zytnicka direkt auf mögliche Gründe und Umstände dieses Vorgangs anzusprechen. Wir vermuteten ein Tabu, denn uns gegenüber hatte unsere Zeitzeugin eine Scheidung nicht erwähnt, weder als es um die Jahre in Warschau ging noch als sie erzählte, wie sehr sie sich in den Nachkriegsjahren um die Anerkennung ihres ungewöhnlichen Lebensverlaufs bemühen musste.

In den Verfahren zu Entschädigung und Wiedergutmachung bestand sie, das erfuhren wir nun, auf völliger Unkenntnis eines Scheidungsvorgangs. Erst 1954 habe sie von dem amtlichen Scheidungsurteil erfahren. Dieses sei nicht mehr als ein handschriftlicher Vermerk auf ihrer Essener Heiratsurkunde gewesen, dem einzigen Beleg, und den habe sie nicht gekannt. Wie war das möglich?

In der Literatur zu „Mischehen" wird das Phänomen der Zwangsscheidungen in der NS-Zeit als eine verbreitete Praxis der Gerichte im Reichsgebiet und später auch im Generalgouvernement beschrieben. Zwar hatten sich z. B. die Teilnehmer der Wannsee-Konferenz 1942 nicht auf eine generelle Pflicht zur Zwangsscheidung der „Mischehen" verständigt, doch unter dem Besatzungsregime konnte schon Monate zuvor „improvisiert" werden: Im Sinne ihrer rassistischen Ideologie waren die Behörden besonders an der Auflösung von Ehen ehemals deutscher Staatsangehöriger mit Polen jüdischer Herkunft interessiert. Der Entwurf zu einer entsprechenden Verordnung existierte seit Februar 1941 und scheint in vorauseilender Pflichterfüllung juristisches Handeln im Sinne der NS-Ideologie sogleich beeinflusst zu haben. Eheliche Verfehlungen spielten keine Rolle, vielmehr reichte als Grund für die Scheidung allein das Bestehen einer „Mischehe" aus.[40] Ein Erlass trat Ende 1941 in Kraft und forcierte die bürokratischen Abläufe. Der erste zu einer Scheidung drängende Schritt konnte von unterschiedlichen Akteuren ausgehen: Gestapo, Firmenchefs, Vorarbeiter, Zivilverwaltung, Judenrat u. a.[41] Ein Gericht musste nicht mehr eingeschaltet werden, um (vor allem) den nichtjüdischen Partner unter Druck zu setzen. Sogar Fälle von Scheidungen ohne jegliche Willensbekundung des „arischen" Ehepartners sind überliefert.[42]

Die bereits erwähnte Essener Bekannte der Zytnickis, die Christin Anna Streifler, erhielt, wie sie nach ihrer Rückkehr 1946 zu Protokoll gab, Anfang 1941 eine Vorladung der Gestapo, „wo man mir anheim stellte, mich von meinem Mann scheiden zu lassen, was ich ablehnte, darauf wurde mein Mann schwer mißhandelt. Diese Mißhandlungen wiederholten sich nach 14 Tagen, woran mein Mann dann zwei Tage darauf verstarb. Nach dem Tode meines Mannes mußte ich das Ghetto verlassen."[43]

1941 planten die (Sonder-)Gerichte im Generalgouvernement die „Entlassung" weiblicher Geschiedener aus dem Ghetto, allerdings nur, „sofern weder die Mutter noch das Kind (die Kinder) der jüdischen Religionsgemeinschaft angehören oder angehört haben."[44] Für Helene Zytnicka hätte dies nicht gegolten, weil sie mit ihrer Heirat der jüdischen Gemeinde beigetreten war.

Ob sie davon erfahren hat, was deutsche Behörden, vielfach hinter dem Rücken der Betroffenen veranlassten, ließ sich nicht erschließen. Sie schilderte aber im Jahr 1955 gegenüber dem Amtsgericht Essen, der Bruder ihres Mannes, Mitarbeiter im „Judenrat", habe um den Zeitpunkt der Errichtung des Ghettos herum mit ihr und ihrem Mann über eine Scheidung gesprochen:

„Kurz danach kam einmal ein mir unbekannter Mann, den mein Schwager aber gut kannte, der deutsch und polnisch sprach. Mein Schwager machte meinem Mann den Vorschlag, daß mir und meinen Kindern am besten gedient sei, wenn ich wieder nach Haus führe. Dazu sei aber die Scheidung erforderlich. Mein Schwager gab dem Manne dann noch Gelder dafür, die nach meiner Meinung Bestechungsgelder waren, wie ich aus der Höhe schließe. Mein Mann war offenbar im Interesse der Kinder auch damit einverstanden. Ich kann mich nicht entsinnen, daß ich irgendein Schriftstück unterschrieben habe. Ich habe meinen Schwager hinterher gefragt, was aus der Sache geworden sei. Er sagte mir, dass eine Ehescheidung aus rassischen Gründen nicht ginge, weil das polnische Gesetz bestehe, dieses auch nach deutschem Recht gültig sei (…). Als die ersten Transporte aus dem Ghetto hinausgingen, habe ich versucht – und zwar mit Erfolg – ohne Papiere durch die polnische Wache herauszukommen. Mein Mann hatte dem Posten vorher irgendetwas zukommen lassen."[45]

In jene Phase – die zeitliche Einordnung hinterlässt Zweifel – fällt auch die Anfertigung falscher Ausweispapiere auf den Geburtsnamen Mantwill. Im September 1942, also zu der Zeit, als sich ihr Mann nach der Flucht vermutlich bereits bei seiner Familie versteckt hielt, soll Frau Zytnicka – eine Akte nennt das Datum 26.9.1942 – vor einem Standesbeamten in Warschau ihren Mädchennamen Mantwill wieder angenommen haben. Auch daran konnte sie sich, wie sie gegenüber dem Amt für Wiedergutmachung angab, nicht erinnern. Ihr Rechtsanwalt, Paul Grundmann, hatte versucht, die erwähnten „Randvermerke" in der Heiratsurkunde löschen zu lassen; er führte in dieser Sache aus, Helene Zytnicka habe „in der Tat während der letzten Kriegsjahre unter dem Namen Mantwill gelebt." Sie habe einen damals noch gültigen Reisepass ihrer inzwischen verheirateten Schwester weiter genutzt: „Da die eheliche Tochter des David Zytnicki niemals durch eine Regelung vor dem Standesbeamten den Namen Mantwill angenommen haben kann, ist der Nachweis geführt, daß die Antragstellerin und ihre Familie sich den Namen Mantwill in der Not der damaligen Zeit frech zugelegt haben."[46] Grundmann erreichte allerdings weder die Löschung des Randvermerks zur Namensänderung noch desjenigen zum Warschauer Scheidungsurteil. Das hiesige Amtsgericht argumentierte, der deutsch und polnisch sprechende Bekannte im Ghetto sei womöglich ein Rechtsanwalt gewesen, der die Scheidungsklage eingereicht und das Urteil entgegengenommen haben könnte. Es schloss wegen des diesem übergebenen Geldbetrags allerdings auch ein gefälschtes Scheidungsurteil nicht aus.

Das Kapitel „Scheidung" war für Helene Zytnicka zur Zeit unserer Interviews womöglich schon länger geschlossen und nicht erzählenswert, denn die Verbindung mit ihrem Mann wurde 1957 aufgrund eines nach dem Krieg geschaffenen Gesetzes für unter Verfolgungsdruck getrennte oder gar nicht erst zustande gekommene Eheschließungen als „freie Ehe"[47] und damit als ununterbrochen bestehend anerkannt. Die Essener Wiedergutmachungsbehörde aber hielt lange an einer Version fest, wonach nicht nur das deutsche Gericht in Warschau, sondern auch Frau Zytnicka selbst aktiv geworden sei: „Unter dem Druck der Verhältnisse ließ sie sich

Gesetz über die Anerkennung freier Ehen rassisch und politisch Verfolgter von 1950

... EINE ART KRIEGERWITWE | 191

im Mai 1941 in Warschau von ihrem Mann scheiden, lebte jedoch weiterhin mit ihm zusammen."[48]

Frau Zytnickas Aussparungen in unseren Gesprächen über die Warschauer Jahre zur möglichen Scheidung und den Kontakten mit dem Ziel einer Namensänderung werfen selbstverständlich weiterhin Fragen auf. Es wäre vorstellbar und erklärlich, wenn diese Episoden eines langen Lebens schambesetzt waren und darum nicht erzählt wurden. Aber auch ohne schlüssige Antworten zeigt sich ein weiteres Mal, mit welcher Beharrlichkeit sie verschiedene, häufig gefährliche, gesetzeswidrige Wege beschritten hatte, um ihren Ehemann und die beiden Kinder vor der Deportation zu retten.

Dass 1950 ein „Gesetz über die Anerkennung freier Ehen rassisch und politisch Verfolgter" in Kraft treten konnte, ermöglichte nicht nur die Wiederherstellung der Zytnicka'schen Ehe – es verweist auch auf die Häufigkeit solcher und vergleichbarer Notlagen.[49]

Die jüdische Gemeinde

Leni Zytnicka hat nach 1945 Kontakt zur jüdischen Gemeinde aufgenommen und auch gehalten:

Wissen Sie, im Herzen war ich keine Jüdin, im Herzen sind Sie immer das, was Sie waren. Ich war so krank, und dann nachher, als ich zu mir kam – bei meiner Schwester auf dem Dachboden haben wir geschlafen, die hatte auch keine Decken – bin ich zum Wohnungsamt. Jetzt muss ich ja auch leben, und stellen Sie sich vor, hier am Kopstadtplatz, war das Arbeitsamt nicht bombardiert. Das stand da, und da lagen meine Akten. Ja, ich hatte nicht genug geklebt, aber die Akten lagen da. So, und jetzt war ich schon mal zu Hause, und dann waren doch hier die Lebensmittelkarten, und dann kamen die Carepakete aus Amerika. Da bin ich zur jüdischen Gemeinde hin, und dann bekam ich da auch die Carepakete und die Unterstützung, bis ich dann soweit einklimatisiert war ...

Wir nahmen aufgrund dieser Äußerungen an, dass Leni Zytnicka nach ihrer Rückkehr als der Gemeinde „irgendwie" zugehörig angesehen wurde, z. B. aus humanitären Gründen.

Dann war hier ja eine kleine Gemeinde, waren nur ein paar Angestellte, da waren auch jüdische Männer und christliche Frauen, und hier bin ich zu dem gegangen, zu dem ich gehen musste.

Den späteren Gesprächen glaubten wir entnehmen zu können, dass sich die Beziehung zwischen Familie Zytnicka und der jüdischen Gemeinde mit der langsamen Klärung der Streitfragen von Wiedergutmachung und Entschädigung gelockert hat, aber ungeachtet des Bekenntnisses „im Herzen war ich keine Jüdin" nie ganz abgerissen ist: Regelmäßige Spenden an die Kultusgemeinde waren für die Familie anscheinend selbstverständlich, und umgekehrt war in der Essener Gemeinde z. B. der 100. Geburtstag von Leni Zytnicka ein präsentes Datum. Über die älteste Tochter wurde uns berichtet, dass diese evangelisch geworden sei und kirchlich geheiratet habe.

Auch in dieser Frage erlebten wir einen späten und uns überraschenden Nachtrag: Wie wir erst 2017 durch eine erneute Recherche nach den Mitgliedslisten der jüdischen Gemeinde Essen erfuhren, ist Helene Zytnicka seit ihrer Rückkehr und bis zu ihrem Tode Mitglied der Jüdischen Kultusgemeinde Essen gewesen. Wir können nur spekulieren, ob sie diesen Umstand für wenig wichtig hielt oder ob sie ihn, z. B. aus Angst vor Bedrohungen ihrer Familie, bewusst unerwähnt lassen wollte. Diese Einsicht belegt aber aufs Neue, dass ihr Selbstverständnis kompliziert und von sehr verschiedenen Erfahrungen überlagert gewesen sein muss.

Leidensgefährtinnen und -gefährten

Von den Menschen, die gleichzeitig mit David Zytnicki und Helene Zytnicka nach Zbąszyń deportiert wurden, haben nicht viele die Verfolgungsjahre überlebt. Ungeachtet ihrer Bekundung, dass sie dem Judentum wenig verbunden sei, hat Frau Zytnicka aber mit mehreren der Überlebenden langjährige Kontakte gepflegt. Zu diesen Beziehungen gehörte u. a. die Schwester Lotte des oben im Zusammenhang mit dem Warschauer Ghetto erwähnten Hans Kermann, die sie 1954 und 1966 oder 1967 besuchte:

Ich war in England, ich war in Frankreich, ich war in Israel. Gucken Sie mal: Jerusalem, da war ich bei Lotti Baer. Das war die Bäckerei auf der Weberstraße, wo der Sohn Schutzmann war im Ghetto und die Tochter im KZ. Die schreibt mir. Ich war zweimal bei ihr in Israel. Vorher hieß sie Kermann, sie ist verheiratet mit einem Baer. Ich war da in Israel, mit unserer Sonja, vier Wochen lang. Da sind wir geflogen von Belgien aus, das war billiger …

Ach wissen Sie, ich bin doch keine Jüdin, aber die Juden haben aus dieser Einöde …, haben die angepflanzt und haben ein Paradies gemacht. Da sind ja auch Berge in Israel, ich war vier Wochen da, die haben mir alles gezeigt, den See Genezareth und dann die andere Seite schon, die Araber. Der See Genezareth ist ja die Grenze, und da haben vor dem Krieg auch Deutsche gewohnt, da haben sie mir noch die Villen gezeigt, und der eine Sohn hat da eine Apfelsinenplantage. Das wusste ich auch nicht, eine Plantage, mit Plastik ganz bedeckt, und das Wasser wird unten aufgesaugt und wieder gespritzt, denn da ist es ja so trocken und so heiß. Und ich war bei der Schwester, und die haben uns dann alles gezeigt, was da zu zeigen war. Das habe ich auch nicht gewusst. Die Juden sind dahin gekommen und haben alles gepflanzt und angemacht und gebaut.

Die Juden, das ist doch schon seit 5.000 Jahren ihre Religion, nur wenn sie mit dem Zylinder beten und die Löckchen, meinetwegen, ne. Aber sehr elegant. Und da war ich auch in Tel Aviv, Tel Aviv war schön … Die Frauen, die Kaffeehäuser, ich

Leni Zytnicka in Jerusalem, 1954

war zwar nicht im arabischen Viertel [in Jerusalem], ich war in Tel Aviv. Und Juden hatten von der Wiedergutmachung am See Genezareth ein Erholungsheim, das von Deutschland bezahlt wurde, und da war der eine Bruder. Sehr schön also, der See Genezareth liegt so tief, da gehen sofort die Berge hoch. Und dann haben die aus einem Berg, den haben die getrennt und eine Autobahn gemacht, also das haben sie alles gezeigt. Und was da jetzt ist, da bin ich aber nicht einverstanden.

Der Kontakt riss auch später nicht ganz ab; noch in den 1980er Jahren gab es Treffen anlässlich der Essen-Besuche der Kermann-Schwestern Lotte Baer und Mathilde Sensel.

Ein anderes Beispiel zeigt, wie nachhaltig der Kontakt von Leni Zytnicka zu den ehemaligen Essener Arbeitgebern war: Leo Jastrow, ein Sohn von Friedrich und Maria Jastrow, gab 1952 in seinem Wiedergutmachungsverfahren an, bei ihr in Essen zu wohnen.

Doch auch später noch gab es überraschende Begegnungen:

Die Frau von dem Compagnon Ostrowski und der Sohn – der Vater war schon zwei Jahre ausgeschieden – war in Łódź mit seiner Mutter. Und der Sohn lebt noch, war erst im KZ, und weil er jung war, musste er da arbeiten. Den haben die Alliierten befreit, der Sohn ist leben geblieben und lebt heute noch. Der war vor drei Jahren hier, und war im vorigen Jahr in Wien. Jetzt stellen Sie sich vor, in Florida ist meine Enkeltochter, die aus Wien, spricht mit ihren zwei Töchtern, und da kommt ein Mann auf sie zu, sehr nett und hochelegant, und sagt: Sie sind Deutsche und Sie sind hier zu Besuch? Und dann sagt sie ja, ich bin in Wien, aber meine Mutter ist aus Deutschland. Ja, sagt er, ich war auch in Deutschland. Da sagt sie, meine Oma ist in Deutschland und meine Tante aus Essen. Sagt er, ich bin aus Essen. Das ist der Sohn von dieser Firma, wo ich so lange gearbeitet habe. Und die schreiben sich jetzt noch und besuchen sich in Wien.

Als der ausgewiesen wurde, mit seiner Mutter, wir waren direkt zusammen, da war meine Tochter zwölf, und der war dreizehn oder vierzehn, zwei Jahre älter, und dann sind wir ja durch den Krieg auseinander gekommen. Also der lebt noch. Früher hieß ja die Friedrich-Ebert-Straße Grabenstraße, und da haben die gewohnt. Und Jastrows hatten in der Lindenallee die Fabrik.

Die 1883 im Elsass geborene Anna (Anni) Streifler gehörte zu den wenigen Essen-Rückkehrerinnen mit ähnlich traumatischen Erfahrungen. Anni Streifler und Leni Zytnicka verband trotz eines Altersunterschieds von zwei Jahrzehnten vieles: Beide waren gelernte Kontoristinnen, hatten einen christlichen Hintergrund und heirateten aus Polen bzw. dem österreichischen Galizien zugezogene jüdische Kaufleute; Josef (Jozef) Streifler betrieb unter anderem ein Versandgeschäft für Stand- und Wanduhren, David Zytnicki handelte mit Wäsche. Anders als Leni Zytnicka konvertierte Anna Streifler nicht zum Judentum. Von der antijüdischen Politik war das Ehepaar unter anderem dadurch betroffen, dass ihm 1937 die Wohn- und Geschäftsräume in der Innenstadt entzogen wurden. 1938 gehörten Josef und Anna Streifler zu dem Transport, in dem die örtlichen Akteure auch David, Leni, Henny und Judith Sonja Zytnicki nach Zbąszyń auswiesen, sie blieben dort bis zur Auflösung des Lagers Ende August 1939. In Warschau sahen sich die Familien wieder und lebten schon bald im „jüdischen Wohnbezirk". Während Leni Zytnicka nach einiger Zeit mit falschen Papieren auf die „arische" Seite wechselte, konnte Anna Streifler 1941, nachdem ihr Mann an Misshandlungen durch die Gestapo verstorben war, mit deutscher Genehmigung dorthin umziehen. Man zwang sie, in einem deutschen Rüstungsbetrieb zu arbeiten, und erst im Juli 1944 verließ sie im Zuge der Räumung die Stadt.

In ihrer Abmeldung aus Warschau hat Frau Streifler, genau wie Leni Zytnicka, als Zielort nicht Essen, sondern Mühlberg angegeben. Die Stadt an der Elbe erreichte sie nach einem Zwischenaufenthalt bei polnischen Freunden in Zbąszyń, wo auch Helene Zytnicka und Tochter Henny für eine Weile ihre Fahrt unterbrachen. Im Januar 1946 entschloss sich Anna Streifler, „von Chemnitz kommend" wieder in Essen zu leben. Vom hiesigen „Kreissonderhilfsausschuß" wurden ihr nach einem entsprechenden Antrag eine „erhöhte Lebensmittelzulage", ärztliche Behandlungen und anderes Notwendige zugesprochen, auch verhalf man ihr im Frühjahr 1946 zu einer Wohnung im südlichen Stadtteil Werden. Als 1948 Leni Zytnicka zu ihrer Schwester nach Essen-Werden zog, konnte die Freundschaft mühelos fortgesetzt werden. Eine weitere bürokratische Hürde, die Anerkennung als „politisch Geschädigte", hatte Anni Streifler mit Hilfe eines Rechtsbeistands der Jüdischen Kultusgemeinde in dieser Zeit gerade schon genommen. Die Wiedergutmachungsakten belegen, dass sich die Frauen mehrfach gegenseitig halfen, etwa indem sie Erklärungen zu den Lebensumständen im Warschauer Ghetto abgaben. Der Weg zu Entschädigungs- und Unterstützungsleistungen verlief dennoch im Fall Anna Streifler vergleichbar beschwerlich, unter anderem verlangten die Behörden über Jahre einen Erbschein nach polnischem Recht[50] und das, obwohl die nächsten Verwandten ihres Mannes ermordet worden waren. Auch ihr Status war noch bis in die 1950er Jahre hinein der einer „heimatlosen Ausländerin". 1967 verstarb Anni Streifler schwer krank im Alter von 84 Jahren in Essen.[51]

Eine ganz andere Geschichte

Die vielfache Außenseitererfahrung, die wir in dieser Lebensgeschichte kennenlernten, hat bei Leni Zytnicka das Gefühl des „Dazugehörens", hat auch die Identifikation mit ihrer Heimatstadt nicht zum Erliegen gebracht. Auf die Frage „Sie hatten eine andere Geschichte als die meisten Leute. Gab das Probleme, sind Sie da irgendwo komisch angesehen worden?" erwiderte sie ohne Zögern:

Och, in Essen, da werde ich mit jedem fertig … Hier in Essen habe ich noch nicht mal Probleme mit dem Bürgermeister. Mir wird jedes Jahr von der Stadtverwaltung zum Geburtstag gratuliert, da ruft er acht Tage vorher an und sagt, „Frau Zytnicka, Sie haben ja am 15. nächste Woche Geburtstag."

Auch die Selbstbeschreibung als „eine Art Kriegerwitwe" zeugt ja von ihrem energischen Versuch, sich in westdeutsche Nachkriegsnormalität einzugliedern und die vielen erlittenen bürokratischen Kränkungen herunterzuspielen. Vermutlich war dies auch ein Reflex auf die Sichtweisen der Mehrheitsgesellschaft.

Doch konnte die „Einkapselung" ihrer lange zurückliegenden Extremerfahrungen verständlicherweise nicht lückenlos gelingen:

Ich hatte das schon aus meinem Inneren verdrängt, aber durch die Wochenschau vom Warschauer Ghetto im Kino, da stürzte alles auf mich ein. Ich dachte, ich verliere den Verstand.

Und sehr klare Eindrücke der unüberbrückbaren Fremdheit stehen immer wieder – nicht nur in den skizzierten harten und langen Auseinandersetzungen mit Ämtern und Gerichten – neben ihren Bekundungen der Normalität; abgründige Situationen begleiteten Leni Zytnicka bis an ihr Lebensende:

100. Geburtstag im Jahr 2004

Die Schwiegereltern von meiner Tochter wohnen hier in Stoppenberg, sehr gut situiert. Jetzt hat der Schwiegervater Geburtstag – ich glaube, er wird 75 oder 78 – und wir sind dahin. Da lebte aber mein Schwiegersohn nicht mehr. Und der Schwiegervater hat zwei Kriegskameraden eingeladen und noch einen Sohn und eine Tochter, die ist in Münster Ärztin. Jetzt sitzen wir da so im Wohnzimmer, eigenes Haus und Garten, und die zwei Herren sitzen da, und er stellt sie vor als seine Kriegskameraden. Also er war mit denen im Krieg und ist übergeblieben, Kriegskameraden, ja, schön, angenehm.

Auf einmal holt er aus dem Schrank, aus seinem Sekretär, eine Weinflasche und lobt diese Flasche. Die ist von einer berühmten Firma. Ich, unschuldig, wie ich bin, auch beim Thema Wein. Ja, weißt du noch, sagt er zu dem einen Kameraden und auch zu dem anderen, als wir nach Weißrussland reinkamen und wir kamen in diese Villa rein, da war der ganze Keller voll Wein, und diese Sorte war auch dabei. Also kredenzte er jetzt den guten Wein. Glauben Sie, als er Weißrussland erwähnte, im Keller den Wein, da bin ich einfach zusammengekrampft. Das wusste keiner, auch meine Tochter nicht. Wenn ich dann so erinnert werde, nicht, wie die nach Weißrussland reingekommen sind – ich meine, ich habe sie ja reinkommen gesehen ... Aber wie haben sie auch gegessen in den Häusern und die besten Weine ausgesucht. Und der freute sich, dass er die Marke jetzt hatte und kredenzen konnte.

Anmerkungen

1 Vgl. zu einem anderen Fall aus Essen: Roseman 2009.
2 Auskunft aus dem Strafregister der Staatsanwaltschaft Berlin vom 22.9.1949 – HdEG/StA Essen, Hilfsakte Helene Zytnicka, 158 Z 53.
3 HdEG/StA Essen, Hilfsakte 158 Z 53.
4 „Wiedergutmachung" ist ein etwas unscharfer politischer Sammelbegriff; darunter fallen u.a. die Rückerstattung geraubten oder verlorenen Eigentums, die Entschädigung für Schäden an Freiheit, Gesundheit und Berufschancen (auch durch Renten), juristische Rehabilitierung sowie die Zahlungen aus sog. „Globalabkommen" an Israel und andere, vor allem osteuropäische Länder. – Zu diesem neuen Rechtsgebiet entstand sogar eine eigene juristische Fachzeitschrift! (von Miquel/von Miquel 2001, S. 20)
5 Paul Grundmann (1907–1999) war Rechtsanwalt in Essen und vertrat viele jüdische Überlebende. Er selbst hatte die NS-Verfolgung in Exil und Illegalität in den Niederlanden, Frankreich und der Schweiz überlebt.
6 Es könnte sich um den in den Dokumenten gelegentlich erwähnten „Kreissonderhilfsausschuss" Essen gehandelt haben, dessen Akten-Überlieferung leider nicht erhalten ist.
7 Seither hat das BEG-SG keine Novellierung, vielmehr eine Reihe von Ergänzungen erfahren, siehe Goschler 2005, S. 273 ff.
8 Vgl. www.bundesfinanzministerium.de/Content/DE/Standardartikel/Themen/Oeffentliche_Finanzen/Vermoegensrecht_und_Entschaedigungen/Kriegsfolgen_Wiedergutmachung/2016-12-31-leistungen-oeffentlichen-hand-wiedergutmachung.pdf?__blob=publicationFile&v=2 [12.3.2018]
9 HdEG/StA Essen, Hilfsakte Sonja Sch., 158 – Sch 330 (RP Düsseldorf an Stadt Essen, 26.8.1961).
10 Gemeint ist hier wohl: Ohne Konversion zum Judentum keine Ehe, ohne Ehe keine Staatsangehörigkeit.
11 HdEG/StA, Hilfsakte Helene Zytnicka, Bestand 158 Z 53, Bl. 19.
12 HdEG/StA, Anerkennungsakte Helene Zytnicka, Bestand 158 Z 53, Bl. 54; 28.
13 HdEG/StA, Anerkennungsakte Helene Zytnicka, Bestand 158 Z 53, Bl. 56.
14 Dr. Walter Hurwitz, geb. 1889, war noch im Februar 1945 nach Theresienstadt deportiert worden; er hatte in Essen in einer „Mischehe" gelebt, siehe Kern 2018, o.S.
15 Ärztliche Bescheinigungen Dr. Hurwitz vom September und November 1948, Stadt Essen 158 Z 53, S. 27; Bl. 28.
16 HdEG/StA 158 Z 53, Bl. 114; siehe eine weitere Ablehnung mit ähnlicher Begründung aus dem Jahr 1951 auf Bl. 149.
17 HdEG/StA, Bestand 158 Z 53, Bl. 149.
18 Ärztliches Gutachten zum Antrag auf Entschädigung wegen Schadens an Körper oder Gesundheit vom 16.3.1959, Hilfsakte Helene Zytnicka, HdEG/StA, Bestand 158 Z 53 (o.S.).
19 Ebd.
20 Schr. Landesrentenbehörde vom 22.7.1960, Hilfsakte Helene Zytnicka, HdEG/StA, Bestand 158 Z 53, Bl. 39.
21 Schr. der Landesrentenbehörde an Helene Zytnicka, z.H. RA Grundmann, vom 14.7.1964, HdEG/StA, Bestand 158 Z 88, S. 16.

22 Meyer 1999, S. 367. Mit einer Ablehnungsquote von 34 Prozent stand Nordrhein-Westfalen bei der Bescheidung von Anträgen auf die Anerkennung von Gesundheitsschäden Verfolgter nicht einmal exponiert da.

23 Vgl. Vetter 2007, S. 108.

24 Gemeinhin verstanden als „Mangel an Vitalität und Lebenstüchtigkeit" – vgl. www. Medizin-lexikon.de [Abruf 25.11.2017].

25 Eine Fehlfunktion des Nervensystems ohne erkennbare Organschädigung; häufige Folgen: Kopfschmerzen, Schwindelanfälle, Magendruck, Gallenkoliken, Herzenge, Schlaflosigkeit, Unruhe, Schweißausbrüche, Ohrensausen, Flimmern vor den Augen vgl. www. Medizin-lexikon.de [25.11.2017].

26 Eine Unterorganisation der Vereinten Nationen, die von 1946 bis 1952 für verschleppte Menschen und Flüchtlinge, vor allem Überlebende des Holocaust und ehemalige Zwangsarbeiter, Fürsorge und Rückführung bzw. Weiterwanderung in andere Staaten organisierte.

27 „Mit dem ‚Gesetz über die Rechtsstellung heimatloser Ausländer' vom 25. April 1951 wurde in der Bundesrepublik ein spezieller, im Vergleich zum internationalen Flüchtlingsrecht großzügiger Rechtsstatus für die DPs geschaffen. Er glich zwar in weiten Bereichen der rechtlichen Position der Bundesbürger. Aber er führte nicht zu einer vollständigen Gleichstellung mit deutschen Flüchtlingen und Vertriebenen. Entschädigungsansprüche regelte das Gesetz nicht." (Oltmer 2005)

28 Lager mit jüdischen DPs waren selten im heutigen NRW; eines war in Bocholt eingerichtet.

29 Myers Feinstein 2017, S. 79.

30 Myers Feinstein 2017, S. 85 ff.

31 HdEG/StA, 163 1411, 163 1480 und 174 1144-1161.

32 Vgl. Brunner/ Frei/ Goschler 2010, S. 23 f.

33 Nach: HdEG/StA, Bestand 158 Z 53 und Hilfsakte Helene Zytnicka, 50-8 /Z 53, Bl. 16.

34 HdEG/StA, Bestand 158 St 93, Bl. 172.

35 Bundeszentralkartei/Archiv bei der Bezirksregierung Düsseldorf, Dez. 15, Az. 207830.

36 Bundeszentralkartei/Archiv bei der Bezirksregierung Düsseldorf, Az. 207830, Bl. 108.

37 Schon ab 1949 scheint es üblich gewesen zu sein, SBZ-Flüchtlinge und -Übersiedler/innen generell auf ihre Verfassungstreue hin zu überprüfen (Auskunft von Dr. Uwe Zuber/Landesarchiv NRW, Mail vom 15.5.2018). Eine Ausschlussklausel für Gegner der FdGO sah bereits das Bundesergänzungsgesetz (BErG) zur Wiedergutmachungsgesetzgebung der Länder aus dem Jahr 1953 vor. Unsere Anfragen beim Landes- und beim Bundesamt für Verfassungsschutz im Frühjahr 2018 führten zu keinen weiteren Informationen im Hinblick auf Familie Zytnicka.

38 Es gab in den 1950er Jahren weitere von Wiedergutmachung ausgeschlossene Personen und Gruppen, beispielsweise ausländische Verfolgte, „Asoziale", Zwangssterilisierte, Homosexuelle, auch die Ansprüche der als „Zigeuner" Verfolgten wurden nur eingeschränkt anerkannt, siehe Goschler 2005, S. 192; S. 195 ff.

39 – und damit nicht volljährig!

40 Vgl. Ciernoch-Kujas 2003, S. 136.

41 Information von Beate Meyer, Hamburg; sie wies zugleich darauf hin, dass die zum Judentum konvertierte Helene Zytnicka im Generalgouvernement nicht geschützt gewesen

wäre, ebensowenig ihre beiden Kinder. Mit einer Zustimmung zur Scheidung bzw. einer entsprechenden Erklärung vor einer amtlichen Stelle hätten Rettungsmöglichkeiten bestanden. Solche Erklärungen seien von den Besatzungsbehörden an die heimischen Standesämter gemeldet und dort registriert worden (Mail vom 25.3.2018).

42 Meyer 1999, S. 68 ff.; ein ähnlicher Fall wie der von Familie Zytnicki auf S. 90 f.; das eindrückliche Beispiel einer Zwangsscheidung im besetzten Kaunas bei Kaiser/Holzman 2001, S. 73.

43 Wiedergutmachungsakte Streifler, HdEG/StA, Bestand 158 St 93.

44 Dok. 209: Der Reichskommissar für das Ostland übermittelt den Generalkommissaren am 1. November 1941 einen Erlass über jüdische Mischehen, in: VEJ, Bd. 7, S. 569 ff.

45 Erklärung Helene Zytnicka vor dem Amtsgericht Essen, 5.7.1955, Stadt Essen 158 Z 53, Bl. 187, und an anderer Stelle in diesem Zusammenhang, sie habe lediglich im Warschauer Ghetto einem Mann Geld gegeben, der versprochen hatte, ihr zu helfen, s. 158 Z 53, S. 174; Aussagen der Tochter Henny, s.S. 184 f.

46 Schr. RA Grundmann an Wiedergutmachungsamt Essen vom 31.1.1955, HdEG/StA, Bestand 158 Z 52, S. 175.

47 Gesetz über die Anerkennung freier Ehen rassisch und politisch Verfolgter (EheAnerkD) vom 23.6.1950.

48 Schr. des Amtes für Wiedergutmachung an den RP Düsseldorf vom 6.12.1955, HdEG/StA, Hilfsakte 50-8/Z 53.

49 Vgl. Meyer 1999, S. 86 ff.

50 Wobei offen blieb, ob nach altem oder neuem Recht: Das Essener Nachlassgericht empfahl Frau Streifler, beim Max-Planck-Institut für internationales Recht ein Gutachten in Auftrag zu geben, was von ihrem Rechtsbeistand aus Kostengründen und wegen des zu erwartenden Zeitverzugs abgelehnt wurde, siehe das Schr. vom 28.2.1957, Akte 207 372, Bundeszentralkartei beim RP Düsseldorf, Bl. 36.

51 Nachkriegsakten im HdEG/StA, 158 St 93 und Bundeszentralkartei beim RP Düsseldorf, 207 372; 7427.

Nachbemerkungen

Wir haben, das sei hier selbstkritisch noch einmal gesagt, dieses Buchprojekt mit einer gewissen Naivität begonnen. Überspitzt formuliert: In unseren Interviews würden wir das Wesentliche erfahren, dann den Text der Tonband-Abschriften redigieren und glätten, und schließlich einige Fußnoten zur Erläuterung hinzufügen. So ist es dann nicht gekommen: Der „Fall" war viel umfassender als gedacht, das Berichtete teilweise lückenhaft und schwer verständlich, der Auftrag von Leni Zytnicka nicht so eindeutig – und wir blieben nicht so professionell distanziert wie erwartet.

Mit unserer Zeitzeugin haben wir in Abgründe geblickt, und unsere Nachrecherchen verstärkten das noch: Situationen, von denen wir generell wussten, wurden in ihrer Konkretion vollends verstörend. Solche Abgründe waren die vielen hier angesprochenen Details der historischen NS-Verbrechen in Deutschland und Polen, aber auch die Erfahrungen, die Helene Zytnicka danach mit der Mehrheitsgesellschaft, der bundesdeutschen Bürokratie und Gerichtsbarkeit machen musste. All das hat uns nicht unberührt gelassen: Mit solchen Rückblicken, wie hier erlebt, verflüchtigt sich jede mögliche Zufriedenheit mit dem bisherigen Resultat der bundesdeutschen Aufarbeitungsgeschichte, es stellt sich frischer Zorn auf die hartherzige Weise ein, mit der administrative wie politische Akteure die Opfer der Naziherrschaft behandelt haben.

Helene Zytnicka hat sich spät – und mit Unterstützung von Familienangehörigen – entschlossen, ihre Erinnerungen mit einem größeren Kreis zu teilen und so zur Zeitzeugin zu werden; ein Interesse daran setzte sie voraus. Wir übernahmen nicht nur das protokollierende Zuhören, sondern auch eine Übersetzer/in-Rolle, weil wir etwas besser als sie das heutige Publikum und seine Wissensstände kennen. Doch zunächst einmal mussten wir uns in eine Welt begeben, die nicht die unsere war – „beinahe wie ein Aufenthalt auf einem anderen Planeten".[1]

Unsere Rolle

Unsere Rolle als Dokumentar/in hat sich im Arbeitsprozess immer wieder verändert: Die bloße Ausführung des eingangs geschilderten „Auftrags", also eine rasche Veröffentlichung des Erzählten, war nicht möglich, weil wir die Kontexte verstehen – und vermitteln – wollten. Und das Bedürfnis, die Geschichte „abzurunden" und zu vervollständigen, kollidiert mit der Diskretion, die Zeitzeuginnen und Zeitzeugen zusteht. In dieser Frage sind wir widersprüchlich vorgegangen, indem wir viele private Einzelheiten (z. B. zu den gesundheitlichen Konsequenzen der Verfolgung) aufgenommen, andere aber weggelassen haben. Und was alles gehört zum Kontext? Die Forschung zu den Leidensstationen der Familie Zytnicki – vor allem in Zbąszyń und Warschau – hat in den letzten Jahren große Fortschritte gemacht, und wir haben hier Vieles davon aufgegriffen; jedoch lag uns weiterhin daran, die individuelle Geschichte ins Zentrum unserer Darstellung zu rücken.

Unsere Zeitzeugin hat – dies bitten wir nicht misszuverstehen – nicht alles begriffen, was ihr in den 30er und 40er Jahren passiert ist (wir im Übrigen ebenso wenig). Das ist auch in normalen Zeiten meistens der Fall, in dramatischen Phasen jedoch kann das Unfassbare Ängste, Verwirrung oder Panik auslösen. Es wäre gewiss glücklicher gewesen, wir hätten das Gespräch mit ihr länger weiterführen und uns austauschen können über das Erlebte und den heutigen Kenntnisstand. Aus anderen Kontexten wissen wir, wie befreiend eine solche nachgetragene Aufklärung über Erfahrungen sein kann, die mit fast niemandem geteilt werden konnten, wie z. B. die des Zwangsaufenthalts in Zbąszyń.

Mit der Erfahrung, dass die Verfertigung einer Lebensskizze viel Zeit – eine zu lange Zeit für die Interviewte! – erfordert, stehen wir nicht allein, und so hing dieser Umstand vielleicht nicht nur mit unseren individuellen Zeitbudgets zusammen. Beispielsweise schildert Katarina Bader in ihrem Buch „Jureks Erben"[2] mehrere vergebliche Anläufe anderer Biografen, den ersehnten Lebensbericht endlich zu publizieren – immer wieder zerstritten sie sich mit dem Interviewpartner, immer wieder wurde es zu kompliziert. Und Mark Roseman hat in seinem Bericht „In einem unbewachten Augenblick" über die Essenerin Marianne Strauss-Ellenbogen offen angesprochen, dass ein Abschluss dieses Buchs wohl zu Lebzeiten seiner Protagonistin kaum möglich gewesen wäre[3] – drastisch ausgedrückt: Mit Verstorbenen kann man sich nicht überwerfen. Das deutet vermutlich auf generelle Schwierigkeiten in der Fixierung solcher Biografien hin. Die schreibenden Helfer/innen der Überlebenden bewegen sich in der Kommunikation in einem „Zwiespalt aus Nähe, Respekt, Argwohn und Schuldbewußtsein"[4]: Die mündliche Botschaft „wie es wirklich war" steht neben den wissenschaftsgeleiteten Rekonstruktionen. Ihre Kenntnis der Zusammenhänge ist lückenhaft und natürlich von heute aus strukturiert. Nahe liegt auch die Scheu, in Details zu widersprechen. Die eigene Motivation zur Arbeit an diesem Vorhaben und deren Folgen sind stets neu kritisch zu überprüfen. Und die von Überlebenden verteidigten „Sperrzonen" (Mark Roseman) verdienen einerseits Respekt, stehen aber auch dem Begreifen mitunter im Wege.

Unser oben geäußerter Wunsch, noch weiter kommuniziert zu haben, trifft also hier auf die gleichzeitige Ahnung, dass wir einige der oben angerissenen Themen – z. B. die Zwangsscheidung in der Warschauer Zeit oder die Folgen des Erlebten für ihre Kinder – wohl nicht mit der Zeitzeugin hätten besprechen können.

Ausnahmezustand

Wir haben an vielen Stellen auf die „Ungesetzlichkeit" (und die Risiken) von Helene Zytnickas Handeln, insbesondere in der Warschauer Zeit, hingewiesen. Es wird hoffentlich ebenso deutlich, dass damit kein moralisches Urteil verbunden sein kann: Das barbarische Besatzungsregime und nicht zuletzt die Ausnahmegesellschaft des Ghettos schufen eine Welt, in der Regelverstöße alltäglich und notwendig waren. Die meisten der von den „Judenräten" verbreiteten Anordnungen gingen auf deutsche Befehle zurück, und auf diese Herrschaft mussten sich alle kollektiven und individuellen Strategien beziehen – mit Anpassung, Unterlaufen oder dem Aufspüren von Regelungslücken. Zwar kann nicht jede kriminelle Handlung in den Ghettos als Widerstand bewertet werden, es finden sich unter dem Druck des Überlebenskampfes auch antisoziale und die Schwächsten treffende Formen der Normverletzung. Und in diesen Kämpfen gab es selbstredend eine Mehrheit von „Verlierern", denen die immer weiter verknappten Ressourcen vorenthalten und die am Ende dem Massenmord ausgeliefert wurden. Doch ein wertendes Urteil über die Grenz- und Grauzonen des Überlebens, das manche Publizisten und Wissenschaftler/innen (u. a. auch Hannah Arendt und Raul Hilberg) zu den jüdischen Ghetto-Erfahrungen zur Hand hatten und haben, maßen wir uns nicht an.

Das bekannte Motiv der „Überlebensschuld" ist auch in Leni Zytnickas Leben traumatisch wirksam gewesen: Ihre häufige Erwähnung der ermordeten Warschauer Neffen und der schlaflosen Nächte seit 1945, auch der wiederkehrende Satz „Ich konnte ja nicht einmal meinen Mann retten …" verweisen darauf. Mit dem heutigen Wissen über die NS-Mordaktionen erscheinen uns diese Vorwürfe selbstverständlich unnötig, übertrieben und falsch. Ihnen kann mit sachlichen Argumenten jedoch nicht begegnet werden.

„Lernen aus der Geschichte"?

Frau Zytnicka lag, wie sie mehrfach bekräftigte, viel daran, Nachgeborenen zu vermitteln, was ihr und ihrer Familie in der Zeit des Nationalsozialismus widerfuhr. Doch eignet sich ihr besonderer Fall für das vielzitierte *Lernen aus der Geschichte*? Können sich Leserinnen und Leser, können sich Schüler/innen anhand solcher Lebenswege neue Kenntnisse aneignen und urteilsfähiger werden?

Wir haben das Wort „Auftrag" im Kontext unseres Projekts in Anführungszeichen gesetzt – damit soll keine ironische Distanzierung, sondern lediglich eine komplizierte Situation signalisiert werden. Der Bericht, den wir hier überbracht haben, ist in unseren Augen ein ernst zu nehmendes Vermächtnis: Es erlaubt – und dies vier Jahrzehnte, nachdem viele weiße Flecken der Zeitgeschichte durch die Alltagsgeschichte, die „Geschichte von unten" und die Oral History erforscht wurden –, noch immer vergessene Seiten der NS-Geschichte zu erkennen.

Diese Familiengeschichte birgt keine einfachen Lektionen, sie lehrt unter anderem aber vieles über Formen der Selbstbehauptung unter schwierigsten Verhältnissen. Helene Zytnicka hat zu keinem Zeitpunkt resigniert, sondern unter Lebensgefahr bis zuletzt den Schein der Normalität aufrechterhalten, sie kämpfte im besetzten Warschau mit falschen Papieren, Legenden und Schmuggel für das Überleben ihrer Kinder und ihres Ehemannes. Auch wenn sie es so nicht ausgesprochen hätte: Ihre Biographie verweigert sich einer ausschließlichen Opferperspektive. Diese wird jedoch etwa im Schulunterricht, in der außerschulischen Bildung und in vergleichbaren Publikationen vielfach eingenommen. Auch bevorzugen Pädagogen im Sinne einer Werteerziehung Lebensbeschreibungen, die Modelle sein können für moralisches Handeln und die Lernende nicht irritieren. Frau Zytnickas selbst gesetzte Maßstäbe stellen solche Eindeutigkeit in Frage, sie fordern vielmehr zur Diskussion und Reflexion von historischen Zwangslagen und Dilemmata heraus.

Ihre Erzählungen eröffnen einen alltagsnahen Zugang zum Themenkomplex der NS-Verbrechen. Verschiedene Phasen und Entwicklungen nach 1933 lassen sich zunächst aus einer subjektiven Perspektive erschließen. Abhängig von Alter und Vorkenntnissen können allgemeinere Fragen nach Ein- und Ausbürgerung, Enteignung, Emigration, Flucht und Untertauchen am Beispiel dieses Lebenswegs bearbeitet werden. Forschendes Lernen zu parallelen Schicksalen bietet sich zum Beispiel mit Hilfe des Archivs der Alten Synagoge Essen an: Dort ist eine umfangreiche Sammlung schriftlicher und anderer Zeugnisse ostjüdischer Familien zugänglich, u. a. zahlreiche Interviews, die in den 1980er Jahren mit Überlebenden, meist den geretteten Kindern der Ermordeten, geführt wurden. Überfällig nämlich ist ein Blick auf die andere Hälfte der deutsch-jüdischen Geschichte der 1920er Jahre: Die jüdischen Gemeinden des Ruhrgebiets bestanden oftmals zu 40 Prozent aus seit dem Ersten Weltkrieg aus Osteuropa Eingewanderten; diese gelangen jedoch selten in den Fokus pädagogischer und geschichtskultureller Betrachtung. Dabei sind – etwa im Kontext der Stolperstein-Recherchen – neue Facetten jüdischen Lebens zu entdecken, zudem ermöglichen diese Biografien eine Verknüpfung mit heutigen Migrationsdebatten und -erfahrungen, auch solchen der zu Tausenden in Europa lebenden Männer und Frauen ohne regulären Aufenthaltsstatus, den „Sans-Papiers".

Vom Essener Beispiel ausgehend verspricht zudem das Thema „Mischehen" Wissenszuwachs und Einsichten. Die Eheschließungen von Juden und Christen sind unseres Wissens bisher in der historisch-politischen Erinnerungsarbeit wenig zur Sprache gekommen, und damit auch die Entrechtung, Diskriminierung, die gegen Endes des Krieges immer brüchiger werdenden Überlebenschancen, vor allem dann, wenn sich der christliche Partner scheiden ließ oder das Paar zur

Scheidung gezwungen wurde.[5] Diese Feststellung verbindet sich mit der (forschungsgesättigten) Einsicht, dass neben sehr unterschiedlichen Motiven der Helfer/innen und kühnen Improvisationen der Verfolgten, wie wir sie auch bei Leni Zytnicka beobachtet haben, alltäglich-soziale Beziehungen und Bindungen in die Mehrheitsgesellschaft hinein für viele der vom NS-Regime Gejagten ein zentrales Überlebensmittel waren.[6] Die Beherrschung der Sprache, im Fall unserer Zeitzeugin die der deutschen Besatzer, spielte dabei eine wichtige Rolle. Und: „Überleben hatte viel mit Geld zu tun", so Christian Gerlach, um Essen, Medikamente, falsche Pässe oder Papiere kaufen, um Erpresser bezahlen zu können.[7]

Erkenntnisse erwarten wir auch von einer genaueren Beschäftigung mit dem Komplex Arbeit, d.h. mit der Rolle der deutschen Arbeitsverwaltung im Generalgouvernement, insbesondere mit den Ghetto-Arbeitsämtern und deutschen Firmen. Für die Anstrengungen jüdischer Männer, Frauen und Kinder, der Deportation in die Vernichtungslager durch eine „kriegswichtige" Beschäftigung zu entgehen oder sie wenigstens aufzuschieben, sind angemessene Begriffe nach wie vor schwer zu finden. Außer dem, was wir über David Zytnicki und das Warschauer Ghetto-Arbeitsamt erfahren haben, lassen sich Berichte aus dem Ringelblum-Archiv[8], frühe Zeitzeugenaussagen[9] und literarische Verarbeitungen einbeziehen. Arbeitskraft und Arbeitsleistung hatten hier mit dem, was sie bis dahin bedeuteten, nichts mehr zu tun. „Das Gesetz vom Wert der Arbeit", so Dan Diner, sei unter den Bedingungen des Ghettos zerborsten.[10]

Die vielschichtigen Erinnerungen unserer Gesprächspartnerin haben wir, wo es möglich war, in Beziehung gesetzt zu anderen Quellen, amtlichen Dokumenten, biografischen Berichten und zur jüngeren Zeitgeschichtsforschung. Dieses Vorgehen halten wir auch insofern für gewinnbringend, als sich Leser_innen und Lernenden unterschiedliche Wahrheiten zeigen und der bewusste Umgang damit Perspektivität und die Fähigkeit zur Interpretation fördert.[11] Vieles, auch das ein Resultat in Lernprozessen, kann heute nicht mehr rekonstruiert werden, weil über einen sehr langen Zeitraum hinweg nur Bruchstücke der ganzen Geschichte überliefert wurden, Dokumente endgültig verloren gingen und weil die Augenzeugen dieser Jahre nicht mehr am Leben sind. Das Wissen um Lücken gehört zur Geschichtsarbeit, auch das lehrt der vorliegende Fall, und es stößt Überlegungen darüber an, wie es „auch hätte gewesen sein können".

Über Familie Zytnicki angelegte Nachkriegsakten, aus denen wir teilweise länger zitiert haben, beleuchten beispielhaft, wie zermürbend für die Betroffenen Wiedergutmachung und Entschädigung von statten gingen. Sie legen auch die psychischen Verletzungen der Überlebenden offen. Viele dieser Akten sind im Haus der Essener Geschichte/Stadtarchiv zugänglich.

Hinzu kommt die andere, die Täterseite: Akten zu Strafverfahren und die inzwischen zahlreich vorhandene wissenschaftliche Literatur geben Auskünfte über deren Handeln (nicht nur) im Generalgouvernement und im Warschauer Ghetto.

Schüler_innen wie Erwachsene vermögen Entschuldungsmuster, verharmlosende Sprechweisen und einfaches Leugnen in Befragungen nach dem Krieg durchaus zu entschlüsseln.

Justiz – Aufarbeitung – Erinnerungskultur

Als Bundeskanzler Willy Brandt Ende 1970 am Warschauer Denkmal für den Ghettoaufstand (19. April bis 16. Mai 1943) niederkniete, gehörte Frau Zytnicka, damals 66 Jahre alt, sicherlich zu denjenigen, die verstanden, worum es ging und welches Zeichen er damit setzen wollte. Die politischen Debatten ignorierten allerdings seinerzeit Brandts Motive: Vielmehr wurde darüber gestritten, ob seine Geste angesichts der Auseinandersetzungen um die sog. Oder-Neiße-Linie zu viel Wohlwollen gegenüber dem kommunistischen Polen ausgedrückt habe, Vertriebenenverbände warfen Brandt gar Verrat vor.

Die Vernichtung der größten jüdischen Gemeinde in Europa war bis dahin kein öffentliches Thema gewesen, obgleich schon erste Dokumentationen vorlagen[12]. Anders als beim „Tagebuch der Anne Frank" blieb die Aufmerksamkeit für diesen Verbrechenskomplex gering. Dabei mag auch der „Eiserne Vorhang" als Wahrnehmungsschranke eine Rolle gespielt haben. Und die gewaltsam aus deutschen Städten deportierten „Ostjuden" waren schon seit 1938 nicht mehr im Blickfeld. Die wenigen der Shoa entronnenen polnischen Juden fanden zu Gemeinschaften nicht wieder zusammen, viele von ihnen lebten nach dem Krieg oft nur bis zu ihrer Weiterreise in Lagern für *displaced persons* außerhalb der Stadtgesellschaften, in der Mehrzahl im Süden Deutschlands.

Registrierte Frau Zytnicka, dass sich nur wenige Täter für die Verbrechen in Warschau verantworten mussten? In Nürnberg waren 1946 Hans Frank, Generalgouverneur im besetzten Polen, und in Warschau 1947 Ludwig Fischer, 1939 bis 1944 Verwaltungschef/Gouverneur des Distrikts, zum Tode verurteilt worden. 1951 erhielt auch der Befehlshaber bei der Niederschlagung des Ghetto-Aufstandes, Jürgen Stroop, vor einem Gericht in Warschau die Todesstrafe. Etliche andere konnten, sofern sie nicht wie SS- und Polizeiführer Sammern-Frankenegg den Kriegshandlungen zum Opfer gefallen waren oder Selbstmord begangen hatten (Hermann Höfle, SS-Sturmbannführer und Zuständiger für die „Aktion Reinhardt"), in der Bundesrepublik oder in Österreich ein zweites, bürgerliches Leben aufbauen, manchmal unter falschem Namen. SS-Gruppenführer und Generalleutnant der Waffen-SS, Heinz Reinefarth, aus polnischer Perspektive der „Schlächter von Warschau", bekleidete von 1951 bis 1964 das Amt des Bürgermeisters von Westerland/Sylt; er gehörte dem schleswig-holsteinischen Landtag für die Partei der „Heimatvertriebenen" an und zog sich aus der Politik erst zurück, als (folgenlos) gegen ihn ermittelt wurde. Der Jurist Heinz Auerswald, 1941 und 1942 „Kommissar für den jüdischen Wohnbezirk" in Warschau und verantwortlich für drangsalierende Anordnungen und Terrormaßnahmen, vom Widerstand „Oberhenker" genannt, lebte nach dem Krieg als Rechtsanwalt in Düsseldorf. In den 1960er Jahren eingeleitete Ermittlungen endeten ohne Anklage, und Auerswald starb unbehelligt im Jahr 1970. Einer Strafverfolgung entging auch der Unternehmer Walter C. Többens (wie viele weitere wirtschaftliche Profiteure). Er wusste, gefördert durch deutsche Behörden, den Arbeitszwang im Ghetto skrupellos zu nutzen, ließ Jüdinnen und Juden schließlich für Anstellungen bezahlen und war indirekt an der Ermordung Tausender beteiligt. Zweimal entzog er sich nach dem Krieg einer Internierung; in der Phase der Entnazifizierung verhalfen ihm „Leumundszeugnisse" zur Einstufung als „Mitläufer". Többens starb 1954 durch einen Unfall.

1964, rund zwanzig Jahre nach den Taten, leitete die Staatsanwaltschaft Hamburg Ermittlungen ein gegen den oben erwähnten Kommandeur der Sicherheitspolizei und des Sicherheitsdienstes im Distrikt Warschau, Ludwig Hahn, dem Mord an inhaftierten Polen zur Last gelegt wurde. Erst in einem zweiten Verfahren ging es im Jahr 1974 um die Vernichtungsaktionen im Warschauer Ghetto. In Gang gekommen war dies durch die Beharrlichkeit eines Journalisten sowie nach Protestbriefen jüdischer Organisationen und Überlebender an bundesdeutsche Politiker. Die 1975 verhängte lebenslange Haftstrafe verbüßte Hahn aus gesundheitlichen Gründen nur acht Jahre lang. Zu lebenslänglichem Zuchthaus wegen Mordes verurteilte das Landgericht Bielefeld ein Jahr später auch – angestoßen durch den Fall Hahn – einen Angehörigen der Sicherheitspolizei in Warschau, den Exzess-Täter Heinrich Klaustermeyer, und in der DDR wurde im Jahr 1969 der ehemalige ebenso gefürchtete SS-Rottenführer Josef Blösche zum Tode verurteilt, der sich unter neuem Namen in Thüringen eine unauffällige Existenz aufgebaut hatte.[13]

Kritischen Zeitgenoss/innen musste auffallen, dass die juristische Aufarbeitung im Großen und Ganzen ohne Nachdruck und oftmals bewusst verschleppt vorankam. Einen Kontrast dazu bildete der Mitte der 1960er Jahre vom hessischen Generalstaatsanwalt Fritz Bauer gegen starke Widerstände aus der Justiz durchgesetzte Frankfurter Auschwitz-Prozess. In jenem Jahrzehnt wurde nach leidenschaftlichen Bundestagsdebatten die Verjährung für Mord zunächst zweimal verlängert und 1979 ganz aufgehoben.

Auch veränderte sich allmählich das gesellschaftliche Klima. Die zweite Generation stellte Fragen nach der „Verstrickung" der Einzelnen in den Nationalsozialismus, und die in seinem Namen begangenen Verbrechen erfuhren zunehmend Beachtung in den Medien: Die vierteilige US-amerikanische Serie „Holocaust – die Geschichte der Familie Weiss" war wohl das bekannteste TV-Ereignis des Jahres 1979. Und mit der mehr als neunstündigen Dokumentation „Shoah" setzte Claude Lanzmann Mitte der 80er Jahre Maßstäbe im Umgang mit Erinnerun-

Stolpersteine für die Familie Steuer, Glashüttenstraße 13 in Essen-Ost, verlegt im November 2016

gen Überlebender; auch wirkte dieser bis dahin kaum bekannte Begriff auf die Geschichtskultur und die historisch-politische Bildung ein.

Lokale Gedenkstätten etablierten sich durch bürgerschaftliches Engagement, so auch in Essen.[14] Hier erschien ein für weitere Forschungen und für das Gedenken grundlegender Band zur Geschichte jüdischen Lebens mit Daten zu vielen der in die Emigration gezwungenen und in die KZs oder Vernichtungslager deportierten jüdischen Essenern; 2.500 der 4.500 Gemeindemitglieder überlebten die Jahre der Verfolgung nicht.[15] Es war zugleich die Hochzeit der Oral History, und viele Interviews mit Überlebenden, oft im Rahmen von Besuchsprogrammen ehemaliger jüdischer Bürgerinnen und Bürger, wurden auf Band aufgenommen und archiviert. Wenngleich Leni Zytnicka in diesen Jahren noch einmal Besuch von den zwei Überlebenden der befreundeten Familie Kermann erhielt, nahm sie diese späten Veränderungen des Erinnerungs-„Klimas" vermutlich nur teilweise wahr. Doch weder befragte man sie zu ihren Erfahrungen noch stieß das Schicksal ihres Mannes auf Interesse.

Die „Alte Synagoge Essen" legte in den 1990er Jahren ein Gedenkbuch für jüdische Opfer an. Darin finden sich einige nach Zbąszyń Zwangsausgewiesene, auch die ersten Stolpersteine erinnerten an Deportierte. Um die Jahrtausendwende kamen dann weitere breit wahrgenommene Medien dazu, wie etwa die Autobiographie von Marcel Reich-Ranicki („Mein Leben") oder Roman Polanskis Spielfilm „Der Pianist".

Diese blickerweiternden Entwicklungen seit den 1960er/1970er Jahren können jedoch nicht ungeschehen machen, dass die „Wiedergutmachung" für die Opfer des NS-Regimes in einem „Schatten von Kleinlichkeit, Kränkung und Missgunst"[16] verblieb.

Zbąszyń als „Präludium der Vernichtung"?

Die Ereignisse vom 28. Oktober 1938 und ihre Folgen stellten jedoch in der Erinnerungskultur weiter ein randständiges Thema dar. Für dieses Verbrechen an in Deutschland lebenden Juden war angesichts der nachfolgenden Mordexzesse kein Platz im öffentlichen Gedächtnis, obwohl es in jeder deutschen Stadt zur unmittelbaren Vorgeschichte der Pogrome am 9. und 10. November 1938 gehörte und obwohl Tempo und Systematik dieser „Aktion" selbst für die Verhältnisse der NS-Diktatur eine neue Qualität darstellten und den Übergang von Einzelmaßnahmen zu einer „Gesamtlösung" anzeigten. Dies beginnt sich seit einigen Jahren durch Studien zur Oktoberdeportation und ihrem Umfeld wie durch einige Lokalstudien und -dokumentationen zu ändern, zum 80. Jahrestag der Ereignisse stehen weitere Initiativen bevor.[17] Diese Arbeiten zeigen, dass die Zwangsausweisung von mehr als 17.000 Jüdinnen und Juden an die deutsch-polnische Grenze nicht nur für die große Zahl der Betroffenen eine erste traumatisierende Begegnung mit der staatsterroristischen Seite des NS-Antisemitismus war und für die meisten von ihnen ein „Präludium der Vernichtung" (J. Tomaszewski), sondern – nachträglich betrachtet – für die handelnden deutschen Stellen eine Art „Generalprobe": in praktischer und administrativer Hinsicht, gleichzeitig aber auch im Hinblick auf die Akzeptanz der kollektiven Ausgrenzung, Konzentration und Deportation von Juden durch die „Volksgemeinschaft". Querelen mit den Finanzbehörden und der Reichsbahn demonstrierten den Verantwortlichen, dass Maßnahmen dieser Größenordnung einer intensiveren logistischen Planung und auch einer politischen Vorbereitung bedurften.

Mit Blick auf die Ereignisse vor Ort repräsentiert Helene Zytnicka wiederum eine nicht leicht einzuordnende „Zwischenlage" einer deutsch-jüdisch-polnischen Erfahrung. So erklärt sich vielleicht, dass sie zu einem Zeitzeugengespräch niemals eingeladen wurde. Die Wahrnehmung sehr verschiedener Opfergruppen und -perspektiven ist bis heute nicht abgeschlossen. Für das Gedenken und die Geschichtskultur bedeutet dies, dass wir auch über den Tod der unmittelbar Betroffenen hinaus ein empathisches Interesse für die lange verweigerte Würdigung und „Wiederaufnahme" dieser ausgestoßenen Menschen entwickeln können.

Anmerkungen

1 Lachauer 2012, S. 31.

2 Bader 2010, S. 192 ff.

3 Roseman 2002, S. 23 ff.; S. 506 ff.

4 Roseman 2002, S. 28.

5 Eine Veröffentlichung zu Einzelschicksalen aus „Mischehen" mit Listen der 1944/45 aus Essen in Lager Transportierten sowie Untergetauchten, auch ihrer Helfer und Retter, steht vor dem Abschluss, siehe Kern 2018.

6 Vgl. Paulsson 2002a, S. 301 ff.

7 Vgl. Gerlach 2017, S. 406 ff. Der Autor zählt zu den Voraussetzungen des Überlebens darüber hinaus ein Bewusstsein der Gefahr und das Wissen über deutsche Absichten (vgl. ebd.).

8 Żydowski Instytut Historyczny/ Arbeit und Leben NRW 2003.

9 Etwa: Im Feuer vergangen. Tagebücher aus dem Ghetto, München 1963; Kaplan 1967.

10 Diner 2007, S. 33. – In diesen Zusammenhang gehören auch die erst spät (für die meisten Betroffenen zu spät) rückwirkend ab 1997 von deutscher Seite gezahlten sog. Ghettorenten, dazu Wildt 2017, S. 454 ff.

11 „(…) erst durch die Gegenüberstellung von Erinnerungen und anderen Quellen werden wir den Prozess des Erinnerns und Vergessens verstehen", so Roseman 1998, S. 279.

12 Schoenberner 1960; Wulf 1961; Reitlinger 1964 (dt. Erstveröffentlichung 1956); Ghetto. Berichte aus dem Warschauer Ghetto 1939-1945 von J. Bernstein u.a., Berlin (DDR) 1966. Raul Hilbergs 1954 verfasste und 1961 in den USA verlegte monumentale Untersuchung *The Destruction of the European Jews* erschien nach Ablehnungen und Widerständen 1982 in einer deutschen Übersetzung (*Die Vernichtung der europäischen Juden*) zuerst bei Olle & Wolter, als dreibändiges Taschenbuch bei Fischer 1990. Erst Ende der 1980er/Anfang der 1990er Jahre begann die deutsche Geschichtswissenschaft mit der Erforschung des Holocaust, siehe dazu Herbert 1993, S. 31-45.

13 Zu weiteren Tätern und Ermittlungen in der Nachkriegszeit u. a. Lehnstaedt 2010, S. 321 ff.; Mix 2008; Młynarczyk 2009.

14 In Essen arbeiteten vielerlei Akteure, in erster Linie der lokalgeschichtlich überaus engagierte Ernst Schmidt, Zeithistoriker der Universität Gesamthochschule Essen (Detlev J. K. Peukert und Lutz Niethammer) sowie Repräsentanten der Politik, meist ehemalige politisch Verfolgte, bei der Gründung eng zusammen.

15 Schröter 1980, darin Informationen über David Zytnicki (S. 35) und die Familie (S. 778); siehe auch den Katalog der Ausstellung „Stationen jüdischen Lebens" 1990.

16 Niethammer 2007, S. 293.

17 Vgl. Tomaszewski 2002; Meyer 2011; Mettauer/Staudinger 2015 – aus Nordrhein-Westfalen z. B.: Schmerler 1939/1997 (zu Bochum), Pickhan 2000 (Dortmund), Sparing 2000 (Düsseldorf), Bothien/Stang 1993 (Bonn); Schlautmann-Overmeyer 2002 (Münster), Cosanne-Schulte-Huxel 2013 (Dorsten); zum Rheinland vgl. die Online-Ausstellung unter http://kindertransport-17uhr13.de/ [Abruf 3.2.2018] – Auch in Zbąszyń gibt es verschiedene Bestrebungen, das Geschehen von 1938/39 in die lokale Erinnerung zurückzuholen: Seit 2008 setzt sich dort die „Fundacja TRES" dafür ein, dass die Geschichte der im Oktober 1938 nach Zbąszyń deportierten Menschen zu einem Bestandteil der

öffentlichen Erinnerungskultur wird. Der Band von Skórzyńska/Olejniczak 2012 entstand aus einer Ausstellung von Historikern und Künstlern an historischen Orten der Stadt. Das Berliner Centrum Judaicum zeigt bis zum Ende des Jahres 2018 die Ausstellung „Ausgewiesen! Die Geschichte der ‚Polenaktion'" mit vielen Begleitveranstaltungen: https://www.centrumjudaicum.de/cjudaicum_wp/ausgewiesen-berlin-28-10-1938die-geschichte-der-polenaktion08-07-30-12-2018/ [26.07.2018], in Zbąszyń sind parallele Aktivitäten geplant; siehe auch den Katalog, Bothe/Pickhan 2018.

Zeittafel zur Familie Zytnicki/Zytnicka

15.2.1904	Geburt von Helene Olga Mantwill
1917	Schulentlassung
ca. 1919	Längere Reise nach Ostpreußen
ca. 1920	Ein Jahr Handelsschule
ca. 1920–1924	Arbeit als Buchhalterin einem Möbelgeschäft in Gelsenkirchen-Horst
um 1924	Ca. zwei Jahre in Berlin
ab 1925	Buchhalterin im Herrenkonfektionsgeschäft Jastrow, dann in der Zuckerwarenfabrik Jastrow & Ostrowski
2.6.1926	Heirat mit David Elimejlech Zytnicki (geb. 20.1.1903)
29.6.1926	Geburt der Tochter Judith Sonja
ca. 1929	(zunächst ehrenamtl.) Arbeit von David Z. für den Ostjudenverband (bezahlt ab ca. 1933)
14.3.1932	Geburt der Tochter Henny
28.10.1938	Verhaftung in Essen, Transport nach Zbąszyń
1939	Erste Reise Zbąszyń – Essen
ca. 26.8.1939	Übersiedlung nach Warschau
Mai 1940	Zweite Reise nach Essen (und Gelsenkirchen)
November 1940	Dritte und letzte Reise nach Essen
1941	Schwager für drei Monate im Warschauer Lazarett
19.5.1941	Scheidung durch ein deutsches Gericht in Warschau (Namensänderung 26.9.42)
verm. Juli 1942	Flucht von David Zytnicki auf die „arische Seite"
bis Sommer 1944	Illegales Leben in Warschau
August 1944	Letztes Zusammentreffen mit David Zytnicki
1944/1945	Übersiedlung Leni und Henny Zytnicka nach Mühlberg/Elbe
Januar 1945	Lebenszeichen von David Zytnicki
9.5.1945	Amtliche Datierung des Todes von David Zytnicki
24.1.1947	Abmeldung in Mühlberg, Rückkehr (über Berlin – Dorsten)
28.4.1948	Anmeldung in Essen
1948	Anerkennung als politisch Geschädigte durch die Stadt Essen
1.1.1950	Rente wegen Berufsunfähigkeit
3.1.1952	Ablehnung einer Wiedergutmachung nach dem Rückerstattungsgesetz
1953	Bundesentschädigungsgesetz (BEG)
20.11.1956	Anerkennung des Fortbestands einer „freien Ehe"
18.9.1959	Wiedererlangung der deutschen Staatsbürgerschaft
3.7.1961	Anerkennung als „rassisch Verfolgte" – Witwenrente
1963	Rentenbescheid (Vergleich)
30.12.1964	Bescheid über Entschädigung nach BEG (Schaden bei berufl. Fortkommen)

Zeittafel zur allgemeinen Entwicklung in Zbąszyń und Warschau

28./29.10 1938	Abschiebung von ca. 17.000 polnischen Juden aus dem Deutschen Reich
24.1.1939	Deutsch-polnische Vereinbarung über zeitweilige Rückkehrmöglichkeiten für Deportierte
1.9.1939	Deutscher Überfall auf Polen – Kriegsbeginn
8.9.1939	Beginn der Belagerung Warschaus
28.9.1939	Kapitulation Warschaus
4.10.1939	Bildung des Warschauer „Judenrats"
6.10.1939	Polen kapituliert
26.10.1939	Bildung des „Generalgouvernements"
1.12.1939	Pflicht für Warschauer Juden ab 12 J. zur Kennzeichnung mit Armbinde
27.3.1940	Anweisung an den „Judenrat" zum Bau einer Mauer um das „jüdische Viertel"
ab Mai 1940	Deportation von ca. 2.800 deutschen „Zigeunern" ins „Generalgouvernement"
10.5.1940	Übergabe der Ghetto-Pläne an den „Judenrat"
Juli 1940	Zivile Arbeitsverwaltung übernimmt Kontrolle über die jüdischen Arbeitskräfte
August 1940	Aufteilung Warschaus in einen deutschen, polnischen und jüdischen Bezirk
2.10.1940	Erlass über die Errichtung des Warschauer Ghettos (veröffentl. am 12.10.1940)
ab Herbst 1940	Errichtung eines „Deutschen Viertels"
15.11.1940	Abriegelung des Warschauer Ghettos
19.11.1940	Beschlagnahme allen jüdischen Eigentums außerhalb des Ghettos
22.6. 1941	Deutscher Angriff auf die Sowjetunion, Beginn des deutsch-sowjetischen Krieges
15.10.1941	Verordnung: Todesstrafe für Verlassen des Ghettos und wissentliche Helfer
Dezember 1941	Vernichtungslager Chelmno (Kulmhof) errichtet
Juli 1941	Arbeitslager Treblinka I
Juli 1942	Errichtung des Vernichtungslagers Treblinka II
22.7.–21.9.1942	„Liquidierungsaktion" gegen 300.000 Bewohner des Ghettos
28.7.1942	Gründung der Untergrundorganisation ŻOB (Żydowska Organizaja Bojowa)
8.8.1942	Erste Nachrichten aus Treblinka im Ghetto
6.9.1942	Allgemeine Registrierung der restlichen Ghettobevölkerung
12.9.1942	Vorläufiger Abschluss der „Aussiedlungen" – Ghetto-Restbevölkerung: 70.000
Dezember 1942	Die ersten Waffen gelangen an die ŻOB
4.12.1942	Hilfsorganisation „Zegota" vom polnischen Untergrund errichtet
18.1.1943	Versuch weiterer Deportationen, erster bewaffneter Widerstand
19.4.–16.5.1943	SS-Einmarsch ins Ghetto – Ghetto-Aufstand
12.5.1943	Demonstrative Selbsttötung des Bund-Führers („Allgemeiner Jüdischer Arbeiterbund") Szmul Zygielbojm im Londoner Exil
2.8.1943	Bewaffneter Aufstand der Häftlinge im Lager Treblinka II
September 1943	Sprengung der restlichen Ghettomauern in Warschau
1.8.–2.10.1944	Warschauer Aufstand
17.1.1945	Rote Armee nimmt Warschau ein

Nach Zbąszyń Deportierte aus Essen/Ruhr

Nachname, Vorname(n), Geburtsname, Geburtsjahrgang, Beruf/Branche

Diese Liste von 482 Namen erhebt keinen Anspruch auf Vollständigkeit und ist vermutlich nicht frei von Fehlern – sie baut auf den Forschungen und Datenbanken Anderer auf und gibt unseren Kenntnisstand im August 2018 wieder. Wir verstehen sie zunächst als ein „Denkmal" für zumeist vergessene Lebenswege. Die zeitgenössische (nationalsozialistische) Presse bezifferte die Zahl der am 28.10.1938 aus Essen ausgewiesenen Personen auf 461. Erfasst sind hier Menschen mit Wohnsitz in Essen zum Zeitpunkt der Oktoberdeportation; weitere Betroffene wurden aus Nachbarstädten nach Essen gebracht.

Wir sind Martina Strehlen M.A., der stellvertretenden Leiterin der Alten Synagoge Essen, für ihre intensive, akribische und unkomplizierte Mitarbeit an der Aufstellung sehr dankbar. Die sonstige Quellenbasis und mögliche Ungenauigkeiten sind weiter unten benannt.

Wenn diese Aufzählung zu weiteren familiengeschichtlichen Recherchen anregen könnte, wäre das in unserem Sinne.

Abbe, Paul, Jg. 1924 (= Perez Avivi)
Abbe, Sophie, geb. Ausländer, Jg. 1905
Abbe, Wolf, Jg. 1899, Kaufmann
Adler, Cilly Tilly, Jg. 1923
Adler, Samuel, Jg. 1891
Aschkenas, Matel Matek Meilech, Jg. 1865
Aschkenase, Abraham, Jg. 1889,
    Inh. Wäschefirma
Aschkenase, Efraim Heini, Jg. 1913
Aschkenase, Ida Laia Lea, geb. Uselko,
    Jg. 1885
Bachmeyer, Urian, Jg. 1889, Elektriker
Balacz/Bolacz, Doris Dore, geb. Zeichner,
    Jg. 1919
Baron, Esther Erna, geb. Wundermann,
    Jg. 1902
Baron, Vera, Jg. 1927
Bechner, Owadie, Jg. 1893, Kaufmann
Berggruen, Hersch, Jg. 1896
Bezem, Isaak/Isack (= Weltz/Wels),
    Jg. 1892, Kaufmann/
    Synagogendiener

Bezem, Leo (Naftali), Jg. 1924
Bezem, Moritz, Jg. 1921
Bezem, Nathan, Jg. 1920
Bezem, Sabine Sprinze, geb. Zucker,
    Jg. 1893
Bialek, Samuel Szulim Mendel, Jg. 1896,
    Kaufmann/Inh. Fotoladen
Bialek/Bialik, Clara Eva Chana,
    geb. Krieger, Jg. 1893
Bialek/Bialik, Harry, Jg. 1920
Bilgrei/Bilgraj, Isidor Izydor, Jg. 1897,
    Reisender/Kaufmann
Binder, Aaron, Jg. 1925
Binder, Rivka Regina, geb. Eisler-Vogel,
    Jg. 1895, Inh. Textilgeschäft
Binder, Selma, geb. Blaustein, Jg. 1882
Blum, David, Jg. 1897, Inh. Textilversand
Blum, Elias, Jg. 1904, Arbeiter/Angestellter
Blum, Isaak, Jg. 1898
Blum, Jakob Israel, Jg. 1871, Kaufmann
Blum, Mates, Jg. 1895
Blum, Sara Chaja, geb. Adest, Jg. 1903

Blumenfeld, Faiga Ruch, Jg. 1901
Blumenfeld, Isaak Jacob, Jg. 1896,
　　Kaufmann/Inh. Wäschefabrik
Blumenfeld, Leon, Jg. 1929
Blumenfeld, Salome, Jg. 1926
Blumenfeld, Sonja, Jg. 1927
Blumenthal, Rosa, geb. Rosenthal,
　　Jg. 1901, Kauffrau
Braner, Anna Hanna, geb. Buttermann,
　　Jg.1891
Braner, Awraham, Jg. 1925
Braner, Baruch, Jg. 1893, Möbelhändler
Braner, Elias Elijahu, Jg. 1923,
　　Kraftfahrer
Braunberger, David, Jg. 1890
Braunberger, Eugenie Eige, geb.
　　Wohlgeschaffen, Jg. 1899
Brennberger/Braunberger, Leo,
　　Jg. 1920, Schmied
Brennholz, David, Jg.
　　1895,Textilkaufmann/Reisender
Brennholz, Isidor Isi, Jg. 1924
Brennholz, Laja Lea Lotte, geb.
　　Imbermann, Jg. 1895
Brennholz, Lotte, geb. Gaenger, Jg. 1896
Brennholz, Willi Zeev, Jg. 1920
Bruck, Ethel, geb. Schorr, Jg. 1900
Chajkier, Aron, Jg. 1934
Chajkier, Chana, Jg. 1902
Chajkier, Jakob, Jg. 1928
Chajkier, Miriam, Jg. 1930
Chajkier/Cheyker, Wulf, Jg. 1893
Chew, Abram Moses, Jg. 1896, Kaufmann
Cwern, Frieda, Jg. 1927
Cwern, Jankel Jakob, Jg. 1887, Bergmann
Cwern, Rachel, Jg. 1914
Cwern, Szprynca, Jg. 1885
Drimer, Estera, geb. Licht, Jg. 1898
Drimer, Gisela, Jg. 1928
Drimer, Herz Hersch, Jg. 1896, Kaufmann
Drimer, Klara, Jg. 1924

Druck, Jetty, geb. Menschenfreund,
　　Jg. 1920
Drucker, Marcus, Jg. 1871,
　　Handelsvertreter Haushaltswaren
Dubiecki, Bernhard, Jg. 1886,
　　Schneider/Vertreter
Eckstein, Adela, Jg. 1929
Eckstein, Betty, Jg. 1894
Eckstein, Eisig, Jg. 1893
Eckstein, Frieda, geb. Goldstein, Jg. 1890
Eckstein, Klara, Jg. 1922
Eckstein, Nachman(n), Jg. 1887,
　　Inh. Wäschegeschäft
Ehrlich, Kraindel La., geb. Krakofsky,
　　Jg. 1889
Ehrlich, Lajzer Leeser Leiser, 1885,
　　Schreiner
Eisner, Mircia, geb. Mandellaub,
　　Jg. 1886
Eisner, Moses Gedalja, Jg. 1884,
　　Textil-Großhändler
Eitelberg, Anna/Anni, geb. Strykowski,
　　Jg. 1921, Haushälterin
Engländer, Rifka, geb. Seginer, Jg. 1913
Enoch, Juliane, geb. Blum, Jg. 1938
Feldmann, Benno Ben Zion Lewi
　　Loewi, Jg. 1876, Kaufmann/Inh.
　　Kolonialwarengeschäft
Feldmann, Gittel Gisela, geb. Engelhard,
　　Jg. 1877
Feldmann, Josef, Jg. 1915
Feldmann, Rebecca Rywka-Faiga,
　　Jg. 1905
Feldmann, Sophie Sosche, Jg. 1912
Fernbach, Hans Isidor, Jg. 1903,
　　Dekorateur/Verkäufer
Fernbach, Leo Leiser, Jg. 1868, Arbeiter
Fernbach, Max, Jg. 1896, Geschäftsführer
　　Bekleidungsgeschäft /Arbeiter
Feuerstein/Feiersztein, Salomon, Jg. 1912,
　　Kaufmann

Feuerstein-Rechtschaffen, Hermann,
    Jg. 1887, Uhrmacher
Fredman, Anita, Jg. 1875
Freier, Esther Adele, geb. Melamed,
    Jg. 1901
Freier, Miriam, Jg. 1929
Freier, Moses, 1899
Freier, Samuel Naftali, Jg. 1931
Freyer, Luzie Sophie, geb. Eisler-Vogel,
    Jg. 1865
Friedler, Anna Chana Hanna, geb. Kohn,
    Jg. 1922
Friedler, Bertha, geb. Mayer, Jg. 1892
Friedler, Erna, Jg. 1937
Friedler, Esther, geb. 1927
Friedler, Hermann Hersch/ Hersz,
    Jg. 1889, Textilkaufmann
Friedler, Jetti Judith, Jg. 1916
Friedler-Kohn, Abraham, Jg. 1890,
    Schächter/Inh. Beerdigungsinstitut
Friedler-Kohn, Charlotte Scheindle/
    Scheinzi, geb. Rechtschaffen-
    Schmerler, Jg. 1895
Friedmann, Elli, geb. Scheiner, Jg. 1928
Gady, Icek, Jg. 1878
Gady, Mindla, Jg. 1898
Gady, Wolfgang, Jg. 1936
Geller Fanny, Jg. 1905
Geller, Bernhard, Jg. 1893,
    Inh. Lebensmittelgeschäft
Geller, Borisch, Jg. 1873
Geller, Chana, Jg. 1924
Geller, Faiga, Jg. 1903
Geller, Maria Mira, Jg. 1926
Gelles, Emil, Jg. 1888, Handlungs-Agent
Goldberg, Aron, Jg. 1896,
    Inh. Wäschewarenversandgeschäft
Goldberg, Dina, Jg. 1928
Goldberg, Hanna, Jg. 1929
Goldberg, Lazer Chiel, Jg. 1898,
    Altwarenhändler

Goldberg, Perel Judes Judis/Judith,
    geb. Meer, Jg. 1899
Goldberg, Ruth, Jg. 1930
Goldfischer, Emilie Esther, geb. Binder,
    Jg. 1895
Goldfischer, Paul, Jg. 1887
Goldfri(e)d, David Srul, Jg. 1888,
    Kaufmann/Herrenbekleidung
Goldfried, Mascha, geb. Reiben,
    Jg. 1894
Goldfried, Mordka Mordechai Max,
    Jg. 1913
Goldfried, Ruth, Jg. 1927
Goldstein, Siegfried, Jg. 1925
Grauer, Abraham Adolf, Jg. 1921
Grauer, Bertha Beila Frad, geb. Kormann,
    Jg. 1893
Grauer, Jakob, Jg. 1891
Grauer, Nathan, Jg. 1933
Griffel, Chaim, Jg. 1896
Griffel, Max, Jg. 1922 (= Mosche Givol)
Griffel, Pessia, geb. Schuhmacher,
    Jg. 1895
Griffel, Siegfried David, Jg. 1923
Grünbaum, Chana, Jg. 1890, Kaufmann
Grünberg, Amalie
Grünberg, Beila Bella, geb. Walzmann,
    Jg. 1873
Grünberg, Esther, geb. Belz, später
    Wehrmann, Jg. 1899
Grünberg, Juda-Jakob, Jg. 1927
Grünberg, Minna, Jg. 1935
Grünberg, Pinchas, Jg. 1872, Inh.
    Manufakturwarengeschäft
Grünberg, Rubin, Jg. 1878
Grünberg, Salomon, Jg. 1931
Grünberg/Grinberg, Aron, Jg. 1896,
    Arbeiter/Kaufmann
Grüss, Sigmund, Jg. 1894,
    Schneider/Kaufmann
Guensberg, Fanny Susanne, Jg. 1927

Haftel, Abraham Jakob, Jg. 1899,
    Lagerist/Textilienhändler
Haftel, Basia Lea, Jg. 1895
Haftel, Bernhard, Jg. 1927
Haftel, Henryk, Jg. 1931
Haftel, Rosa Lina, Jg. 1929
Hamburger/Hamburgier, Emilie,
    geb. Schumer/Rosenberg, Jg. 1912
Hamburger/Hamburgier, Ludwig,
    Jg. 1913
Hamburger/Hamburgier, Markus,
    Jg. 1876
Häusler, Betty, geb. Feuerstein, Jg. 1900
Häusler, Edit, Jg. 1926
Häusler, Eduard, Jg. 1895, Händler
Häusler, Gerda, Jg. 1923
Heger, Baruch Bernhard, Jg. 1879,
    Inh. Textilhandlung
Heger, Sophie, geb. Zeichner, Jg. 1879
Heimer, Dagobert, Jg. 1925
Heimer, Eisig Erich, Jg. 1894
Heimer, Sabina, Jg. 1893
Hendel, David, Jg. 1926, Tänzer
    (= David Rabin)
Hendel/Hendyl, Beila Bertha, geb. Freier,
    Jg. 1900
Hendel/Hendyl, Josef, Jg. 1898, Vertreter
Herschmann/Hirschmann, Paula, Jg. 1928
Herschmann/Hirschmann, Sabine,
    geb. Hilsenrath
Herschmann/Hirschmann, Schmuel
    (Ben Zwi, Shmuel)
Herz, Jetti
Herz, Mascha, geb. Pachter, Jg. 1897
    (= Mascha Gertrud)
Herz/Herc, Gedalja Gustav, Jg. 1894,
    Rohproduktengroßhandlung
Hillmann, Baruch, Tabakhändler
Hilsenrath, Leo Lemel, Jg. 1895, Tischler
Hilzenrad/Hilsenrath, Berta, Jg. 1925
Hilzenrad/Hilsenrath, Toni Ruth, Jg. 1927

Hirsch, Berta, geb. Silber, Jg. 1896
Hirsch, Rubin Rudolf, Jg. 1900,
    Inh. Möbelgeschäft
Hirschhorn, Heinz D., Jg. 1928
Hirschhorn, Regina F., Jg. 1925
Hirschhorn, Regina, geb. Krieger, Jg. 1898
Hirschhorn, Salomon, Jg. 1896
Hoch, Abraham, Jg. 1893, Schuhmacher
Hoch, Elli, Jg. 1920 (= Ester Friedman)
Hoch, Regina Rifka, geb. Müller, Jg. 1892
Hoch, Rudolf Rachmiel, Jg.1916
Hoch, Zyskind Siegmund, Jg. 1889,
    Schuhmacher
Igalsen, Kasimir, Jg. 1883
Jablon, Chava Eva, geb. Sissholz, Jg. 1888
Jablon, Gertha, geb. Koffler, Jg. 1906,
    Verkäuferin
Jablon, Helmut, Jg. 1936
Jablon, Joseph, Jg. 1913, Kellner
Jablon, Menachem Martin Benjamin,
    Jg. 1907, Kaufmann/Inh.
    Wäschefabrikation
Jäger, Charlotte, Jg. 1928
Jäger, Frieda, Jg. 1923
Jäger, Klara Chaja, geb. Mahr oder Marx,
    Jg. 1895
Jäger, Mendel Max, Jg. 1896,
    Möbelkaufmann
Jäger, Richard, Jg. 1935
Jäger, Sabine, Jg. 1931
Joskowicz, David, Jg. 1892, Schneider
Joskowicz, Maria, geb. Marczak, Jg. 1896
Kamiel, Anna, geb. Friedler, Jg. 1900
Kamiel, Eberhard-Wolf, Jg. 1896,
    Lebensmittel-Kaufmann
Kamiel, Josef Ingo, Jg. 1931
Kamiel, Klara, Jg. 1923 (=Nomi Achai)
Kampf, Mirjam, geb. Kamiel, Jg. 1925
Kandzier, Sara, Jg. 1883
Kermann, Chaim Fischel Hans, Jg. 1919,
    Koch/Konditor

Kermann, Elias, Jg. 1881, Bäcker
Kermann, Lotte, Jg. 1921, Kauffrau
    (= Lotte Baer)
Kermann, Ryfka Rosa, geb. Pakula,
    Jg. 1887
Kersten/Kösten, Udel Adele,
    geb. Süssmann, Jg. 1885
Kesten, Sophie
Kesten/Kösten, Israel, Jg. 1883, Kaufmann
King, Jetti, geb. Hendel, Jg. 1923
    (= Jetti Kinery)
Kirsch, Rubin, Jg. 1900, Kaufmann
Kirschner, Esther Etti, geb. Stachel,
    Jg. 1884
Kirschner, Heinrich
Kirschner, Samuel, Jg. 1882,
    Kaufmann/Möbelhändler
Kirschner, Sara, Jg. 1908
    (=Sara Schwinger)
Kirschner, Schlaja Oskar, Jg. 1912
Kleiman, Erna Esther, Haustochter,
    Jg. 1919
Kleimann, Anna, geb. Häusler, Jg. 1892
Kleimann, Klara, Jg. 1923, Schneiderin/
    Bibliothekarin (= Chaja Chowers)
Kleimann, Willi Wolf, Jg. 1897, Arbeiter/
    Vertreter/Möbelhändler
Klinger, Moritz Moses Mosche, Jg. 1907,
    Kaufmann/Buchhändler
König, Abraham, Jg. 1888, Kaufmann
König, Hudei, Jg. 1884
Koppelmann, Erna Estera, geb. Hilsenrath,
    Jg.1893
Koppelmann, Ignaz Jizchak Ismar,
    Jg. 1933
Koppelmann, Klara Klärchen, Jg. 1923
Koppelmann/Binder, Mendel, Jg. 1891
Krieger, Abraham Adolf. Jg. 1907
Krieger, Anna Amalie, geb. Lubasch,
    Jg. 1905
Krieger, Erna

Krieger-Berggrün, Hermann, Jg. 1896
Kuhn, Josef, Jg. 1898
Kuperman(n), Aron, Jg. 1919, Schneider
Kuperman, Chajon, Jg. 1889,
    Altwarenhändler
Kupferberg, Gusti Gustava, Jg. 1920
    (= Gusti Hilfer)
Kupferberg, Helenka, Jg. 1923
Kupferberg, Jetti Judith,
    geb. Friedler-Kohn, Jg. 1916
Kupferberg, Max Chiel Meir/
    Meyer, Jg. 1890, Reisender/Inh.
    Abzahlungsgeschäft
Kupferberg, Necha Natalia,
    geb. Krakowski, Jg. 1887
Kweczer, Czarna Szarna, geb.
    Wieselmann, Jg. 1901
Kweczer, Gisela, Jg. 1937
Kweczer, Hary, Jg. 1930
Kweczer, Jacob David, Jg. 1901,
    Kaufmann
Lazer, David, Jg. 1916
Lazer, Laura , geb. Kramer
Lazer, Manfred Mordekhai, Jg. 1921
Lazer, Selig, Jg. 1884
Lebuschewitz/Lejbusiewicz, Bernhard
    Berek, Jg. 1888
Leis, Mordechai, Jg. 1892, Kaufmann
Lewkowicz, Abraham Jg. 1895, Händler
Lewkowicz, Anita, Jg. 1923, Verkäuferin
Lewkowicz, Eleonora, geb. Gottschalk,
    Jg. 1891, Verkäuferin
Lewkowicz, Faigla Fella, geb. Czerniak,
    Wolkowicz, Jg. 1900
Lewkowicz, Josef, Jg. 1931
Lewkowitz, Chaim-Bernhard, Jg. 1896,
    Arbeiter
Lieber, Josef Josel Markus, Jg. 1900
Lieber, Schiffre Szifra, geb. Buttermann,
    Jg. 1899
Locker, Gisela

Locker, Harry
Locker, Jakob, Jg. 1896
Locker, Paula
Lubasch, Regina, Jg. 1895,
    Altwarenhändlerin
Mager, Fraida Basia, geb. Bleimann,
    Jg. 1893
Mager, Johanna Hanni, Jg. 1921,
    Schülerin
Mager, Leyser Leo, Inh.
    Herrenkonfektionsgeschäft, Jg. 1896
Mager, Manfred, Jg. 1931
Mandelbaum, Bernhard, Jg. 1916
Mandelbaum, Dora, Jg. 1918
    (= Dora Zahler)
Mandelbaum, Emanuel, Jg. 1908
Mandelbaum, Frieda, geb. Haber, Jg. 1896
Mandelbaum, Gerdi, Jg. 1925
Mandelbaum, Josef, Jg.1910
Mandelbaum, Samuel, Jg. 1890
Mangiel/Mangel, David, Jg. 1920
Manheim, Rifka Rebecca, geb. Jablon,
    Jg. 1910, Schuhverkäuferin
Margolis/Margulies/Margaliot, Ester
    Estera Sara, Jg. 1897
    (= Esther Silbermann)
Matusiak, Fanny, Jg. 1919, Schreibkraft
Melamed, Max, Jg. 1929
Melamed, Peter Dawid, Jg. 1922
Melamed, Rachel, geb. Bierowska,
    Jg. 1900
Melamed, Regina, Jg. 1921
Melamed/Melmeth, Israel, Jg. 1892,
    Kaufmann
Melamed/Melmeth, Markus M., Jg. 1867,
    Inh. Textilgeschäft
Mendel, Rahel Rosa, geb. Jäger, Jg. 1922
Menschenfreund, Abra(ha)m, Jg. 1893,
    Kaufmann/Inh. Wäschehandlung
Menschenfreund, Ida, Jg. 1928
Menschenfreund, Reni Rosi, Jg. 1930

Menschenfreund, Scheindel Auguste,
    geb. Scheiner, Jg. 1893
Mittelmark, Ciwia, Jg. 1933
Mittelmark, Isidor, Jg. 1892
Mittelmark, Meier Max, Jg. 1929
Mittelmark, Regina, geb. Gutmann,
    Jg. 1903
Mittelmark, Sally, Jg. 1931
Mühlrad, Abbe Abraham Baruch, Jg. 1925
Mühlrad, Deborah Rikel, geb. Treister,
    Jg. 1897
Mühlrad, Hermann, Jg. 1930
Mühlrad, Josef, Jg. 1927
Mühlrad, Moritz, Jg. 1924
Mühlrad, Salomon Max Meilech, Jg. 1901,
    Kaufmann/Angestellter
Müller, Chaje Chaja Clara Klara Cilla,
    geb. Weinreb, Jg. 1903
Müller, Netti Nettie Netta Necha Sophie
    Sofie, Jg.1923
Müller, Leopold Leo, Jg. 1925
Müller, Hanni Hannah Chanele,
    Jg. 1927
Müller, Samuel Schmuel, Jg. 1897,
    Kaufmann
Neudorf, Salomon, Jg. 1900, Inh.
    Herrenkonfektionsgeschäft
Niedzwiedzki, Chaskel Heinrich, Jg. 1879,
    Kaufmann/Inh. Abzahlungsgeschäft
Niedzwiezki, Lina, Jg. 1914,
    Inh. Wäschegeschäft
Nussbaum, Berta, geb. Mandelbaum,
    Jg. 1914
Ostrowski, Fritz, Jg. 1924
    (= Fred Ostrowski)
Ostrowski, Lina Lea, geb. Hohl, Jg. 1896,
    Bäckerin
Pecher/Peker, Baruch, Jg. 1879,
    Kaufmann
Pelz, Jakob, Jg. 1903, Vertreter
Pelz, Salomon, Jg. 1889, Kaufmann

Pickholz, Abraham, Jg. 1887,
    Hausierer/Textilhändler
Pickholz, Ephraim Fritz, Jg. 1918
Pickholz, Lea, geb. Neuhauser, Jg. 1887
Pickholz, Sofie Susi, Jg. 1927
Pickholz, Willi, Jg. 1915
Pickholz, Wolf, Jg. 1921 (= Zeev Pickholz)
Rappaport, Dora Debora R., Jg. 1905
Rappaport, Markus U. Mordechai,
    Jg. 1908
Redner, Adolf, Jg. 1893, Lehrer
Redner, Meta, geb. Levy, Jg. 1895,
    Lehrerin
Reis/Reihs, Markus Mordechai Ber,
    Jg.1892, Kaufmann
Ringelblum, Chaja Rachel, geb. Rath,
    Jg. 1862
Ringelblum, Salomon, Jg. 1896,
    Lagerist
Rosenbaum, Paul, Jg. 1900, Kaufmann/
    Bildereinrahmungen
Rosenbaum, Regina, Jg. 1932
    (= Regina Wardi)
Rotblit, Betty Berta, Jg. 1923
    (= Betty Moss)
Rotblit, Gerda, Jg. 1931
Rotblit, Hanni, Jg. 1927
Rotblit, Ryfka Regina, geb. Niedzwiedzki,
    Jg. 1900
Rotblit, Sarah, Jg. 1925 (= Sally Baumer)
Rzetelny, Moszek Moritz, Jg. 1886,
    Arbeiter
Sartori, Hertha Edith, Jg. 1925
    (= Edith Fasttag)
Sartori/Sartory, Fanny Faiga,
    geb. Keller, Jg. 1892, Verkäuferin
    Wäscheversandgeschäft
Schächner-Krieger, Abraham Adolf,
    Jg. 1907
Schanzer, Bernd, Jg. 1924
    (= Dov Nezer/Netzer)

Schanzer, Bertha, geb. Turteltaub,
    Jg. 1899
Schanzer, Josef, Jg. 1896,
    Fotograf/Inh. Fotogeschäft
Schanzer, Max, Jg. 1926
    (= Mordechai Nezer/Netzer)
Scharge, Rosa Ester-Ruchla,
    geb. Wagowski, Jg. 1919
Schauder, Esther, Jg. 1935
Schauder, Hella Chasa Freida,
    geb. Zimmermann, Jg. 1898
Schauder, Isaac/Issak Josef, Jg. 1895,
    Weber/Textilkaufmann
Scheiner, Bella, Jg. 1934
Scheiner, Brucha, Jg. 1910
Scheiner, Chana Chuma, Jg. 1907
Scheiner, Chiel Siegfried, Jg.1925
Scheiner, Dina, geb. Handgriff,
    Jg. 1911
Scheiner, Hermann, Jg. 1930
Scheiner, Israel H., Jg. 1907, Hausierer
Scheiner, Jank(i)el, Jg. 1906, Kaufmann
Scheiner, Jehudit Hude, geb. Jäger,
    Jg. 1869, Inh. Altwarenhandel
Scheiner, Klara, Jg. 1910
Scheiner, Lea, geb. Kalter, Jg. 1899
Scheiner, Leiser, Jg. 1908,
    Kaufmann/Inh. Wäschehandel
Scheiner, Leo, Jg. 1908
Scheiner, Malka Mania Mali,
    geb. Aschkenase
Scheiner, Mendel, Jg. 1904, Inh.
    Bilderrahmengeschäft/Reisender
Scheiner, Willi Wolf, Jg. 1906
Scheiner-Jäger, Mendel Max, Jg. 1896,
    Inh. Möbelgeschäft
Scheiner-Stanger, Frieda, geb. Scheiner,
    Jg. 1868, Geschäftsinhaberin
Scheinmann, Guste, Jg. 1925
Scheinmann, Maria, Jg. 1896
Schindler, Lazar, Jg. 1890, Händler

Schindler, Leon Lejzer, Jg. 1894, Gerber/Lebensmittelkaufmann
Schindler, Mathilde Tila Tilli, geb. Reiss, Jg. 1895
Schindler, Minna, Jg. 1921, Verkäuferin
Schindler, Norbert, Jg. 1924, Buchhalter (= Norman Schindler)
Schmir, Berel Bernhard, Jg. 1891, Buchhalter
Schusterman, Haskiel Fajwel Heinrich, Jg. 1899, Kaufmann
Schwartz, Rosa, geb. Weitzner, Jg. 1913
Schwinger, Sara, geb. Kirschner, Jg. 1918
Seginer, Hudes Helene, Jg. 1888
Seginer, Isaak, Jg. 1888, Kaufmann
Seiger, Leopold, Jg. 1893, Vertreter für Schuhe
Siegel, Gisela, Jg. 1933
Siegel, Jenny Ida, geb. Hirtz/Herze, Jg. 1896
Siegel, Nachman(n), Jg. 1899, Kaufmann
Sommerfreund, Abraham, Jg. 1896
Sommerfreund, Ester Estha Ella, Jg. 1929
Sommerfreund, Fiscel Salomon Friedrich, Jg. 1895
Sommerfreund, Hermann, Jg. 1923
Sommerfreund, Pepi, geb. Schächter, Jg. 1896
Sommerfreund, Ruth, Jg. 1924
Sommerfreund, Toni, Jg. 1930
Stang, Abraham, Jg. 1925
Stang, Chana, Jg. 1891
Stang, Jakob Hersz, Jg. 1890, Händler für Jute und Säcke/Schleifer
Stang, Sara Malka, Jg. 1921
Stang, Willi, Jg. 1930
Star, Rebekka, geb. Lazer, Jg. 1895
Steinhardt, Abraham, Jg. 1877
Steinhardt, Rachel, geb. Feintuch, Jg. 1886
Steinhardt, Willi Isaak, Jg. 1909
Stern, Max, Jg. 1897, Mitinh. Herrenbekleidungsgeschäft
Steuer, Alexander, Jg. 1931
Steuer, Anni, Jg. 1926 (= Anni Labaton)
Steuer, Aron Leib Leo, Jg. 1900, Kaufmann/Vertreter
Steuer, Max, Jg. 1928
Steuer, Nuchim Nathan Samuel, Jg. 1896, Möbelkaufmann/Inh. Textilversand
Steuer, Rachel Regina, geb. Schmerler, Jg. 1897, Näherin
Streifler, Anna, geb. Boczian, Jg. 1883, Kontoristin
Streifler, Josef Jozef, Jg. 1880, Kaufmann/Inh. Uhren-Versandhandel
Süssmann, Guste (Sussmann), geb. Brecher, Jg. 1907
Süssmann, Hermann, Jg. 1930 (= Zvi Sussman)
Süssmann, Leib, Jg. 1897, Textil- und Möbelhändler
Süssmann/Suessmann, Raphael, Jg. 1935
Swiatlowski, Deborah, geb. Krieger, Jg. 1901
Swiatlowski, Mordka Max, Jg. 1899
Swierczewska, Bejla, geb. Kupermann, Wloschinski, Jg. 1907
Tager, Adele, geb. Rosenheck, Jg. 1890
Tager, Josef Aron, Jg. 1885, Reisender
Tager, Meinhard, Jg. 1910, Elektriker
Teicher, Beni, Jg. 1933
Teicher, Elieser, Jg. 1898, Lehrer
Teicher, Glückel
Teicher, Rachel, Jg. 1935
Teicher, Samuel, Jg. 1931
Treister, Sara(h), geb. Stegmann, Jg. 1870, Inh. Textilversandgeschäft
Verstaendig, Frieda, geb. Süssmann, Jg. 1901
Verständig, Julius, Jg. 1928

Verständig, Leib Leo, Jg. 1898, Kaufmann/
    Inh. Pelzwarengeschäft
Vogelnest, Hilde, geb. Braner, Jg. 1929
Vorderberg-Rosenzweig, Gelle, Jg. 1889
Wagner, Anni, geb. Goldfried, Jg. 1920
Wagowski, Abraham, Jg. 1897
Wagowski, Anni, Jg. 1922
Wagowski, Jetti Elli, Jg. 1934
Wagowski, Josef David, Jg. 1883 oder
    1889, Weber
Wagowski, Mindla Mina, geb. Appel,
    Jg. 1896
Wagowski, Sara, geb. Hofman, Jg. 1905
Waldhorn, Paula, Jg. 1923 (= Pnina Galili)
Waldhorn, Rachela, geb. Feldhorn,
    Jg. 1891
Waldhorn, Regina, Jg. 1893, Vertreterin
Weber, Mirjam, geb. Binder, Jg. 1923,
    Schneiderin
Weingarten, Charlotte, Jg. 1884
Weingarten, Josef, Jg. 1876
Weisberg, Chaja-Mindel, Jg. 1896,
    Lehrerin
Weiss, Hermann, Jg. 1889
Weiss, Sara, Jg. 1893
Weit(t)mann, Abraham, Jg. 1891,
    Kaufmann/Leinen- und Wäschefabrik
Weit(t)mann, Malka, Jg. 1896
Weitzner, Beila Bertha, geb. Ziering,
    Jg. 1877
Weitzner, Reinisch Heinrich, Jg. 1886,
    Buchhalter
Weitzner, Salomon Karl, Jg. 1906,
    Reisender
Weitzner, Szulem Fritz, Jg. 1909,
    Verkaufshelfer

Wenig, Dorothea, gen. Goldfischer,
    Jg. 1922
Wieselthier, Emil, Jg. 1893, Ingenieur,
    General-Agent
Wieselthier, Erna, geb. Segal, Jg. 1899
Wirth, Sabine Sophie, geb. Mandelbaum,
    Jg. 1912
Wloschinski, Isaak, Jg. 1888
Wloschinski, Paula, Jg. 1917
    (= Paula Connery)
Wolkowicz, Frieda Fryda Freida, Jg. 1923
Wolkowicz, Max, Jg.1925, Schneider
    (= Max Walker)
Wozek, Hiel Szymon, Jg. 1895, Schuster
Zahler, Dora, geb. Mandelbaum, Jg. 1918
Zanger gen. Sänger, Mendel. Jg. 1894
Zeichner, Anna, Jg. 1929
Zeichner, Dora, Jg. 1919 (= Dora Balaes)
Zeichner, Israel Simon Isidor, Jg. 1922
Zeichner, Ruchel Rachel Rosa, Jg. 1900
Zeichner, Salomon, geb. 1882,
    Inh. Speisewirtschaft
Zeichner, Wolf(gang), Jg. 1930
Ziegler, Max, Jg. 1896, Pelzhändler
Zinszajn, Neuguma Nechuma,
    geb. Blasztajn, Jg. 1894
Zinszajn/Sinszajn, Chaja Chyn Szyja
    Noah Marek, Jg. 1894,
    Weber/Inh. Manufakturhandel
Zwiebel, Jechiel, Jg. 1877
Zytnicka, Helene, geb. Mantwill, Jg. 1904,
    Buchhalterin
Zytnicka, Henny, Jg. 1932, Schülerin
Zytnicka, Judith, Jg. 1926, Schülerin
Zytnicki, David Elimejlech, Jg. 1903,
    Kaufmann

Berufsangaben waren nur für einen Teil der Genannten zu ermitteln. Diese Informationen entstammen zumeist den Angaben im Lager Zbąszyń 1939 und der Datenbank der Alten Synagoge Essen. Bei den Vornamen sind z. T. Varianten der Schreibweise bzw. jüdische/jiddische und deutsche Namen genannt. Soweit es einzelne Überlebende einer Familie gibt – z. B. durch Emigration nach Palästina oder durch „Kindertransporte" nach Großbritannien oder Schweden, sind die Angaben in der Regel präziser als dort, wo niemand dem Völkermord entgangen ist.

In einigen Fällen ergeben sich Unklarheiten wegen späterer Rückkehr nach Essen und einer weiteren Deportation oder aus unterschiedlichen Angaben der Datenbanken. Ungenauigkeiten können auch aus schwer leserlichen Typoskripten der Jahre 1938/39 (siehe Quelle Nr. 1) entstanden sein.

Quellenbasis:
1. American Jewish Joint Distribution Committee, The JDC Archives, http://archives.jdc.org, „Refugees in Zbąszyń, Poland, 1938-1939" [10.3.2018]
2. Archiv der Alten Synagoge Essen, Datenbank-Auszug „Von Essen nach Zbąszyń deportiert, Okt. 1938".
3. Gedenkbuch der Alten Synagoge Essen, https://media.essen.de/media/histiorisches_portal/historischesportal_dokumente/startseite_5/Gedenkbuch_Alte_Synagoge.pdf [9.3.2018]
4. Landesarchiv NRW, Duisburg: Bestand Gerichte, Rep. 0034 Nr. 1176 (Amtsgericht Essen)
5. Gedenkbuch „Opfer der Verfolgung der Juden unter der nationalsozialistischen Gewaltherrschaft in Deutschland 1933-1945" des Bundesarchivs, https://www.bundesarchiv.de/gedenkbuch/ [30.7.2018]
6. Historisches Portal Essen: Stolpersteine in Essen, https://media.essen.de/media/historisches_portal/historischesportal_dokumente/stolpersteine/pdf_listen/Stolpersteine_sortiert_Namen.pdf [30.7.2018]
7. Schröter, Hermann: Geschichte und Schicksal der Essener Juden. Gedenkbuch für die jüdischen Mitbürger der Stadt Essen, hg. von der Stadt Essen, Essen 1980.

Literatur und gedruckte Quellen

Ackerman, Diane: Die Frau des Zoodirektors, München 2016.

Adler-Rudel, S. (=Salomon): Ostjuden in Deutschland 1880–1940, zugleich eine Geschichte der Organisationen, die sie betreuten, Tübingen 1959.

Allerhandt, M. (=Maurycy): Probleme des jüdisch-polnischen Eherechts, in: Zeitschrift für Ostrecht, 4. Jg./Mai 1930, S. 459-472, zit. nach http://www.kpbc.ukw.edu.pl/dlibra/plain-content?id=80936 [15.2.2018]

Alte Synagoge Essen (Hg.): Widerstand und Verfolgung in Essen 1933–1945, Informationsblätter zur Ausstellung, Essen 1982.

Alte Synagoge Essen (Hg.): Essen unter Bomben. Märztage 1943, Essen 1984.

Alte Synagoge (Hg.): Verfolgung und Widerstand in Essen 1933–1945. Dokumentation zur Ausstellung, Essen 1991.

Alte Synagoge (Hg.): Ein Haus, das bleibt. Aus Anlass 20 Jahre Alte Synagoge Essen, Essen 2000.

Alte Synagoge (Hg.): Ausstellungskatalog Alte Synagoge Essen – Haus Jüdischer Kultur, Essen 2016.

Aly, Götz: Hitlers Volksstaat. Raub, Rassenkrieg und nationaler Sozialismus, Frankfurt a.M. 2005.

Aly, Götz / Heim, Susanne: Vordenker der Vernichtung, Hamburg 1991.

Aschheim, Steven: Spiegelbild, Projektion, Zerrbild. „Ostjuden" in der jüdischen Kultur in Deutschland, in: Osteuropa, 58. Jg. Heft 8-10, Berlin 2008.

Assuntino, Rudi / Goldkorn, Wlodek: Der Hüter. Marek Edelmann erzählt, München 2002.

Bader, Katharina: Jureks Erben. Vom Weiterleben nach dem Überleben, Köln 2010.

Bajohr, Frank / Gaigalat, Michael (Hg.): Essens wilder Norden: Segeroth – ein Viertel zwischen Mythos und Stigma, Hamburg 1991.

Banken, Ralf: „Hiergegen kann nur mit freier Fahndung eingeschritten werden". Die Arbeit der deutschen Devisenschutzkommandos 1938 bis 1944, in: Berghoff, Hartmut / Kocka, Jürgen / Ziegler, Dieter (Hg.): Wirtschaft im Zeitalter der Extreme. Beiträge zur Unternehmensgeschichte Österreichs und Deutschlands, München 2010, S. 377-393.

Bartoszewski, Władysław: Sie kämpften für die menschliche Würde. Zeugenbericht eines polnischen Christen, in: Die Zeit vom 22.4.1983.

Bauer, Yehuda: Der Hüter meines Bruders. Eine Geschichte des American Joint Distribution Committee 1929–1939, Philadelphia 1974, zit. n. http://www.geschichteinchronologie.com/judentum-aktenlage/hol/joint/Bauer_joint06-12-fluechtlinge-D-PL-Lager-Zbąszyń-Bentschen-D.html (unautoris. Übersetzung) [12.5.2017]

Baumann, Janina: Als Mädchen im Warschauer Ghetto. Ein Überlebensbericht, München 1986.

Behrens, Heidi / Reichling, Norbert: „Pass auf, die Deutschen lassen keine Ruhe ..." Die Deportation der deutsch-polnischen Familie Z. von Essen nach Zbąszyń, in: Arbeitskreis der NS-Gedenkstätten NRW (Hg.): Gewalt in der Region. Der Novemberpogrom 1938 in Rheinland und Westfalen, Düsseldorf 2008.

Benecke, Werner: Ausgewiesen ins Niemandsland. Die NS-„Polenaktion" des Jahres 1938 im europäischen Kontext, in: Schoor, Kerstin / Schüler-Springorum, Stefanie (Hg.): Gedächtnis und Gewalt, Bonn 2016, S.150-165.

Bennett, Giles: Die Arbeitsbedingungen der Warschauer Juden 1941–1942. Max Bischof und die Transferstelle Warschau, in: Hensel, Jürgen / Lehnstaedt, Stephan (Hg.): Arbeit in den nationalsozialistischen Ghettos, Osnabrück 2013, S. 91-110.

Bertram, Rudolf: Die Ostjuden in Deutschland, Berlin 1924.

Herbert, Ulrich: Best. Biographische Studien über Radikalismus, Weltanschauung und Vernunft 1903–1989, (Studienausgabe) Bonn 2001.

Bethke, Svenja: Tanz auf Messers Schneide. Kriminalität und Recht in den Ghettos Warschau, Litzmannstadt und Wilna, Hamburg 2016.

Biberstein, Hannah: Der Tag der „Polenaktion" im Rabbinerhaus, in: Kalonymos. Beiträge zur deutsch-jüdischen Geschichte aus dem Salomon-Ludwig-Steinheim-Institut an der Universität Duisburg-Essen, 20. Jg. 2017, Heft 2, S. 4-6.

Bieber, Friedemann: Das Haus am Zoo, in: Frankfurter Allgemeine Zeitung vom 2.3.2017.

Birenbaum, Halina: Die Hoffnung stirbt zuletzt, Frankfurt a.M. 2002.

Blasius, Dirk: Zwischen Rechtsvertrauen und Rechtszerstörung. Deutsche Juden 1933–1935, in: ders. / Diner, Dan (Hg.): Zerbrochene Geschichte. Leben und Selbstverständnis der Juden in Deutschland, Frankfurt a.M. 1991, S. 121-137.

Böhler, Jochen: Auftakt zum Vernichtungskrieg. Die Wehrmacht in Polen 1939, hg. von der Bundeszentrale für politische Bildung, Bonn 2006.

Böhler, Jochen: Der Überfall. Deutschlands Krieg gegen Polen, Frankfurt a.M. ²2009.

Bothe, Alina / Pickhan, Gertrud (Hg.): Ausgewiesen! Berlin, 28.10.1938. Die Geschichte der „Polenaktion", Berlin 2018.

Bothien, Horst-Pierre / Stang, Erhard (Bearb.): „Abgeschoben nach Polen am 28.10.1938 …" Jüdische Familien in Bonn, Bonn 1993.

Brimmer-Brebeck, Angelika: Frauen im jüdischen Milieu. Essener Jüdinnen von 1900–1932, in: Alte Synagoge (Hg.): Jüdisches Leben in Essen 1800–1933 (= Studienreihe der Alten Synagoge, Bd. 1), Essen 1993, S. 73-102.

Brockschmidt, Jens: Zur Deportation der „Ostjuden", in: Sachor. Zeitschrift für Antisemitismusforschung und jüdische Geschichte und Gegenwart, Heft 7 (1997), S. 60-62.

Browning, Christopher R.: Judenmord. NS-Politik, Zwangsarbeit und das Verhalten der Täter, Frankfurt a.M. 2001.

Chodakiewicz, Marek Jan: The Warsaw Rising, 1944: Perception and reality, http://www.warsawuprising.com/doc/chodakiewicz1.pdf [25.4.2017], Washington, D.C. 2004.

Christoforow, Wassili S. / Makarow, Wladimir G. / Uhl, Matthias (Hg.): Verhört. Die Befragungen deutscher Generale und Offiziere durch die sowjetischen Geheimdienste 1945–1952, Berlin/ Boston 2015.

Ciernoch-Kujas, Cora: Ministerialrat Franz Massfeller 1902–1966, Berlin 2003.

Cosanne-Schulte-Huxel, Elisabeth (Hg.): Mein liebes Ilsekind. Mit dem Kindertransport nach Schweden – Briefe an eine gerettete Tochter, Essen 2013.

Curilla, Wolfgang: Der Judenmord in Polen und die deutsche Ordnungspolizei 1939–1945, Paderborn 2011.

[Czerniaków, Adam:] Im Warschauer Ghetto. Das Tagebuch des Adam Czerniaków 1939–1942, München 1986.

Deutsche Politik in Polen 1939–1945. Aus dem Diensttagebuch von Hans Frank, Generalgouverneur in Polen, hg. von Imanuel Geiß und Wolfgang Jacobmeyer, Paderborn 1980.

Deutsches Historisches Institut Warschau (Hg.): „Größte Härte …". Verbrechen der Wehrmacht in Polen, September/Oktober 1939. Ausstellungskatalog, Warschau 2005.

Die Judenausrottung in Polen XI. Augenzeugenberichte, Vierte Serie: Warschau. Genf 1945.

Diekmann, Irene/Schoeps, Julius H. (Hg.): Das Wilkomirski-Syndrom. Eingebildete Erinnerungen oder Von der Sehnsucht, Opfer zu sein, Zürich 2002.

Dierl, Florian/Janjetović, Zoran/Linne, Karsten: Pflicht, Zwang und Gewalt. Arbeitsverwaltungen und Arbeitskräftepolitik im deutsch besetzten Polen und Serbien 1939–1944, Essen 2013.

Diner, Dan: Die Katastrophe vor der Katastrophe, in: Blasius, Dirk/ders. (Hg.): Zerbrochene Geschichte. Leben und Selbstverständnis der Juden in Deutschland, Frankfurt a.M. 1991, S. 138-160.

Diner, Dan: Gegenläufige Gedächtnisse. Über Geltung und Wirkung des Holocaust, Göttingen 2007.

Dönhoff, Marion Gräfin: Kindheit in Ostpreußen, Berlin 1988.

Dreifuss, Havi: Warschau, in: Miron, Guy/Shulhani, Shlomit (Hg. i.A. der Gedenkstätte Yad Vashem): Die Yad Vashem Enzyklopädie der Ghettos während des Holocaust, Bd. II, Göttingen 2014, S. 910-936.

[Edelman, Marek:] „Red' keinen Quatsch, mein Kind …" Ein Gespräch mit Mark Edelman, in: Babylon. Beiträge zur jüdischen Gegenwart, Heft 1/1986, S.92-107.

Engelking, Barbara/Hirsch, Helga (Hg.): Unbequeme Wahrheiten. Polen und sein Verhältnis zu den Juden, Frankfurt a.M. 2008.

Engelking, Barbara/Leociak, Jacek: The Warsaw Ghetto. A Guide to the Perished City, New Haven 2009.

Es gibt keinen jüdischen Wohnbezirk in Warschau mehr! Nachdruck des „Stroop-Berichts" aus dem Jahr 1943, Neuwied u. a. 1960.

Eschelbacher, Max: Der zehnte November 1938 [1939], Essen 1998.

Frei, Norbert/Brunner, José/Goschler, Constantin (Hg.): Die Praxis der Wiedergutmachung. Geschichte, Erfahrung und Wirkung in Deutschland und Israel, Bonn 2010.

Friedländer, Saul: Das Dritte Reich und die Juden. Bonn 2006 (Lizenzausgabe der bpb), zuerst München 1998.

Fuks, Marian: Das Problem der Judenräte und Adam Czerniakóws Amtstätigkeit, in: Jersch-Wenzel, Stefi (Hg.): Deutsche – Polen – Juden. Ihre Beziehungen von den Anfängen bis ins 20. Jahrhundert, Berlin 1987, S. 229-239.

Gerlach, Christian: Der Mord an den europäischen Juden. Ursachen, Ereignisse, Dimensionen, München 2017.

Glienke, Stephan Alexander u. a. (Hg.): Erfolgsgeschichte Bundesrepublik? Die Nachkriegsgesellschaft im langen Schatten des Nationalsozialismus, Göttingen 2008.

Golczewski, Frank: Armia Krajowa, in: Diner, Dan: (Hg.): Enzyklopädie jüdischer Geschichte und Kultur, Bd. 1, Berlin 2011, S. 156-159.

Golczewski, Frank: Ostjuden in Deutschland, in: Herzig, Arno/Rademacher, Cay (Hg.): Die Geschichte der Juden in Deutschland, Hamburg 2007, S. 150-169.

Goldstein, Bernard: Die Sterne sind Zeugen, Frankfurt a.M. ²1949.

Goldstein, Bernard: Die Sterne sind Zeugen. Der Untergang der polnischen Juden, München 1965.

Goschler, Constantin: Schuld und Schulden. Die Politik der Wiedergutmachung für NS-Verfolgte seit 1945, Göttingen 2005.

Grabitz, Helge / Justizbehörde Hamburg (Hg.): Täter und Gehilfen des Endlösungswahns. Hamburger Verfahren wegen NS-Gewaltverbrechen 1946–1996, Hamburg 1999.

Grabitz, Helge / Scheffler, Wolfgang: Letzte Spuren. Ghetto Warschau, SS-Arbeitslager Trawniki, Aktion Erntefest. Fotos und Dokumente über Opfer des Endlösungswahns im Spiegel der historischen Ereignisse, Berlin 1988.

Grundmann, Karl: Führer durch Warschau, Krakau 1942.

Gruner, Wolf: Von der Kollektivausweisung zur Deportation der Juden aus Deutschland (1938–1945). Neue Perspektiven und Dokumente, in: Kundrus, Birthe / Meyer, Beate (Hg.): Die Deportation der Juden aus Deutschland. Pläne – Praxis – Reaktionen, Göttingen 2004 (= Beiträge zur Geschichte des Nationalsozialismus, 20), S. 24-62.

Grupinska, Anka: Im Kreis. Gespräche mit jüdischen Kämpfern, Frankfurt a.M. 1991.

Gutman, Israel: Es war einmal. Warschau im Herbst 1939, Passau 1995.

Harvey, Elizabeth: Arbeitsverwaltung und Arbeitskräfterekrutierung im besetzten Europa. Belgien und das Generalgouvernement, in: Nützenadel, Alexander (Hg.): Das Reichsarbeitsministerium im Nationalsozialismus. Verwaltung – Politik – Verbrechen, Göttingen 2017, S. 348-386.

Haumann, Heiko: Geschichte der Ostjuden, München 1990.

Heid, Ludger J.: Ostjuden in Duisburg. Bürger, Kleinbürger, Proletarier. Geschichte einer jüdischen Minderheit im Ruhrgebiet, Essen 2011.

Hensel, Jürgen / Lehnstaedt, Stephan (Hg.): Arbeit in den nationalsozialistischen Ghettos, Osnabrück 2013.

Herbert, Ulrich (Hg.): Nationalsozialistische Vernichtungspolitik 1939–1945. Neue Forschungen und Kontroversen, Frankfurt a.M. ^{4}2001.

Herbert, Ulrich: Fremdarbeiter. Politik und Praxis des „Ausländer-Einsatzes" in der Kriegswirtschaft des Dritten Reiches, Berlin/Bonn 1985.

Herbert, Ulrich: Best. Biographische Studien über Radikalismus, Weltanschauung und Vernunft, 1903–1989, Bonn 1996.

Herbert, Ulrich: Der Holocaust in der Geschichtsschreibung der Bundesrepublik Deutschland, in: Moltmann, B. u. a. (Hg.): Erinnerung. Zur Gegenwart des Holocaust in Deutschland West und Deutschland Ost, Frankfurt a.M. 1993, S. 31-45.

Herrmann, Dieter: Führungsverhalten und Handeln reichsdeutscher Unternehmer/Manager und deren Verstrickung in den NS-Terror im Generalgouvernement der besetzten polnischen Gebiete (GG) 1939 bis 1945, Diss. Universität Hamburg 2012, http://ediss.sub.uni-hamburg.de/volltexte/2012/5806/pdf/Dissertation.pdf [28.06.2018].

Hilberg, Raul: Die Vernichtung der europäischen Juden, Bd. 1, Frankfurt a.M. 1982.

Hosenfeld, Wilm: „Ich versuche jeden zu retten." Das Leben eines deutschen Offiziers in Briefen und Tagebüchern, München 2004.

Im Feuer vergangen. Tagebücher aus dem Ghetto. Mit einem Vorwort von Christoph Hampe, München 1963.

Jacobmeyer, Wolfgang: Der Überfall auf Polen und der neue Charakter des Krieges, in: Kleßmann, Christoph (Hg.), September 1939. Krieg, Besatzung, Widerstand in Polen, Göttingen 1989, S. 16-37.

Jüdisches Historisches Institut Warschau (Hg.): Faschismus – Getto – Massenmord. Dokumentation über Ausrottung und Widerstand der Juden in Polen während des zweiten Weltkrieges, Berlin (DDR) 1960.

Jüdisches Museum Berlin: Judenfragen. Zwischen Schtetl und „Judenstaat", in: Geschichte einer Ausstellung. Zwei Jahrtausende deutsch-jüdische Geschichte, Berlin 2002, S. 127-137.

Kaiser, Reinhard / Holzman, Margarete (Hg.): „Dies Kind soll leben". Die Aufzeichnungen der Helene Holzman 1941–1944, München 2001.

[Kaplan, Chaim A.:] Buch der Agonie. Das Warschauer Tagebuch des Chaim A. Kaplan, hg. von Abraham I. Katsh, Frankfurt a.M. 1967.

Karas, Agnieszka: Der Pole, der auch Deutscher war. Das geteilte Leben des Witold Hulewicz, Warschau 2004.

Kassow, Samuel D.: Ringelblums Vermächtnis. Das geheime Archiv des Warschauer Ghettos, Reinbek 2010.

Kassow, Samuel D.: Warschau, in: Diner, Dan (Hg.): Enzyklopädie jüdischer Geschichte und Kultur, Bd. 6, Darmstadt 2015, S. 329-334.

Kern, H. Walter: Der letzte Transport aus Essen. Verfolgungserfahrung jüdischer Frauen und Männer aus „Mischehen" in der Endphase des Krieges. Untergetauchte und ihre Helfer, Essen 2018 (vervielf. Man.)

Kilian, Achim: Mühlberg 1939 – 1948. Ein Gefangenenlager mitten in Deutschland, Köln u. a. 2001.

Klemp, Stefan: „Nicht ermittelt" Polizeibataillone und die Nachkriegsjustiz – Ein Handbuch, Essen 2005.

Kreienbrink, Axel: Tagungsbericht „Bedrohung und Abwehr: Die Weimarer Republik und ihre osteuropäischen Zuwanderer" (2004), www.hsozkult.de/conferencereport/id/tagungsberichte-432 [22.12.2017].

Kundrus, Birthe / Meyer, Beate (Hg.). Die Deportation der Juden aus Deutschland. Pläne – Praxis – Reaktionen 1938–1945, Göttingen 2004.

Kunert, Andrzej Krzysztof: Der Hilfsrat für Juden „Zegota" 1942–1945. Auswahl von Dokumenten, Warschau 2002.

Lachauer, Ulla: Zuhören, in: Spuren suchen, Ausgabe 2012, S. 30-32.

Laub, Dori: Zeugnis ablegen oder Die Schwierigkeiten des Zuhörens, in: Baer, Ulrich (Hg.): Niemand zeugt für den Zeugen. Erinnerungskultur nach der Shoah, Frankfurt a.M. 2000, S. 68-83.

Laub, Dori: Galerie versteinerter Schreckensbilder. Interview, in: Der Freitag vom 16.6.2006, www.freitag.de/datenbank/freitag/2006/24/gespraech-01 [27.4.2011].

Lehnstaedt, Stephan: Okkupation im Osten: Besatzeralltag in Warschau und Minsk 1939–1944, München 2010.

Lehnstaedt, Stephan: Die deutsche Arbeitsverwaltung im Generalgouvernement und die Juden, in: Vierteljahreshefte für Zeitgeschichte 3/2012, S. 409-440.

Lehnstaedt, Stephan: Der Kern des Holocaust. Bełżec, Sobibór, Treblinka und die Aktion Reinhardt, München 2017.

Linne, Karsten: „Sklavenjagden" im Arbeiterreservoire – das Beispiel Generalgouvernement, in: Dierl, Florian / Janjetovic, Zoran / Linne, Karsten (Hg.): Pflicht, Zwang und Gewalt. Arbeitsverwaltungen und Arbeitskräftepolitik im deutsch besetzten Polen und Serbien 1939–1944, Essen 2013.

Lubetkin, Ziviah: Die letzten Tage des Warschauer Gettos. Aus der Monatsschrift „Commentary", New York, in: Neue Auslese, 3. Jg., 1. Heft (Januar 1948), S. 1-13.

Margolis-Edelman, Alina: Als das Ghetto brannte. Eine Jugend in Warschau, Berlin 2000.

Markus, Stefanie / Scholz, Christian: Invasion der „hosenverkaufenden Jünglinge"? Die Diskriminierung der Ostjuden in Monarchie und Republik, in: Sachor. Zeitschrift für Antisemitismusforschung und jüdische Geschichte und Gegenwart, Heft 7 (1997), S. 40-55.

Marszalec, Janusz: Leben und Sterben der Warschauer Zivilbevölkerung, in: Bömelburg, Hans-J./Król, Eugeniusz Cezary/Thomae, Michael (Hg.): Der Warschauer Aufstand. Ereignis und Wahrnehmung in Polen und Deutschland, Paderborn 2011.

Maurer, Trude: Ostjuden in Deutschland 1918–1933, Hamburg 1986.

Maurer, Trude: Die Ausweisung der polnischen Juden und der Vorwand für die „Kristallnacht". In: Pehle, Walter H. (Hg.): Die Judenpogrome 1938. Von der „Reichskristallnacht" zum Völkermord. Frankfurt a.M. 1988, S. 52-73.

Medykowski, Witold W.: Zbąszyń 1938. A history of an individual, a history of the world, in: Skórzyńska/Olejniczak 2012, S. 111-121.

Meed, Vladka: Deckname Vladka. Eine Widerstandskämpferin im Warschauer Ghetto, Hamburg 1999.

Mettauer, Philipp/Staudinger, Barbara (Hg.): „Ostjuden". Geschichte und Mythos, Innsbruck/Wien/Bozen 2015.

Meyer, Beate: „Jüdische Mischlinge". Rassenpolitik und Verfolgungserfahrung 1933–45. Hamburg 1999.

Meyer, Beate: Ausweisung polnischer Juden (27.-29. Oktober 1938), in: Handbuch des Antisemitismus, hg. von Wolfgang Benz, Berlin/New York 2011, S. 29-32.

Milton, Sibyl: Menschen zwischen Grenzen. Die Polenausweisung 1938, in: Menora. Jahrbuch für deutsch-jüdische Geschichte, München 1990, S.184-206.

Mix, Andreas: Das Ghetto vor Gericht, in: Glienke, Stephan A./Paulmann, Volker/Perels, Joachim (Hg.): Erfolgsgeschichte Bundesrepublik? Die Nachkriegsgesellschaft im langen Schatten des Nationalsozialismus, Göttingen 2008, S. 319-345.

Młynarczyk, Jacek Andrzej: Vom Massenmörder zum Lebensversicherer. Dr. Ludwig Hahn und die Mühlen der deutschen Justiz, in: Mallmann, Klaus-Michael/Angrick, Andrej (Hg.): Die Gestapo nach 1945. Karrieren, Konflikte, Konstruktionen,, Darmstadt 2009, S. 137-150.

Museum des Warschauer Aufstands (Hg.): Der Warschauer Aufstand/Warsaw Rising 1944, Warschau o.J. (2014).

Musial, Bogdan: Die Verfolgung und Vernichtung der Juden im Generalgouvernement. Die Zivilverwaltung und die Shoah, in: Paul, Gerhard (Hg.): Die Täter der Shoah, Göttingen 2002, S.187-203.

Myers Feinstein, Margarete: Without a Home: German Jews as Displaced Persons in Post-War-Germany, in: Leo Baeck Institute (Hg.): Year Book 2017, London 2017, S. 75-93.

Nachtwei, Winfried: „Ganz normale Männer". Die Verwicklung von Polizeibataillonen aus dem Rheinland und Westfalen in den nationalsozialistischen Vernichtungskrieg, Erstveröff. 1996, http://nachtwei.de/downloads/beitraege/Pol-Btl-Artikel.pdf [13.5.2017].

Niethammer, Lutz: „Wieder-gut-machung" als Beitrag zur deutschen Erinnerungskultur, in: Kenkmann, Alfons/Spieker, Christoph, Walter, Bernd (Hg.): Wiedergutmachung als Auftrag, Essen 2007, S. 283-296.

Nützenadel, Alexander (Hg.): Das Reichsarbeitsministerium im Nationalsozialismus. Verwaltung – Politik – Verbrechen, Göttingen 2017.

Oltmer, Jochen: Zwangswanderungen nach dem Zweiten Weltkrieg (2005), http://www.bpb.de/gesellschaft/migration/dossier-migration/56359/nach-dem-2-weltkrieg [17.12.2017]

Oltmer, Jochen: „Verbotswidrige Einwanderung nach Deutschland": Osteuropäische Juden im Kaiserreich und in der Weimarer Republik, in: Aschkenas. Zeitschrift für Geschichte und Kultur der Juden, Heft 17/2007, S. 97-121.

Oneg Shabbat. Das Untergrundarchiv des Warschauer Ghettos. Ringelblum-Archiv, Katalog der Börnegalerie im Museum Judengasse und des Żydowski Instytut Historyczny, Frankfurt/Warschau 2000.

Paulsson, Gunnar: Secret city. The hidden Jews of Warsaw, 1940–1945, New Haven 2002.

Paulsson, Gunnar: Hilfe für Juden und jüdische Selbsthilfe in Warschau 1940–1945, in: Kosmala, Beate / Schoppmann, Claudia (Hg.): Solidarität und Hilfe für Juden während der NS-Zeit, Bd. 5, Berlin 2002, S. 297-307 (zit. als Paulsson 2002a).

Pickhan, Gertrud: „Niemandsland". Die Briefe der Greta Schiffmann und das Schicksal einer jüdischen Familie, ausgewiesen aus Dortmund im Oktober 1938, in: Beiträge zur Geschichte Dortmunds und der Grafschaft Mark, Bd. 91, Essen 2000, S.169-201.

Plieninger, Konrad: „Ach, es ist alles ohne Ufer …". Briefe aus dem Warschauer Ghetto, Göppingen 1996.

Pohl, Dieter: Die Ermordung der Juden im Generalgouvernement, in: Ulrich Herbert (Hg.): Nationalsozialistische Vernichtungspolitik 1939–1945. Neue Forschungen und Kontroversen, Frankfurt a.M. ^{4}2001, S. 98-121.

Pohl, Dieter: Nationalsozialistische Judenverfolgung in Ostgalizien 1941–1944. Organisation und Durchführung eines Massenverbrechens, München 1997.

Pohl, Dieter: Holocaust. Die Ursachen – das Geschehen – die Folgen, Freiburg/Basel/Wien 2000.

Pohl, Dieter: Ghettos, in: Benz, Wolfgang / Distel, Barbara (Hg.): Der Ort des Terrors. Geschichte der nationalsozialistischen Konzentrationslager, Bd. 9, München 2009, S. 161-191.

Rammer, Stefan / Steinbach, Peter (Hg.): Es war einmal. Warschau im Herbst 1939, Passau 1995.

Reicher, Benno: „Das war der schwerste Tag in meinem Leben." Ostjuden aus Essen und ihr Weg über Zbąszyń nach Łódź, in: Genger, Angela / Jakobs, Hildegard (Hg.): Düsseldorf | Ghetto Litzmannstadt. 1941, Essen 2010, S. 325-332.

Reichling, Norbert: „es gibt kein plaz mehr für uns, nur auf dem fridhof". Der 28. Oktober 1938 – ein übersehener Jahrestag. In: Vorgänge. Zeitschrift für Bürgerrechte und Gesellschaftspolitik, Nr. 164 (4/2003), S. 121-126.

Reichling, Norbert: „Ich hatte nie Polnisch zu Hause gehört." Familie Reifeisen und die Oktober-Deportation 1938, in: Cosanne-Schulte-Huxel, Elisabeth (Hg.): „Mein liebes Ilsekind". Mit dem Kindertransport nach Schweden – Briefe an eine gerettete Tochter, Essen 2013, S. 23-32.

Reich-Ranicki, Marcel: Mein Leben. Stuttgart 1999.

Reitlinger, Gerald: Die Endlösung. Ausrottung der Juden Europas 1939–1945, München 1964.

Rock, Sebastian: Diktaturdurchsetzung auf dem flachen Land am Beispiel der Landkreise Liebenwerda und Schweinitz 1945 bis 1949, in: Schmeitzner, Mike / Vollnhals, Clemens / Weil, Francesca (Hg.): Von Stalingrad zur SBZ. Sachsen 1943 bis 1949, Göttingen 2016, S. 259-276.

Rother, Thomas: Essen – Eine Großstadt im Jahr des Unheils, Essen 1983.

Rieker, Yvonne: Kindheiten. Identitätsmuster im deutsch-jüdischen Bürgertum und unter ostjüdischen Einwanderern 1871–1933, Hildesheim 1997.

Rieker, Yvonne / Zimmermann, Michael: Ostjuden und Westjuden. Ihr Verhältnis in den jüdischen Gemeinden des Ruhrgebiets, in: Dillmann, Edwin (Hg.): Regionales Prisma der Vergangenheit. Perspektiven der modernen Regionalgeschichte, St. Ingbert 1996, S. 301-323.

Rieker, Yvonne / Zimmermann, Michael: Von der rechtlichen Gleichstellung bis zum Genozid, in: Zimmermann, Michael (Hg.): Geschichte der Juden im Rheinland und in Westfalen, Köln 1998, S. 141-259.

Rimpel, Ottilie: Memories of Zbąszyń, in: Skórzyńska / Olejniczak 2012, S. 142-159.

Ringelblum, Emanuel: Ghetto Warschau. Tagebücher aus dem Chaos. Stuttgart 1967.

Roeper, Erich: Staatsangehörigkeit – Staatsbürgerschaft, in: Kritische Justiz, Heft 4/1999, S. 543-556.

Röhr, Werner: Die Makkabäer von Warschau. Fragen und Fakten zum Ghettoaufstand, in: Bulletin für Faschismus- und Weltkriegsforschung, Heft 22, Berlin 2004, S. 5-70.

Roseman, Mark: Erinnern und Überleben. Wahrheit und Widerspruch im Zeugnis einer Holocaust-Überlebenden, in: BIOS, Zeitschrift für Biographieforschung, Oral History und Lebensverlaufsanalysen, Jg. 11 (1998), Heft 2, S. 263-279.

Roseman, Mark: In einem unbewachten Augenblick. Eine Frau überlebt im Untergrund, Berlin 2002.

Roseman, Mark: „It went on for years and years". Der Wiedergutmachungsantrag der Marianne Ellenbogen, in: Frei, Norbert / Brunner, José / Goschler, Constantin (Hg.): Die Praxis der Wiedergutmachung. Geschichte, Erfahrung und Wirkung in Deutschland und Israel, Bonn 2010, S. 51-78.

Rosenthal, Gabriele: Über die Zuverlässigkeit autobiographischer Texte, in: Frei, Norbert / Kansteiner, Wulf (Hg.): Den Holocaust erzählen. Historiographie zwischen wissenschaftlicher Empirie und narrativer Kreativität, Göttingen 2013, S. 165-172 (= Jena Center. Geschichte des 20. Jahrhunderts. Vorträge und Kolloquien, Bd. 11).

Roth, Markus: Herrenmenschen. Die deutschen Kreishauptleute im besetzten Polen – Karrierewege, Herrschaftspraxis und Nachgeschichte. Göttingen ²2009.

Roth, Markus / Löw, Andrea: Das Warschauer Ghetto. Alltag und Widerstand im Angesicht der Vernichtung, München 2013.

Sakowska, Ruta: Die zweite Etappe ist der Tod. NS-Ausrottungspolitik gegen die polnischen Juden, gesehen mit den Augen der Opfer, Berlin 1993.

Sakowska, Ruta: Menschen im Ghetto. Die jüdische Bevölkerung im besetzten Warschau 1939–1943, Osnabrück 1999.

Sauerland, Karol: Die polnische Gesellschaft in der deutschen Besatzungszeit, in: Löw, Andrea / Robusch, Kerstin / Walter, Stefanie (Hg.): Deutsche – Juden – Polen. Geschichte einer wechselvollen Beziehung im 20. Jahrhundert, Frankfurt a.M. 2004, S. 137-156.

Schlautmann-Overmeyer, Rita: Die Zwangsausweisung polnischer Juden aus Münster 1938/39, in: Siegert, Folker (Hg.): Grenzgänge: Menschen und Schicksale zwischen jüdischer, christlicher und deutscher Identität. Festschrift für Diethard Aschoff, Münster 2002, S. 367-386.

Schmerler, Susi: Bericht über die Deportation der Ostjuden im Oktober 1938 und das Lager Zbąszyń in Polen (1939), in: Sachor. Zeitschrift für Antisemitismusforschung und jüdische Geschichte und Gegenwart, Bd. 7 (1997), S. 63-66.

Schmettow, Bernhard Graf von: Jüdische Kindheit in Essen: zur Rekonstruktion der Lebensverhältnisse jüdischer Kinder in Essen von 1920 bis 1945, Diss. Universität Duisburg-Essen 2007.

Schoenberner, Gerhard: Der gelbe Stern. Die Judenverfolgung in Europa 1933 bis 1945, Hamburg 1960.

Schröter, Hermann: Geschichte und Schicksal der Essener Juden. Gedenkbuch für die jüdischen Mitbürger der Stadt Essen. Hg. von der Stadt Essen, Essen 1980 (3. Nachdruck 1984).

Schulz, Miriam: Der Beginn des Untergangs. Die Zerstörung der jüdischen Gemeinden in Polen und das Vermächtnis des Wilnaer Komitees, Berlin 2016.

Schwarberg, Günther: Das Getto, Göttingen ²1993 (zuerst Göttingen 1989).

Schwarberg, Günther: Das Ghetto. Spaziergang in die Hölle, Frankfurt a.M. 1995.

[Silberschein, Abraham]: Das Martyrium des Warschauer Ghetto, Erster Teil: Das Leben im Ghetto bis zur Revolte, Genf 1944 (= Die Ausrottung der polnischen Juden IV), http://library.fes.de/pdf-files/netzquelle/c-01652/2-teil1.pdf [21.5.2017].

Skórzyńska, Isabella / Olejniczak, Wojciech (Hg.): Do zobaczenia za rok w Jerozolimie – deportacje polskich Żydów w 1938 roku z Niemiec do Zbąszynia / See you next year in Jerusalem – Deportations of Polish Jews form Germany to Zbąszyń in 1938, Zbąszyn- Poznań 2012.

Sparing, Frank: Ostjuden in Düsseldorf. Vom Beginn der Immigration bis zur „Polenaktion" 1938, in: Düsseldorfer Jahrbuch, Band 71, Düsseldorf 2000, S. 187-234.

Spoerer, Mark: Zwangsarbeit unter dem Hakenkreuz. Ausländische Zivilarbeiter, Kriegsgefangene und Häftlinge im Deutschen Reich und im besetzten Europa, München 2001.

Steinberg, Hans-Josef: Widerstand und Verfolgung in Essen 1933–1945, Bonn-Bad Godesberg ²1973.

Streich, Gustav: 100 Jahre SPD in Essen 1876–1976, Essen 1976.

Szajn-Lewin, Eugenia: Aufzeichnungen aus dem Warschauer Ghetto. Juli 1942 bis April 1943. Leipzig 1994 (poln. Erstausgabe Poznań 1989).

Szarota, Tomasz: Warschau unter dem Hakenkreuz. Leben und Alltag im besetzten Warschau 1.10.1939 bis 31.7.1944, Paderborn 1985.

Szarota, Tomasz: Alltag in Warschau und anderen besetzten Hauptstädten, in: Kleßmann, Christoph (Hg.): September 1939. Krieg, Besatzung, Widerstand in Polen, Göttingen 1989, S. 73-94.

Tenfelde, Klaus: „Krupp bleibt doch Krupp." Ein Jahrhundertfest – das Jubiläum der Firma Fried. Krupp AG in Essen 1912, Essen 2005.

Thalmann, Rita / Feinermann, Emmanuel: Die Kristallnacht, Frankfurt a.M. 1988.

Thies, Jochen: Evian 1938. Als die Welt die Juden verriet, Essen 2017.

Tomaszewski, Jerzy: Letters from Zbąszyń. Introduction, in: Yad Vashem Studies, 19. Jg. 1988, S. 289-315.

Tomaszewski, Jerzy: Auftakt zur Vernichtung. Die Vertreibung polnischer Juden aus Deutschland im Jahr 1938, Osnabrück 2002 (poln. Originalausgabe Warszawa 1998).

Tomaszewski, Jerzy: The Zbąszyń Stop, in: Skórzyńska, Izabela / Olejniczak, Wojciecjh (Hg.): „Do zobaczenia za rok w Jerozolimie: deportacje polskich Żydów w 1938 roku z Niemiec do Zbąszynia = See you next year in Jerusalem: deportations of Polish Jews from Germany to Zbąszyń in 1938, Zbąszyń 2012, S. 71-83.

Tönsmeyer, Tatjana: Besatzung als europäische Erfahrungs- und Gesellschaftsgeschichte, in. Bajohr, Frank/ Löw, Andrea (Hg.): Der Holocaust. Ergebnisse und neue Fragen der Forschung, Frankfurt a.M. 2015.

Trevisiol, Oliver; Die Einbürgerungspraxis im Deutschen Reich 1871 – 1945, Dissertation an der Universität Konstanz, 2004, https://kops.uni-konstanz.de/bitstream/handle/123456789/11478/Trevisiol_Diss_15_02_05_bearbeitet.pdf?sequence=1 [7.4.2017].

van Laak, Dirk: „Wenn einer ein Herz im Leibe hat, der läßt sich von einem deutschen Arzt behandeln". Die „Entjudung" der Essener Wirtschaft von 1933 bis 1941, in: Alte Synagoge (Hg.): Entrechtung und Selbsthilfe. Zur Geschichte der Juden in Essen unter dem Nationalsozialismus, Essen 1994, S. 12-30.

Vetter, Brigitte: Psychiatrie. Ein systematisches Lehrbuch, Stuttgart ⁷2007.

von Miquel, Beate / von Miquel, Marc: Wiedergutmachung in Nordrhein-Westfalen. Archivstudie zum Aktenbestand der Bezirksregierung Düsseldorf, Bochum o.J. (2001).

Weinstein, Frederick: Aufzeichnungen aus dem Versteck. Erlebnisse eines polnischen Juden 1939–1946, Berlin 2006.

Weiss, Yfaat: Deutsche und polnische Juden vor dem Holocaust, München 2000.

Wenzel, Mario: Die Umwandlung von Ghettos in Zwangsarbeitslager für Juden. Das Beispiel des Distrikts Krakau im Generalgouvernement 1942–1944, in: Hensel / Lehnstaedt 2013, S. 361-373.

Wenzel, Mario: Arbeitszwang und Judenmord. Die Arbeitslager für Juden im Distrikt Krakau des Generalgouvernements 1939–1944, Berlin 2017.

Wierling, Dorothee: Fünfundzwanzig Jahre Oral History, in: WerkstattGeschichte, Heft 75 (Dez. 2017). S. 83-88.

Wierzcholska, Agnieszka W.: Die Angst vor den „weißen Negern Europas". Selbstwahrnehmung ostjüdischer Immigranten in der jiddischen Presse im Paris der Zwischenkriegszeit, in: Historie. Jahrbuch des Zentrums für historische Forschung Berlin der polnischen Akademie der Wissenschaften, Folge 3 (2009/2010), Leverkusen 2010, S.323-335.

Wildt, Michael: Holocaust und Arbeitsverwaltung. Der jüdische Arbeitseinsatz in den Ghettos der besetzten Ostgebiete, in: Nützenadel, Alexander (Hg.): Das Reichsarbeitsministerium im Nationalsozialismus, Göttingen 2017, S.423-457.

Wulf, Josef: Vom Leben, Kampf und Tod im Ghetto Warschau. Hg. von der Bundeszentrale für Heimatdienst, Bonn ²1960.

Wulf, Josef: Das Dritte Reich und seine Vollstrecker. Die Liquidation von 500 000 Juden im Ghetto Warschau, Berlin 1961.

Zimmermann, Joshua D.: The Polish Underground and the Jews, 1939–1945, Cambridge 2017.

Zimmermann, Michael: Verfolgt, vertrieben, vernichtet. Die nationalsozialistische Vernichtungspolitik gegen Sinti und Roma, Essen 1989.

Zimmermann, Michael: Die Assimilation und ihre Relativierung. Zur Geschichte der Essener jüdischen Gemeinde vor 1933, in: Blasius, Dirk / Diner, Dan (Hg.): Zerbrochene Geschichte. Leben und Selbstverständnis der Juden in Deutschland, Frankfurt a.M. 1991, S. 172-186.

Zimmermann, Michael: Alltagssynagoge und Hoffnungsstraße. Erinnerungen an Essen in den dreißiger Jahren, in: Museum Folkwang (Hg.): Naftali Bezem. Eine Ausstellung des Museum Folkwang in der Alten Synagoge Essen, Essen 1992, S. 7-13.

Zimmermann, Michael: Zur Geschichte der Essener Juden im 19. und im ersten Drittel des 20. Jahrhunderts. Ein Überblick, in: Alte Synagoge (Hg.): Jüdisches Leben in Essen 1800–1933 (= Studienreihe der Alten Synagoge, Bd. 1), Essen 1993, S. 8-72.

Zimmermann, Michael: Thesen zur sozialen und demographischen Zusammensetzung der Essener Juden 1900–1933, unveröff. Typoskript, Essen o.J.

Zwangsarbeit. Die Deutschen, die Zwangsarbeiter und der Krieg. Katalog zur Ausstellung der Stiftung Gedenkstätte Buchenwald und Mittelbau-Dora, Weimar 2010.

Żydowski Instytut Historyczny / Arbeit und Leben NRW (Hg.): Oneg Schabbat. Das Untergrundarchiv des Warschauer Ghettos, Düsseldorf 2003.

Genutzte Archive

Alte Synagoge Essen – Haus jüdischer Kultur, Archiv
American Jewish Joint Distribution Committee, Online-Archiv (http://archives.jdc.org)
Archiv Ernst Schmidt im HdEG/Stadtarchiv Essen
Archiv der Universität Manchester, Bestand „Simon Burns Papers"
Bundesarchiv, Berlin
Bundesarchiv, Außenstelle Ludwigsburg
Bundeszentralkartei „Entschädigung/Wiedergutmachung" bei der Bezirksregierung Düsseldorf
Generallandesarchiv Karlsruhe
Fotoarchiv Ruhr Museum
International Tracing Service-Archiv, Bad Arolsen
Jüdische Kultusgemeinde Essen, Archiv
Landesarchiv Baden-Württemberg
Landesarchiv NRW, Duisburg
Staatsarchiv der Freien und Hansestadt Hamburg
Stadtarchiv Dorsten
Stadtarchiv Essen
Stadtarchiv Mannheim
Yad Vashem Archive Jerusalem
Zentralarchiv der Juden in Deutschland, Heidelberg

Abkürzungen

AK	Armia Krajowa (die polnische Heimatarmee)
AL	Armia Ludowa (die kommunistisch dominierte Untergrundarmee)
BArch	Bundesarchiv
BEG	Bundesgesetz zur Entschädigung für Opfer der nationalsozialistischen Verfolgung
BEG-SG	Zweites Gesetz zur Änderung des Bundesentschädigungsgesetzes, BEG-Schlussgesetz
DDR	Deutsche Demokratische Republik
DHI	Deutsches Historisches Institut
DP	Displaced Persons
FAZ	Frankfurter Allgemeine Zeitung
GG	Generalgouvernement (die nicht ins Reich eingegliederten Teile des besetzten Polen)
FDGO	Freiheitlich demokratische Grundordnung (ein Begriff aus dem Grundgesetz)
FN	Fußnote
HdEG	Haus der Essener Geschichte
ITS	International Tracing Service/ Archiv des Internationalen Suchdienstes, Bad Arolsen
JDC/ AJJDC	(American Jewish) Joint Distribution Committee
Kdo.	Kommando-Amt (der Schutzpolizei)
KPD	Kommunistische Partei Deutschlands
KZ	Konzentrationslager
LKW	Lastkraftwagen
NKWD	Narodnyj kommissariat wnutrennich del, das Innenministerium der UdSSR, ab 1946 Ministerstwo wnutrennich del (MWD) – auch als Kürzel für den Geheimdienst benutzt
NRW	Nordrhein-Westfalen
NS	Nationalsozialismus
NSDAP	Nationalsozialistische Deutsche Arbeiterpartei
NSV	Nationalsozialistische Volkswohlfahrt
O.d.F.	Opfer des Faschismus (Bezeichnung in der SBZ/DDR)
PKW	Personenkraftwagen
RM	Reichsmark – 1924 bis 1948 Zahlungsmittel im Deutschen Reich und in den Besatzungszonen
RP	Der Regierungspräsident/die Regierungspräsidentin (der Bezirksregierung Düsseldorf)
RSHA	„Reichssicherheitshauptamt"
SA	„Sturmabteilung" der NSDAP
SBZ	Sowjetisch besetzte Zone
SD	„Sicherheitsdienst des Reichsführers SS"
SPD	Sozialdemokratische Partei Deutschlands

SS	„Schutzstaffel", eine NS-Organisation
StA	Stadtarchiv
Stalag	militärisch: Stammlager für Kriegsgefangene
Ul.	Ulica – polnisch: Straße
UdSSR	Union der Sozialistischen Sowjetrepubliken (1922–1991)
VEJ	Quellenedition „Die Verfolgung und Ermordung der europäischen Juden durch das nationalsozialistische Deutschland 1933 – 1945" (s. Literaturverzeichnis)
ŻIH/JHI	Żydowski Instytut Historyczny/Jüdisch Historisches Institut, Warschau
ŻOB	Żydowska Organizacja Bojowa – jüdische Kampforganisation

Bildnachweis

Helene Zytnicka | *Umschlagbild*
Norbert Reichling | *8*
HdEG/Stadtarchiv Essen – Bestand 952 / R1/50 | *16*
HdEG/Stadtarchiv Essen – Fotosammlung, Bestand 952 / P5/44 | *18*
Archiv Heidi Behrens | *21*
HdEG/Stadtarchiv Essen – Bestand 143 Nr. 1164 | *26*
Helene Zytnicka | *28*
Archiv Alte Synagoge Essen | *31*
Archiv Jüdisches Museum Westfalen, Dorsten | *33*
HdEG/Stadtarchiv Essen – Bestand 952 / P5/30 | *34*
Nachlass Helene Zytnicka | *35*
Körner 1914, S. 34; Fotoarchiv Ruhr Museum | *36*
Körner 1914, S. 18; Fotoarchiv Ruhr Museum mit freundlicher Genehmigung | *37*
Archiv Alte Synagoge Essen; AR 9911; 9912 | *39*
Archiv Alte Synagoge Essen | *40*
Nachlass Helene Zytnicka | *43*
HdEG/Stadtarchiv Essen; Bestand 952/S 13/3 | *44*
Archiv Alte Synagoge Essen – AR 9770 | *45*
Archiv Alte Synagoge Essen – AR 1773 | *47*
Archiv Alte Synagoge Essen – AR 9394 | *47*
Archiv Alte Synagoge Essen – AR 7226 | *48*
Helene Zytnicka | *50*
Helene Zytnicka | *51*
Nachlass Helene Zytnicka | *54*
Helene Zytnicka | *58*
Skórzyńska/Olejniczak, S.74 | *61*
Kartengrundlage vom Amt für Geoinformation, Vermessung und Kataster der Stadt Essen | *64*
Rheinisch-Westfälische Zeitung vom 29.10.1938 | *65*
Tomaszewski 2002, S. 142 | *68*
Website www.zbaszyn1938.pl – Stiftung TRES, Zbąszyń | *72*
Archiv Alte Synagoge Essen – AR 4463 | *73*
Helene Zytnicka | *75*
Archiv Alte Synagoge Essen – AR 3316 | *76*
Website www.zbaszyn1938.pl – Stiftung TRES, Zbąszyń | *79*
Archiv Heidi Behrens | *88*

Bundesarchiv, Bild 101I-001-0251-11 / Fotograf: Schulze | *92*

Helene Zytnicka | *93*

Bundesarchiv, Bild 121-0286 / Sammlung Adolf von Bomhard | *95*

Zwangsumsiedlung, Flucht und Vertreibung 1939–1959, hg. von der bpb, S. 121 | *103*

Wikimedia | *104*

Bundesarchiv, Bild 101I-131-0596-20 / Fotograf: Ludwig Knobloch | *106*

Hans Oppenberg | *108*

Wulf 1960, S. 13 | *110*

Hans Oppenberg | *112*

Archives Yad Vashem 2536_47 mit freundlicher Genehmigung | *113*

Zwangsumsiedlung, Flucht und Vertreibung 1939–1959, hg. von der bpb, S. 119 | *123*

Bundesarchiv, Bild 101I-134-0796-31, „Polen, Ghetto Warschau, Ghettopolizist" / Fotograf: Ludwig Knobloch | *126*

Bundesarchiv, Bild 101I-134-0791-26A, „Warschau Sommer 1941", / Fotograf: Ludwig Knobloch | *137*

ŻIH/JHI Żydowski Instytut Hytoryczny / Jüdisch Historisches Institut, Warschau, ARG II 491 – mit freundlicher Genehmigung | *141*

Auktionshaus Dr. Reinhard Fischer, Bonn, mit freundlicher Genehmigung | *142*

Bayerischer Rundfunk in Zusammenarbeit mit dem Institut für Zeitgeschichte Berlin-München für die dokumentarische Höredition „Die Quellen sprechen. Die Verfolgung und Ermordung der europäischen Juden durch das nationalsozialistische Deutschland 1933–1945", www.die-quellen-sprechen.de – mit freundlicher Genehmigung | *144*

Bundesarchiv – BAarch R 9361-VIII Kartei 25840276 | *148*

Schwarberg 1995, S. 104 – mit freundlicher Genehmigung des Steidl-Verlags | *150*

Grundmann 1942 | *161*

Nachlass Helene Zytnicka | *171*

HdEG/Stadtarchiv Essen, Bestand 158 Z 53 | *172*

Nachlass Helene Zytnicka | *177*

Jüdische Illustrierte – Beilage der Jüdischen Allgemeinen Wochenzeitung vom 1.6.1951, Zeichner: Peter Holstein | *179*

HdEG/Stadtarchiv Essen, Bestand 163 Nr. 1480 | *184*

Bundeszentralkartei, Bezirksregierung Düsseldorf, ZK-Nr. 7256, Bl. 60. | *186*

Bundesgesetzblatt vom 26.6. 1950 | *191*

Helene Zytnicka | *194*

Werner Menger | *197*

Norbert Reichling | *208*

Wir haben uns bemüht alle Rechteinhaber zu ermitteln; sollte jemand einen Anspruch aufgrund von Urheberrechten geltend machen, den wir nicht berücksichtigt haben, werden wir dem selbstverständlich nachgehen.

We did everything feasible to identify all copyright holders. If someone is an owner of a legitimate copyright that we have not considered, we will gladly follow up.

Dank

Neben dem Vertrauen von Helene Zytnicka und ihrer Familie hatte dieses Buch viele weitere Voraussetzungen; wir danken insbesondere:

- Prof. Berthold Beitz und der ThyssenKrupp AG für die Förderung der Interview-Transkriptionen,
- dem Bildungswerk der Humanistischen Union NRW für vielerlei Unterstützung,
- Michael Zimmermann (1951–2007) und Mathilde Jamin für vielfältige Ratschläge,
- Hannelore Humbert, Werner Menger, Wolfgang Menger, Hans Oppenberg, Sonja Reder und Beate Stocker für ihre Erläuterungen zur Familiengeschichte sowie Fred Ostrowski,
- Martina Strehlen (Alte Synagoge Essen/Haus jüdischer Kultur), den Mitarbeiterinnen und Mitarbeitern des Hauses der Essener Geschichte/Stadtarchiv sowie Birgit Hartings vom Ernst Schmidt-Archiv für ihre über das „Normalmaß" weit hinausgehende Unterstützung und Beratung,
- den Kolleginnen und Kollegen, Freunden und Familienangehörigen Paul Ciupke, Ludger Claßen, Justus Cobet, Anita Dodt, Tamara Frankenberger, Gabriele Kapp, H. Walter Kern, Achim Mikuscheit, Tilman Reichling, Mark Roseman und Katja Schütze für die kritische Lektüre des Manuskripts oder einzelner Teile und nicht zuletzt für Gespräche,
- der Alfried Krupp von Bohlen und Halbach-Stiftung für die Förderung der Drucklegung,
- dem Klartext Verlag für die unkomplizierte Aufnahme und Realisierung unseres Buchplans.

Autorin und Autor

Dr. phil. Heidi Behrens,
erziehungswiss. Studium in Berlin und Frankfurt/M.; wiss.-päd. Mitarbeiterin in der universitären Weiterbildung und an der Alten Synagoge Essen. 1994 bis 2008 päd. Mitarbeiterin im Bildungswerk der Humanistischen Union NRW, Schwerpunkte u. a.: historisch-politische Bildung zur Zeitgeschichte, Auseinandersetzung mit der NS-Vergangenheit und der SED-Diktatur, Gedenkstättenarbeit.

Veröffentlichungen (Auswahl): Freie Schulen, eine vergessene Bildungsalternative, Essen 1986 (mit E. Schmidt u. F. Bajohr); Hg.: Bilden und Gedenken, Essen 1996; Biographische Kommunikation. Lebensgeschichten im Repertoire der Erwachsenenbildung, Neuwied 1997 (mit N. Reichling); Deutsche Teilung, Repression und Alltagsleben. Erinnerungsorte der DDR-Geschichte, Leipzig 2003 (Hg. mit A. Wagner); Politische Bildung in der Einwanderungsgesellschaft, Schwalbach/Ts. 2006 (Hg. mit J. Motte); Lernfeld DDR-Geschichte. Ein Handbuch für die politische Jugend- und Erwachsenenbildung. Schwalbach/Ts. 2009 (Hg. mit P. Ciupke und N. Reichling); Aufsätze in Sammelbänden und Fachzeitschriften, Rezensionen.

Dr. phil. Norbert Reichling M.A.,
nach einem sozialwissenschaftlichen Studium in Münster von 1979 bis 2018 in der politischen Erwachsenbildung (Bildungswerk der Humanistischen Union NRW, Essen) tätig. Arbeitsschwerpunkte: Zeitgeschichte, Oral History, soziale Bewegungen, Geschichte und Gegenwart politischer Bildung, Geschichtskultur und Gedenkstättenarbeit; ehrenamtlicher Leiter des Jüdischen Museums Westfalen (Dorsten) seit 2006.

Veröffentlichungen u. a.: „Unbewältigte Vergangenheit" als Bildungsangebot. Das Thema „Nationalsozialismus" in der westdeutschen Erwachsenenbildung, Frankfurt a. M. 1996 (mit P. Ciupke); Von Bar Mizwa bis Zionismus. Jüdische Traditionen und Lebenswege in Westfalen, Bielefeld 2007 (mit J. Eichmann und Th. Ridder); Angekommen?! Lebenswege jüdischer Einwanderer, Berlin 2010 (Hrsg. mit S. Jebrak); Eigensinn in der DDR-Provinz. Vier Fallstudien zu Nonkonformität und Opposition, Schwalbach/Ts. 2011 (Hrsg. mit K. Engelhardt), Aufsätze in Sammelbänden und Zeitschriften.